高等数学
学习指导与习题精解
下 册

《高等数学》编写组 编

河南大学出版社
HENAN UNIVERSITY PRESS
·郑州·

图书在版编目（CIP）数据

高等数学学习指导与习题精解. 下册 /《高等数学》编写组编. —郑州: 河南大学出版社, 2021.2
ISBN 978-7-5649-4166-6

I. ①高⋯ II. ①高⋯ III. ①高等数学—高等学校—教学参考资料 IV. ①O13

中国版本图书馆 CIP 数据核字 (2020) 第 027908 号

责任编辑	张雪彩
责任校对	李亚涛
装帧设计	翟淼淼

出版发行	河南大学出版社	
	地址: 郑州市郑东新区商务外环中华大厦 2401 号	邮编: 450046
	电话: 0371-86059750（高等教育与职业教育出版分社）	网址: hupress.henu.edu.cn
	0371-86059701（营销部）	
印　刷	广东虎彩云印刷有限公司	
版　次	2021 年 3 月第 1 版	
印　次	2021 年 3 月第 1 次印刷	
开　本	787 mm×1092 mm　1/16	
印　张	12	
字　数	269 千字	
定　价	32.00 元	

（本书如有印装质量问题，请与河南大学出版社营销部联系调换）

前　言

本书是与河南大学数学与统计学院编写的河南省本科高等学校"十四五"规划教材《高等数学》相配套的学习辅导书，主要面向使用该教材的学生，也可供使用该教材的教师作为教学参考．

自从《高等数学》出版以来，不少读者希望能够提供相应的习题解答，以便他们在学习或者教学时参考．正是广大读者的这一要求，促使我们编写了这套《高等数学学习指导与习题精解》．

对于学习高等数学课程的学生来说，不仅要掌握微积分的基本概念、基本理论与基本方法，更要通过学习，培养熟练的运算能力、严密的逻辑推理能力、高度抽象的思维能力以及综合运用数学知识分析问题和解决问题的能力．为了达到这一目的，严格而大量的训练是必不可少的．希望读者能够正确运用此书，只有在经过自己的认真思考、仍不会解答或者对自己的解答的正确性无法判断时，再去参考习题详解，只有这样才能达到训练的效果．希望读者不要认为"看懂了答案"便认为掌握了相关知识点，更不要直接照抄习题解答，这些"自欺欺人"的表现影响了自己的学习，也背离本书编写的初衷．

本书分上、下两册出版，内容包含了《高等数学》中每一章节的内容提要、教学要求和全部习题的详细答案．

对于本书中存在的问题，欢迎广大读者、同行批评指正．

《高等数学》编写组
2020 年 11 月

目　　录

第 8 章　多元函数的微分及其应用 …………………………………………… 1

　§8.1　多元函数的概念、极限和连续 …………………………………………… 1
　　一、内容提要 …………………………………………………………………… 1
　　二、教学要求 …………………………………………………………………… 2
　　三、习题详解 …………………………………………………………………… 3

　§8.2　偏导数与全微分 …………………………………………………………… 5
　　一、内容提要 …………………………………………………………………… 5
　　二、教学要求 …………………………………………………………………… 7
　　三、习题详解 …………………………………………………………………… 7

　§8.3　多元复合函数的求导法则 ………………………………………………… 11
　　一、内容提要 …………………………………………………………………… 11
　　二、教学要求 …………………………………………………………………… 12
　　三、习题详解 …………………………………………………………………… 12

　§8.4　隐函数的求导公式 ………………………………………………………… 15
　　一、内容提要 …………………………………………………………………… 15
　　二、教学要求 …………………………………………………………………… 16
　　三、习题详解 …………………………………………………………………… 16

　§8.5　偏导数在几何中的应用 …………………………………………………… 19
　　一、内容提要 …………………………………………………………………… 19
　　二、教学要求 …………………………………………………………………… 21
　　三、习题详解 …………………………………………………………………… 21

　§8.6　多元函数的极值及其求法 ………………………………………………… 23
　　一、内容提要 …………………………………………………………………… 23
　　二、教学要求 …………………………………………………………………… 25
　　三、习题详解 …………………………………………………………………… 25

§8.7 二元函数的中值定理和泰勒公式 ·· 28
  一、内容提要 ·· 28
  二、教学要求 ·· 28
  三、习题详解 ·· 28

第 9 章 重积分 ·· 32

§9.1 二重积分的概念和性质 ·· 32
  一、内容提要 ·· 32
  二、教学要求 ·· 33
  三、习题详解 ·· 34

§9.2 二重积分的计算 ··· 35
  一、内容提要 ·· 35
  二、教学要求 ·· 37
  三、习题详解 ·· 38

§9.3 三重积分 ·· 50
  一、内容提要 ·· 50
  二、教学要求 ·· 52
  三、习题详解 ·· 52

§9.4 重积分的应用 ·· 60
  一、内容提要 ·· 60
  二、教学要求 ·· 61
  三、习题详解 ·· 61

§9.5 含参变量的积分 ··· 64
  一、内容提要 ·· 64
  二、教学要求 ·· 65
  三、习题详解 ·· 65

第 10 章 曲线积分和曲面积分 ·· 66

§10.1 向量场 ·· 66
  一、内容提要 ·· 66
  二、教学要求 ·· 67

§10.2 对弧长的曲线积分 ··· 67
  一、内容提要 ·· 67
  二、教学要求 ·· 69

三、习题详解 …………………………………………………………… 69

§10.3　对坐标的曲线积分 ……………………………………………………… 72
　　一、内容提要 …………………………………………………………… 72
　　二、教学要求 …………………………………………………………… 73
　　三、习题详解 …………………………………………………………… 73

§10.4　格林公式及其应用 ……………………………………………………… 78
　　一、内容提要 …………………………………………………………… 78
　　二、教学要求 …………………………………………………………… 79
　　三、习题详解 …………………………………………………………… 79

§10.5　对面积的曲面积分 ……………………………………………………… 85
　　一、内容提要 …………………………………………………………… 85
　　二、教学要求 …………………………………………………………… 86
　　三、习题详解 …………………………………………………………… 87

§10.6　对坐标的曲面积分 ……………………………………………………… 91
　　一、内容提要 …………………………………………………………… 91
　　二、教学要求 …………………………………………………………… 92
　　三、习题详解 …………………………………………………………… 93

§10.7　高斯公式、通量和散度 ………………………………………………… 96
　　一、内容提要 …………………………………………………………… 96
　　二、教学要求 …………………………………………………………… 97
　　三、习题详解 …………………………………………………………… 97

§10.8　斯托克斯公式、环流量与旋度 ………………………………………… 101
　　一、内容提要 …………………………………………………………… 101
　　二、教学要求 …………………………………………………………… 103
　　三、习题详解 …………………………………………………………… 103

第 11 章　无穷级数 …………………………………………………………… 106

§11.1　常数项级数的概念和性质 ……………………………………………… 106
　　一、内容提要 …………………………………………………………… 106
　　二、教学要求 …………………………………………………………… 107
　　三、习题详解 …………………………………………………………… 107

§11.2 正项级数的审敛法 ……………………………………………………… 109
　　一、内容提要 ……………………………………………………………… 109
　　二、教学要求 ……………………………………………………………… 110
　　三、习题详解 ……………………………………………………………… 110
§11.3 任意项级数的审敛法 …………………………………………………… 113
　　一、内容提要 ……………………………………………………………… 113
　　二、教学要求 ……………………………………………………………… 114
　　三、习题详解 ……………………………………………………………… 114
§11.4 幂级数 …………………………………………………………………… 118
　　一、内容提要 ……………………………………………………………… 118
　　二、教学要求 ……………………………………………………………… 120
　　三、习题详解 ……………………………………………………………… 120
§11.5 函数展成幂级数 ………………………………………………………… 124
　　一、内容提要 ……………………………………………………………… 124
　　二、教学要求 ……………………………………………………………… 125
　　三、习题详解 ……………………………………………………………… 125
§11.6 函数项级数 ……………………………………………………………… 129
　　一、内容提要 ……………………………………………………………… 129
　　二、教学要求 ……………………………………………………………… 130
　　三、习题详解 ……………………………………………………………… 130
§11.7 傅立叶级数 ……………………………………………………………… 133
　　一、内容提要 ……………………………………………………………… 133
　　二、教学要求 ……………………………………………………………… 134
　　三、习题详解 ……………………………………………………………… 134

第 12 章 微分方程

§12.1 微分方程模型和基本概念 ……………………………………………… 140
　　一、内容提要 ……………………………………………………………… 140
　　二、教学要求 ……………………………………………………………… 140
　　三、习题详解 ……………………………………………………………… 140
§12.2 可分离变量的方程 ……………………………………………………… 141
　　一、内容提要 ……………………………………………………………… 141
　　二、教学要求 ……………………………………………………………… 142

三、习题详解 …………………………………………………… 142

§12.3　齐次方程 …………………………………………………… 145
　　　一、内容提要 …………………………………………………… 145
　　　二、教学要求 …………………………………………………… 146
　　　三、习题详解 …………………………………………………… 147

§12.4　一阶线性微分方程 ………………………………………… 150
　　　一、内容提要 …………………………………………………… 150
　　　二、教学要求 …………………………………………………… 151
　　　三、习题详解 …………………………………………………… 151

§12.5　全微分方程 ………………………………………………… 156
　　　一、内容提要 …………………………………………………… 156
　　　二、教学要求 …………………………………………………… 157
　　　三、习题详解 …………………………………………………… 157

§12.6　可降阶的高阶微分方程 …………………………………… 160
　　　一、内容提要 …………………………………………………… 160
　　　二、教学要求 …………………………………………………… 161
　　　三、习题详解 …………………………………………………… 161

§12.7　高阶线性微分方程 ………………………………………… 164
　　　一、内容提要 …………………………………………………… 164
　　　二、教学要求 …………………………………………………… 166
　　　三、习题详解 …………………………………………………… 166

§12.8　常系数齐次线性微分方程 ………………………………… 167
　　　一、内容提要 …………………………………………………… 167
　　　二、教学要求 …………………………………………………… 168
　　　三、习题详解 …………………………………………………… 168

§12.9　常系数非齐次线性微分方程 ……………………………… 171
　　　一、内容提要 …………………………………………………… 171
　　　二、教学要求 …………………………………………………… 171
　　　三、习题详解 …………………………………………………… 172

第 8 章　多元函数的微分及其应用

§ 8.1　多元函数的概念、极限和连续

一、内容提要

1. 坐标平面上具有某种性质 P 的点的集合, 称为**平面点集**, 记作
$$E = \{(x,y) \mid (x,y)\text{满足性质}P\}.$$

2. 设 $P_0(x_0, y_0)$ 是 xOy 平面上的一点, δ 是一个正数, xOy 平面上所有与点 P_0 的距离小于 δ 的点的集合, 称为点 P_0 的 δ **邻域**, 记作 $U(P_0, \delta)$. P_0 又称为邻域的**中心**, δ 叫作邻域的**半径**; 平面上点 P_0 的**去心邻域**
$$\mathring{U}(P_0, \delta) = \{(x,y) \mid 0 < \sqrt{(x-x_0)^2 + (y-y_0)^2} < \delta\}.$$

3. 设 D 是平面点集, 称点 P 是 D 的**内点**, 如果存在点 P 的一个邻域 $U(P)$, 使得 $U(P) \subset D$.

存在点 P 的一个邻域 $U(P)$, 使得 $U(P) \subset D^c$. 此时, 称点 P 是 D 的**外点**.

点 P 既不是 D 的内点, 也不是 D^c 的内点, 即点 P 任意的邻域 $U(P)$, 都满足 $U(P) \cap D \neq \varnothing$, $U(P) \cap D^c \neq \varnothing$. 此时, 称点 P 是 D 的**边界点**. D 的所有边界点的全体, 称作 D 的**边界**, 记作 ∂D.

4. 若点 P 的任意一个邻域 $U(P)$ 中总含有 D 中异于 P 的点, 则称点 P 是 D 的**聚点**.

5. 若点集 D 中的点都是 D 的内点, 则称点集 D 为**开集**.

6. 若 D^c 为开集, 则称点集 D 为**闭集**.

7. 若 D 中任意两点, 都能用包含在 D 中的折线 (即折线上的点都在 D 中) 连接起来, 则称 D 为**连通集**.

8. 连通的开集称作**区域**或者**开区域**; 区域连同其边界, 称作**闭区域**.

9. 若点集 D 包含在原点的某邻域内, 则称 D 为**有界集**, 否则称**无界集**.

10. n 维空间 $\mathbf{R}^n = \mathbf{R} \times \mathbf{R} \times \cdots \times \mathbf{R}$ 中两点间的距离及邻域的定义可以类推.

11. 设 D 是平面上的一个非空点集,若对于 D 内的任一点 (x,y),按照某种法则 f,都有唯一确定的实数 z 与之对应,则称 f 是 D 上的**二元函数**. 它在 (x,y) 处的函数值记为 $f(x,y)$,即 $z = f(x,y)$,其中 x, y 称为自变量,z 称为因变量. 点集 D 称为该函数的定义域,数集 $\{f(x,y) | (x,y) \in D\}$ 称为该函数的值域.

12. 设二元函数 $z = f(x,y)$ 的定义域为 D,$P_0(x_0, y_0)$ 是 D 的聚点,A 是一常数. 如果对于任意给定的正数 ε,总存在 $\delta > 0$,使得当点 $P(x,y) \in D \cap \overset{\circ}{U}(P_0, \delta)$ 时,恒有
$$|f(P) - A| = |f(x,y) - A| < \varepsilon$$
成立,那么就称常数 A 为函数 $f(x,y)$ 当 $(x,y) \to (x_0, y_0)$ 时的**极限**,记作
$$\lim_{(x,y) \to (x_0, y_0)} f(x,y) = A$$
或 $f(x,y) \to A$, $(x,y) \to (x_0, y_0)$,也可记作 $\lim_{P \to P_0} f(P) = A$ 或 $f(P) \to A$, $P \to P_0$.

13. 设二元函数 $f(x,y)$ 的定义域为 D,$P_0(x_0, y_0)$ 是 D 的聚点,如果
$$\lim_{(x,y) \to (x_0, y_0)} f(x,y) = f(x_0, y_0),$$
那么称函数 $f(x,y)$ 在点 $P_0(x_0, y_0)$ 处**连续**. 否则,就称函数 $f(x,y)$ 在点 $P_0(x_0, y_0)$ 处不连续,此时 $P_0(x_0, y_0)$ 称为函数 $f(x,y)$ 的**间断点**.

设函数 $f(x,y)$ 在 D 上有定义,并且在 D 上的每一点都连续,称函数 $f(x,y)$ 在 D 上连续,或称函数 $f(x,y)$ 是 D 上的**连续函数**.

14. **多元初等函数**是由常数和具有不同自变量的一元基本初等函数经过有限次的四则运算和复合运算得到的,并可用一个式子表示的函数.

多元初等函数在其定义区域 (包含在定义域内的区域或闭区域) 内是连续的.

15. **有界性和最值定理**: 设 f 是定义在闭区域 D 上的多元连续函数,则 f 在 D 上有界,且能取到最大值和最小值.

16. **介值定理**: 有界闭区域 D 上的多元连续函数必取得介于其最大值和最小值之间的任何数值.

二、教学要求

1. 了解平面上的点与点集的关系.
2. 了解平面点集的分类.
3. 了解多元函数的概念和自然定义域.
4. 了解多元函数的极限,能够证明多元函数在一点极限不存在.
5. 了解多元函数的连续和间断点.
6. 了解有界闭区域上的多元连续函数的性质.

三、习题详解

【A 组题】

1. 填空题.

(1) 设二元函数 $f(x,y) = x^2 + y^2$, 则 $f(\sqrt{xy}, x+y) = $ _____.

(2) 设二元函数 $f(x+y, x-y) = x^2 - y^2$, 则 $f(x,y) = $ _____.

解 (1) $f(\sqrt{xy}, x+y) = (\sqrt{xy})^2 + (x+y)^2 = x^2 + 3xy + y^2$;

(2) $f(x+y, x-y) = x^2 - y^2 = (x-y)(x+y)$, 因此, $f(x,y) = xy$.

2. 求下列函数的极限.

(1) $\lim\limits_{(x,y)\to(0,0)} \dfrac{xy}{\sqrt{4+xy}-2}$;   (2) $\lim\limits_{(x,y)\to(0,2)} \dfrac{\sin(xy)}{x}$;

(3) $\lim\limits_{(x,y)\to(0,0)} \dfrac{1-\cos(x^2+y^2)}{(x^2+y^2)e^{x^2y^2}}$;   (4) $\lim\limits_{(x,y)\to(0,0)} (1+x^2y^2)^{\frac{1}{x^2+y^2}}$;

(5) $\lim\limits_{(x,y)\to(0,0)} \dfrac{\sqrt{1+x}+ye^{xy}}{1+\cos^2(x^2+y^2)}$.

解 (1) 原式 $= \lim\limits_{(x,y)\to(0,0)} \dfrac{xy(\sqrt{4+xy}+2)}{(\sqrt{4+xy}-2)(\sqrt{4+xy}+2)} = \lim\limits_{(x,y)\to(0,0)} (\sqrt{4+xy}+2) = 4$.

(2) 因为 $(x,y) \to (0,2)$ 时, $xy \to 0$, 因此, $\sin(xy) \sim xy$,

$$\lim\limits_{(x,y)\to(0,2)} \dfrac{\sin(xy)}{x} = \lim\limits_{(x,y)\to(0,2)} \dfrac{xy}{x} = 2.$$

(3) 因为 $(x,y) \to (0,0)$ 时, $x^2 + y^2 \to 0$, 因此, $1 - \cos(x^2+y^2) \sim \dfrac{1}{2}(x^2+y^2)^2$,

$$\lim\limits_{(x,y)\to(0,0)} \dfrac{1-\cos(x^2+y^2)}{(x^2+y^2)e^{x^2y^2}} = \lim\limits_{(x,y)\to(0,0)} \dfrac{\frac{1}{2}(x^2+y^2)}{e^{x^2y^2}} = 0.$$

(4) 因为 $(x,y) \to (0,0)$ 时, $x^2y^2 \to 0$, 因此, $\lim\limits_{(x,y)\to(0,0)} (1+x^2y^2)^{\frac{1}{x^2y^2}} = e$; 而

$$\left|\dfrac{x^2y^2}{x^2+y^2}\right| \leqslant \left|\dfrac{xy \cdot \frac{1}{2}(x^2+y^2)}{x^2+y^2}\right| = \dfrac{1}{2}|xy| \to 0,$$

因此, $\lim\limits_{(x,y)\to(0,0)} \dfrac{x^2y^2}{x^2+y^2} = 0$. 这样,

$$\lim\limits_{(x,y)\to(0,0)} (1+x^2y^2)^{\frac{1}{x^2+y^2}} = \lim\limits_{(x,y)\to(0,0)} \left[(1+x^2y^2)^{\frac{1}{x^2y^2}}\right]^{\frac{x^2y^2}{x^2+y^2}} = e^0 = 1.$$

(5) 因为 $\dfrac{\sqrt{1+x}+ye^{xy}}{1+\cos^2(x^2+y^2)}$ 在 $(0,0)$ 处连续, 故 $\lim\limits_{(x,y)\to(0,0)} \dfrac{\sqrt{1+x}+ye^{xy}}{1+\cos^2(x^2+y^2)}$ 等于该函数在 $(0,0)$ 处的函数值, 即 $\dfrac{1}{2}$.

3. 证明下列极限不存在.

(1) $\lim\limits_{(x,y)\to(0,0)} \dfrac{x+y}{x-y}$;   (2) $\lim\limits_{(x,y)\to(0,0)} \dfrac{x^2}{x^2+y^2-x}$.

证 (1) 当 (x,y) 沿着 $x=0$ 趋向于 $(0,0)$ 时,有

$$\lim_{\substack{(x,y)\to(0,0)\\x=0}}\frac{x+y}{x-y}=\lim_{y\to 0}\frac{y}{-y}=-1;$$

当 (x,y) 沿着 $y=0$ 趋向于 $(0,0)$ 时,有

$$\lim_{\substack{(x,y)\to(0,0)\\y=0}}\frac{x+y}{x-y}=\lim_{x\to 0}\frac{x}{x}=1.$$

因此,该二元极限不存在.

(2) 当 (x,y) 沿着 $x=0$ 趋向于 $(0,0)$ 时,有

$$\lim_{\substack{(x,y)\to(0,0)\\x=0}}\frac{x^2}{x^2+y^2-x}=\lim_{y\to 0}0=0;$$

当 (x,y) 沿着 $x=y^2$ 趋向于 $(0,0)$ 时,有

$$\lim_{\substack{(x,y)\to(0,0)\\x=y^2}}\frac{x^2}{x^2+y^2-x}=\lim_{y\to 0}\frac{y^4}{y^4}=1.$$

因此,该二元极限不存在.

【B 组题】

1. 讨论下列函数在点 $(0,0)$ 处的连续性.

(1) $f(x,y)=\begin{cases}\dfrac{x^3-y^3}{x^2+y^2}, & x^2+y^2\neq 0;\\ 0, & x^2+y^2=0.\end{cases}$

(2) $f(x,y)=\begin{cases}\dfrac{xy^2}{x^2+y^4}, & x^2+y^2\neq 0;\\ 0, & x^2+y^2=0.\end{cases}$

解 (1) 因为 $\lim\limits_{(x,y)\to(0,0)}(x-y)=0$,

$$\left|\frac{x^2+xy+y^2}{x^2+y^2}\right|\leqslant\frac{x^2+y^2+\frac{1}{2}(x^2+y^2)}{x^2+y^2}=\frac{3}{2},$$

所以当 $(x,y)\to(0,0)$ 时,$x-y$ 是无穷小,$\dfrac{x^2+xy+y^2}{x^2+y^2}$ 是有界函数,因此,

$$\lim_{(x,y)\to(0,0)}\frac{x^3-y^3}{x^2+y^2}=0=f(0,0),$$

进而 $f(x,y)$ 在 $(0,0)$ 处连续.

(2) 当 (x,y) 沿着 $x=y^2$ 趋向于 $(0,0)$ 时,有

$$\lim_{\substack{(x,y)\to(0,0)\\x=y^2}}\frac{xy^2}{x^2+y^4}=\lim_{y\to 0}\frac{y^4}{y^4+y^4}=\frac{1}{2};$$

当 (x,y) 沿着 $x=0$ 趋向于 $(0,0)$ 时,有

$$\lim_{\substack{(x,y)\to(0,0)\\x=0}}\frac{xy^2}{x^2+y^4}=\lim_{y\to 0}0=0.$$

因此,$f(x,y)$ 在 $(0,0)$ 处极限不存在,进而不连续.

2. 判定函数 $z=\dfrac{x^2+y^2}{\sin xy}$ 在何处是间断的.

解 该函数在 $\sin xy=0$ 处间断,即 $xy=k\pi, k\in\mathbf{Z}$.

§8.2 偏导数与全微分

一、内容提要

1. 设函数 $z=f(x,y)$ 在点 $P_0(x_0,y_0)$ 的某一邻域内有定义,当 y 固定在 y_0,而在 x_0 处有增量 Δx 时,相应的函数有增量

$$\Delta z = f(x_0+\Delta x, y_0) - f(x_0, y_0),$$

若极限

$$\lim_{\Delta x \to 0} \frac{f(x_0+\Delta x, y_0) - f(x_0, y_0)}{\Delta x}$$

存在,则称此极限为函数 $z=f(x,y)$ 在点 (x_0,y_0) 处对 x 的偏导数,记作

$$\left.\frac{\partial z}{\partial x}\right|_{\substack{x=x_0 \\ y=y_0}}, \quad \left.\frac{\partial f}{\partial x}\right|_{\substack{x=x_0 \\ y=y_0}}, \quad z_x|_{\substack{x=x_0 \\ y=y_0}}, \quad f_x(x_0,y_0).$$

类似地,函数 $z=f(x,y)$ 在点 (x_0,y_0) 处对 y 的偏导数可定义为

$$\lim_{\Delta y \to 0} \frac{f(x_0, y_0+\Delta y) - f(x_0, y_0)}{\Delta y},$$

记作

$$\left.\frac{\partial z}{\partial y}\right|_{\substack{x=x_0 \\ y=y_0}}, \quad \left.\frac{\partial f}{\partial y}\right|_{\substack{x=x_0 \\ y=y_0}}, \quad z_y|_{\substack{x=x_0 \\ y=y_0}}, \quad f_y(x_0,y_0).$$

2. 如果 $z=f(x,y)$ 在区域 D 内每一点 (x,y) 处对 x 的偏导数都存在,那么这个偏导数仍是一个关于 x,y 的二元函数,称之为函数 $z=f(x,y)$ 对自变量 x 的**偏导函数**,也可简称为偏导数,记作

$$\frac{\partial z}{\partial x}, \quad \frac{\partial f}{\partial x}, \quad z_x, \quad f_x(x,y).$$

类似地,可以定义函数 $z=f(x,y)$ 对自变量 y 的偏导函数,记作

$$\frac{\partial z}{\partial y}, \quad \frac{\partial f}{\partial y}, \quad z_y, \quad f_y(x,y).$$

如果 $f(x,y)$ 在 (x_0,y_0) 处关于 x,y 的偏导数都存在,就称 $f(x,y)$ 在 (x_0,y_0) 点偏导数存在.

3. 在求多元函数对某个自变量的偏导数时,只需要把其余自变量看作常量,然后直接利用一元函数的求导公式及复合函数求导法则来计算.

4. 设 $M_0(x_0, f(x_0,y_0))$ 为曲面 $z=f(x,y)$ 上一点.过点 M_0 作平面 $y=y_0$,截此曲面得一曲线,此曲线在平面 $y=y_0$ 上的方程为 $z=f(x,y_0)$,则导数 $\frac{\mathrm{d}}{\mathrm{d}x}f(x,y_0)|_{x=x_0}$ 即 $f_x(x_0,y_0)$ 就是这个曲线在点 M_0 处的切线 M_0T_x 对 x 轴正向的斜率.

同理,偏导数 $f_y(x_0,y_0)$ 就是这个曲面被平面 $x=x_0$ 所截得的曲线在点 M_0 处的切线 M_0T_y 对 y 轴正向的斜率.

5. 若 $z=f(x,y)$ 在区域 D 内的偏导数 $f_x(x,y)$ 和 $f_y(x,y)$ 都存在,则在区域 D 内 $f_x(x,y)$ 和 $f_y(x,y)$ 都是关于自变量 x,y 的函数. 如果这两个函数关于自变量 x,y 的偏导数仍然存在,就称它们是函数 $z=f(x,y)$ 的二阶偏导数.

类似地,可定义三阶、四阶、$\cdots$、n 阶偏导数. 二阶及二阶以上的偏导数统称为**高阶偏导数**.

6. 如果函数 $z=f(x,y)$ 的两个二阶混合偏导数 $f_{xy}(x,y)$, $f_{yx}(x,y)$ 在区域 D 内连续,那么在区域 D 内有 $f_{xy}(x,y)=f_{yx}(x,y)$.

7. 如果函数 $f(x,y)$ 在点 $P_0(x_0,y_0)$ 的全增量
$$\Delta z = f(x_0+\Delta x, y_0+\Delta y) - f(x_0,y_0)$$
可表示为
$$\Delta z = A\Delta x + B\Delta y + o(\rho),$$
其中 A,B 不依赖于 $\Delta x, \Delta y$ 而仅与 x,y 有关,$\rho = \sqrt{(\Delta x)^2+(\Delta y)^2}$,那么称函数 $f(x,y)$ 在点 (x_0,y_0) 可微分,而 $A\Delta x + B\Delta y$ 称为函数 $z=f(x,y)$ 在点 (x_0,y_0) 的**全微分**,记作 dz,即
$$dz = A\Delta x + B\Delta y.$$

8. 若函数 $z=f(x,y)$ 在点 (x,y) 处可微,则

(1) 函数 $z=f(x,y)$ 在点 (x,y) 处连续;

(2) 函数 $z=f(x,y)$ 的两个偏导数 $\dfrac{\partial z}{\partial x}, \dfrac{\partial z}{\partial y}$ 都存在,并且 $z=f(x,y)$ 在点 (x,y) 处的全微分为
$$dz = \frac{\partial z}{\partial x}\Delta x + \frac{\partial z}{\partial y}\Delta y = f_x(x,y)dx + f_y(x,y)dy,$$
即 $A=f_x(x,y)$, $B=f_y(x,y)$.

9. 若函数 $z=f(x,y)$ 在点 (x,y) 的某个邻域内偏导数 $f_x(x,y)$, $f_y(x,y)$ 都存在,而且 $f_x(x,y)$, $f_y(x,y)$ 在 (x,y) 处连续,则函数 $z=f(x,y)$ 在该点处可微分.

10. 二元函数的全微分近似计算公式:
$$f(x+\Delta x, y+\Delta y) \approx f(x,y) + f_x(x,y)\Delta x + f_y(x,y)\Delta y.$$

11. 设 $z=f(x,y)$ 在 $P_0(x_0,y_0)$ 的某个邻域 $U(P_0)$ 内有定义,沿方向 l 的单位向量为 $\boldsymbol{e}_l = (X,Y) = (\cos\alpha, \cos\beta)$. 设 $P(x_0+t\cos\alpha, y_0+t\cos\beta)$ 为 l 上的另一点,且 $P\in U(P_0)$,如果极限
$$\lim_{t\to 0^+} \frac{f(x_0+t\cos\alpha, y_0+t\cos\beta) - f(x_0,y_0)}{t}$$
或者 $\lim\limits_{t\to 0^+} \dfrac{f(x_0+tX, y_0+tY) - f(x_0,y_0)}{t}$ 存在,那么称此极限为函数 $f(x,y)$ 在 (x_0,y_0) 点沿方向 l 的**方向导数**,记作 $\left.\dfrac{\partial f}{\partial l}\right|_{(x_0,y_0)}$.

12. 如果函数 $f(x,y)$ 在点 $P_0(x_0,y_0)$ 处可微，那么函数在该点沿任一方向 l 的方向导数存在，且有 $\left.\dfrac{\partial f}{\partial l}\right|_{(x_0,y_0)} = f_x(x_0,y_0)\cos\alpha + f_y(x_0,y_0)\cos\beta$，其中 $\cos\alpha,\cos\beta$ 是方向 l 的方向余弦.

二、教学要求

1. 掌握偏导数和偏导函数的定义，能够计算多元函数在一点的偏导数以及多元初等函数的偏导函数.

2. 了解偏导数的几何意义.

3. 掌握高阶偏导数的定义与求法，知道多元函数混合偏导数相等的充分条件.

4. 掌握全微分的定义，能够计算多元函数的全微分.

5. 掌握多元函数可微、偏导数存在、连续之间的关系.

6. 掌握方向导数的定义，了解方向导数和偏导数的关系.

7. 能够利用偏导数计算方向导数.

三、习题详解

【A 组题】

1. 求下列函数的偏导数.

(1) $z = x^2y - xy^3$；　(2) $z = \sin\sqrt{x} + \cos^2(xy)$；

(3) $z = \ln\tan\dfrac{x}{y}$；　(4) $u = x^{\frac{y}{z}}$.

解 (1) $z_x = 2xy - y^3$, $z_y = x^2 - 3xy^2$.

(2) $z_x = \dfrac{1}{2\sqrt{x}}\cos\sqrt{x} - y\sin(2xy)$, $z_y = -x\sin(2xy)$.

(3) $z_x = \dfrac{\sec^2\dfrac{x}{y}}{y\tan\dfrac{x}{y}}$, $z_y = -\dfrac{x\sec^2\dfrac{x}{y}}{y^2\tan\dfrac{x}{y}}$.

(4) $u_x = \dfrac{y}{z}x^{\frac{y}{z}-1}$, $u_y = \dfrac{1}{z}x^{\frac{y}{z}}\ln x$, $u_z = -\dfrac{y}{z^2}x^{\frac{y}{z}}\ln x$.

2. 求下列函数在指定点的偏导数.

(1) $z = (2y+1)^x$, 求 $\left.\dfrac{\partial z}{\partial x}\right|_{(0,0)}$；

(2) $f(x,y) = \dfrac{x}{\sqrt{x^2+y^2}}$, 求 $f_y(3,4)$.

解 (1) $\dfrac{\partial z}{\partial x} = (2y+1)^x\ln(2y+1)$, 因此 $\left.\dfrac{\partial z}{\partial x}\right|_{(0,0)} = 0$.

(2) $f_y(x,y) = -\dfrac{xy}{\sqrt{(x^2+y^2)^3}}$, 因此 $f_y(3,4) = -\dfrac{12}{125}$.

3. 设 $f(x,y) = \begin{cases} \dfrac{x^2 y}{x^2 + y^2}, & x^2 + y^2 \neq 0; \\ 0, & x^2 + y^2 = 0, \end{cases}$ 求 $f(x,y)$ 的偏导数.

解 在 $(0,0)$ 处,由偏导数的定义,
$$f_x(0,0) = \lim_{h \to 0} \frac{f(h,0) - f(0,0)}{h} = 0.$$

同理,$f_y(0,0) = 0$. 再由求导法则,

$$f_x(x,y) = \begin{cases} \dfrac{2xy^3}{(x^2 + y^2)^2}, & x^2 + y^2 \neq 0; \\ 0, & x^2 + y^2 = 0, \end{cases}$$

$$f_y(x,y) = \begin{cases} \dfrac{x^4 - x^2 y^2}{(x^2 + y^2)^2}, & x^2 + y^2 \neq 0; \\ 0, & x^2 + y^2 = 0. \end{cases}$$

4. 求曲线 $\begin{cases} z = \dfrac{x^2 + y^2}{4}, \\ y = 4 \end{cases}$ 在点 $(2,4,5)$ 处的切线关于 x 轴的斜率.

解 由偏导数的几何意义,所求斜率即为 $z_x(2,4) = 1$.

5. 求下列函数 $z = f(x,y)$ 的二阶偏导数 $\dfrac{\partial^2 z}{\partial x^2}, \dfrac{\partial^2 z}{\partial y^2}, \dfrac{\partial^2 z}{\partial x \partial y}$.

(1) $z = 2x^2 + 3xy - y^2$;   (2) $z = e^{ax} \cos by$;

(3) $z = \ln(x + y^2)$;   (4) $z = \arcsin(xy)$.

解 (1) $z_{xx} = 4, z_{xy} = 3, z_{yy} = -2$;

(2) $z_{xx} = a^2 e^{ax} \cos by, z_{xy} = -ab e^{ax} \sin by, z_{yy} = -b^2 e^{ax} \cos by$;

(3) $z_{xx} = -\dfrac{1}{(x+y^2)^2}, z_{xy} = -\dfrac{2y}{(x+y^2)^2}, z_{yy} = \dfrac{2x - 2y^2}{(x+y^2)^2}$;

(4) $z_{xx} = \dfrac{xy^3}{(1-x^2y^2)^{\frac{3}{2}}}, z_{xy} = \dfrac{1}{(1-x^2y^2)^{\frac{3}{2}}}, z_{yy} = \dfrac{x^3 y}{(1-x^2y^2)^{\frac{3}{2}}}$.

6. 求函数 $z = 3x^4 + xy + y^2$ 在点 $M(1,2)$ 处沿与 x 轴正向夹角为 $135°$ 方向的方向导数.

解 $z_x(1,2) = 14, z_y(1,2) = 5$,与 x 轴正向夹角为 $135°$ 方向的单位向量为
$$(\cos\alpha, \cos\beta) = \left(-\frac{\sqrt{2}}{2}, \frac{\sqrt{2}}{2}\right).$$

因此,该方向导数为
$$z_x(1,2)\cos\alpha + z_y(1,2)\cos\beta = -\frac{9}{2}\sqrt{2}.$$

7. 求函数 $u = xyz$ 在点 $A(5,1,2)$ 处沿从 A 到 $B(9,4,14)$ 方向的方向导数.

解 $u_x(5,1,2) = 2, u_y(5,1,2) = 10, u_z(5,1,2) = 5$,从 A 到 B 方向的单位向量为
$$(\cos\alpha, \cos\beta, \cos\gamma) = \frac{1}{13}(4,3,12).$$

因此, 该方向导数为
$$u_x(5,1,2)\cos\alpha + u_y(5,1,2)\cos\beta + u_z(5,1,2)\cos\gamma = \frac{98}{13}.$$

8. 求函数 $u = xy^2 + z^3 - xyz$ 在点 $(1,1,2)$ 处沿方向角为 $\alpha = \frac{\pi}{3}$, $\beta = \frac{\pi}{4}$, $\gamma = \frac{\pi}{3}$ 的方向的方向导数.

解 $u_x(1,1,2) = -1$, $u_y(1,1,2) = 0$, $u_z(1,1,2) = 11$, 所求方向导数为
$$u_x(1,1,2)\cos\alpha + u_y(1,1,2)\cos\beta + u_z(1,1,2)\cos\gamma = 5.$$

9. 求下列各函数的全微分.

(1) $z = xy + \frac{y}{x}$;   (2) $z = \ln\tan\frac{y}{x}$.

解 (1) $dz = \left(y - \frac{y}{x^2}\right)dx + \left(x + \frac{1}{x}\right)dy$;

(2) $dz = -\dfrac{2}{x\sin\frac{2y}{x}}\left(\frac{y}{x}dx - dy\right)$.

10. 求函数 $z = e^{xy}$ 当 $x = 1, y = 1, \Delta x = 0.15, \Delta y = 0.1$ 时的全微分.

解 $dz = ye^{xy}dx + xe^{xy}dy$, 因此, $dz\Big|_{\substack{x=1,y=1 \\ \Delta x=0.15,\Delta y=0.1}} = 0.25e$.

【B 组题】

1. 求下列函数的偏导数.

(1) $u = \arctan(x-y)^z$;   (2) $u = x^{\sin\frac{y}{z}}$;

(3) $f(x,y) = x + (y-1)\arcsin\sqrt{\dfrac{x}{y}}$, 求 $f_x(x,1)$.

解 (1) $u_x = \dfrac{z(x-y)^{z-1}}{1+(x-y)^{2z}}$, $u_y = -\dfrac{z(x-y)^{z-1}}{1+(x-y)^{2z}}$, $u_z = \dfrac{(x-y)^z \ln(x-y)}{1+(x-y)^{2z}}$;

(2) $u_x = \sin\frac{y}{z} x^{\sin\frac{y}{z}-1}$, $u_y = \frac{1}{z}\cos\frac{y}{z} x^{\sin\frac{y}{z}} \ln x$, $u_z = -\frac{y}{z^2}\cos\frac{y}{z} x^{\sin\frac{y}{z}} \ln x$;

(3) $f(x,1) = x$, $f_x(x,1) = 1$.

2. 设函数 $f(x,y) = \begin{cases} (x^2+y^2)\sin\dfrac{1}{\sqrt{x^2+y^2}}, & x^2+y^2 \neq 0; \\ 0, & x^2+y^2 = 0. \end{cases}$ 证明: 函数 $f(x,y)$ 在 $(0,0)$ 点是可微的, 但 $f_x(x,y), f_y(x,y)$ 在 $(0,0)$ 点不连续.

证 由偏导数的定义,
$$f_x(0,0) = \lim_{h\to 0}\frac{f(h,0)-f(0,0)}{h} = \lim_{h\to 0}\frac{h^2\sin\frac{1}{|h|}}{h} = \lim_{h\to 0}h\sin\frac{1}{|h|} = 0.$$

当 $(x,y) \neq (0,0)$ 时,
$$f_x(x,y) = 2x\sin\frac{1}{\sqrt{x^2+y^2}} - \frac{x}{\sqrt{x^2+y^2}}\cos\frac{1}{\sqrt{x^2+y^2}}.$$

取 $(x_n, y_n) = \left(\dfrac{1}{2\sqrt{2n\pi}}, \dfrac{1}{2\sqrt{2n\pi}}\right) \to 0$ 时，$\sqrt{x_n^2 + y_n^2} = \dfrac{1}{2n\pi}$，

$$f_x(x_n, y_n) = 2 \cdot \dfrac{1}{2\sqrt{2n\pi}} \sin 2n\pi - \dfrac{\dfrac{1}{2\sqrt{2n\pi}}}{\dfrac{1}{2n\pi}} \cos 2n\pi = -\dfrac{1}{\sqrt{2}}.$$

再取 $(x_n, y_n) = \left(\dfrac{1}{\sqrt{2}(2n+1)\pi}, \dfrac{1}{\sqrt{2}(2n+1)\pi}\right) \to 0$ 时，$\sqrt{x_n^2 + y_n^2} = \dfrac{1}{(2n+1)\pi}$，

$$f_x(x_n, y_n) = 2 \cdot \dfrac{1}{\sqrt{2}(2n+1)\pi} \sin(2n+1)\pi - \dfrac{\dfrac{1}{\sqrt{2}(2n+1)\pi}}{\dfrac{1}{(2n+1)\pi}} \cos(2n+1)\pi = \dfrac{1}{\sqrt{2}}.$$

因此，$f_x(x,y)$ 在 $(0,0)$ 处不连续.

同理，$f_y(0,0) = 0$，$f_y(x,y)$ 在 $(0,0)$ 处也不连续.

但是当 $(\Delta x, \Delta y) \to (0,0)$ 时，

$$\dfrac{\Delta z - f_x(0,0)\Delta x - f_y(0,0)\Delta y}{\sqrt{\Delta x^2 + \Delta y^2}} = \sqrt{\Delta x^2 + \Delta y^2} \sin \dfrac{1}{\sqrt{\Delta x^2 + \Delta y^2}} \to 0,$$

因此，$f(x,y)$ 在 $(0,0)$ 处可微.

3. 求 $\sqrt{1.02^3 + 1.97^3}$ 的近似值.

解 令 $z = \sqrt{x^3 + y^3}$，$x = 1$，$y = 2$，$\Delta x = 0.02$，$\Delta y = -0.03$. 经计算，

$$dz = \dfrac{3x^2}{2\sqrt{x^3+y^3}}\Delta x + \dfrac{3y^2}{2\sqrt{x^3+y^3}}\Delta y,$$

进而

$$\Delta z \approx dz = -0.005, \quad \sqrt{1.02^3 + 1.97^3} = z(1,2) + \Delta z \approx 2.995.$$

4. 当 x, y 的绝对值很小时，推出函数 $\arctan\dfrac{x+y}{1+xy}$ 的近似公式.

解 令 $z = \arctan\dfrac{x+y}{1+xy}$，经计算，

$$dz = \dfrac{(1-y^2)dx + (1-x^2)dy}{(xy+1)^2 + (x+y)^2}.$$

所以，当 x, y 的绝对值很小时，即在 $(0,0)$ 的充分小邻域内，

$$z(x,y) \approx z(0,0) + z_x(0,0)x + z_y(0,0)y = x + y.$$

5. 设函数 $f(x,y)$ 在 (x_0, y_0) 点可微，$\boldsymbol{\alpha} = (f_x(x_0,y_0), f_y(x_0,y_0))$，则方向导数 $\left.\dfrac{\partial f}{\partial l}\right|_{(x_0,y_0)}$ 当方向 l 与 $\boldsymbol{\alpha}$ 同向时取到最大值，异向时取到最小值.

证 设与 l 同向的单位向量为 $\boldsymbol{\alpha}_0$，$\boldsymbol{\alpha} = (f_x(x_0,y_0), f_y(x_0,y_0))$，则 $|\boldsymbol{\alpha}_0| = 1$，且

$$\left.\dfrac{\partial f}{\partial l}\right|_{(x_0,y_0)} = \langle \boldsymbol{\alpha}, \boldsymbol{\alpha}_0 \rangle.$$

根据内积的性质，

$$\left|\left.\dfrac{\partial f}{\partial l}\right|_{(x_0,y_0)}\right| \leqslant |\boldsymbol{\alpha}| \cdot |\boldsymbol{\alpha}_0| = |\boldsymbol{\alpha}|,$$

其中等号成立当且仅当 $\boldsymbol{\alpha}$ 与 $\boldsymbol{\alpha}_0$ 平行. 于是，当 $\boldsymbol{\alpha}$ 与 $\boldsymbol{\alpha}_0$ 同向时，$\left.\dfrac{\partial f}{\partial l}\right|_{(x_0,y_0)}$ 为正，取到最大值；当 $\boldsymbol{\alpha}$ 与 $\boldsymbol{\alpha}_0$ 反向时，$\left.\dfrac{\partial f}{\partial l}\right|_{(x_0,y_0)}$ 为负，取到最小值.

§8.3 多元复合函数的求导法则

一、内容提要

1. 设 $u = u(t)$, $v = v(t)$ 均在 t 处可导, 函数 $z = f(u,v)$ 在对应点 (u,v) 处可微 (或者有连续的偏导数), 则它们构成的复合函数 $z = f[u(t), v(t)]$ 在 t 处可导, 且有导数公式

$$\frac{\mathrm{d}z}{\mathrm{d}t} = \frac{\partial z}{\partial u}\frac{\mathrm{d}u}{\mathrm{d}t} + \frac{\partial z}{\partial v}\frac{\mathrm{d}v}{\mathrm{d}t}.$$

公式中的导数 $\dfrac{\mathrm{d}z}{\mathrm{d}t}$ 也称为全导数.

2. 设 $u = \varphi(x,y)$, $v = \psi(x,y)$ 在 (x_0, y_0) 点偏导数存在, 记 $u_0 = \varphi(x_0, y_0)$, $v_0 = \psi(x_0, y_0)$, 如果 $z = f(u,v)$ 在 (x_0, y_0) 点可微 (或者有连续的偏导数), 那么复合函数 $z = f(u,v) = f[\varphi(x,y), \psi(x,y)]$ 在 (x_0, y_0) 偏导数存在, 且

$$\left.\frac{\partial z}{\partial x}\right|_{\substack{x=x_0\\y=y_0}} = \left.\frac{\partial z}{\partial u}\right|_{\substack{u=u_0\\v=v_0}} \left.\frac{\partial u}{\partial x}\right|_{\substack{x=x_0\\y=y_0}} + \left.\frac{\partial z}{\partial v}\right|_{\substack{u=u_0\\v=v_0}} \left.\frac{\partial v}{\partial x}\right|_{\substack{x=x_0\\y=y_0}}$$

和

$$\left.\frac{\partial z}{\partial y}\right|_{\substack{x=x_0\\y=y_0}} = \left.\frac{\partial z}{\partial u}\right|_{\substack{u=u_0\\v=v_0}} \left.\frac{\partial u}{\partial y}\right|_{\substack{x=x_0\\y=y_0}} + \left.\frac{\partial z}{\partial v}\right|_{\substack{u=u_0\\v=v_0}} \left.\frac{\partial v}{\partial y}\right|_{\substack{x=x_0\\y=y_0}}.$$

3. 设 $u = \varphi(x,y)$, $v = \psi(x,y)$, $w = \omega(x,y)$ 在 (x_0, y_0) 点偏导数存在, 记 $u_0 = \varphi(x_0, y_0)$, $v_0 = \psi(x_0, y_0)$, $w_0 = \omega(x_0, y_0)$, 如果 $z = f(u,v,w)$ 在 (u_0, v_0, w_0) 点可微 (或者偏导数连续), 则复合函数

$$z = f(u,v,w) = f[\varphi(x,y), \psi(x,y), \omega(x,y)]$$

在 (x_0, y_0) 处偏导数存在, 且

$$\left.\frac{\partial z}{\partial x}\right|_{\substack{x=x_0\\y=y_0}} = \left.\frac{\partial z}{\partial u}\right|_{\substack{u=u_0\\v=v_0\\w=w_0}} \left.\frac{\partial u}{\partial x}\right|_{\substack{x=x_0\\y=y_0}} + \left.\frac{\partial z}{\partial v}\right|_{\substack{u=u_0\\v=v_0\\w=w_0}} \left.\frac{\partial v}{\partial x}\right|_{\substack{x=x_0\\y=y_0}} + \left.\frac{\partial z}{\partial w}\right|_{\substack{u=u_0\\v=v_0\\w=w_0}} \left.\frac{\partial w}{\partial x}\right|_{\substack{x=x_0\\y=y_0}},$$

$$\left.\frac{\partial z}{\partial y}\right|_{\substack{x=x_0\\y=y_0}} = \left.\frac{\partial z}{\partial u}\right|_{\substack{u=u_0\\v=v_0\\w=w_0}} \left.\frac{\partial u}{\partial y}\right|_{\substack{x=x_0\\y=y_0}} + \left.\frac{\partial z}{\partial v}\right|_{\substack{u=u_0\\v=v_0\\w=w_0}} \left.\frac{\partial v}{\partial y}\right|_{\substack{x=x_0\\y=y_0}} + \left.\frac{\partial z}{\partial w}\right|_{\substack{u=u_0\\v=v_0\\w=w_0}} \left.\frac{\partial w}{\partial y}\right|_{\substack{x=x_0\\y=y_0}}.$$

4. 设 $z = f(u,v)$ 在点 (u,v) 可微 (或者偏导数连续), $u = g(s,t)$, $v = h(s,t)$ 在点 (s,t) 可微 (或者偏导数连续), $s = \varphi(x,y)$, $t = \psi(x,y)$ 在点 (x,y) 处偏导数存在, 则复合函数关于 x, y 的偏导数为

$$\frac{\partial z}{\partial x} = \frac{\partial z}{\partial u}\frac{\partial u}{\partial s}\frac{\partial s}{\partial x} + \frac{\partial z}{\partial u}\frac{\partial u}{\partial t}\frac{\partial t}{\partial x} + \frac{\partial z}{\partial v}\frac{\partial v}{\partial s}\frac{\partial s}{\partial x} + \frac{\partial z}{\partial v}\frac{\partial v}{\partial t}\frac{\partial t}{\partial x},$$

$$\frac{\partial z}{\partial y} = \frac{\partial z}{\partial u}\frac{\partial u}{\partial s}\frac{\partial s}{\partial y} + \frac{\partial z}{\partial u}\frac{\partial u}{\partial t}\frac{\partial t}{\partial y} + \frac{\partial z}{\partial v}\frac{\partial v}{\partial s}\frac{\partial s}{\partial y} + \frac{\partial z}{\partial v}\frac{\partial v}{\partial t}\frac{\partial t}{\partial y}.$$

5. 若函数 $u = \varphi(x,y)$ 在点 (x,y) 具有对 x 及对 y 的偏导数, 函数 $v = \psi(y)$ 在点 y 可导, 函数 $z = f(u,v)$ 在对应点 (u,v) 处可微 (或者偏导数连续), 那么复合函数 $z = f[\varphi(x,y), \psi(y)]$ 在点 (x,y) 的两个偏导数都存在, 且有

$$\frac{\partial z}{\partial x} = \frac{\partial z}{\partial u}\frac{\partial u}{\partial x}, \quad \frac{\partial z}{\partial y} = \frac{\partial z}{\partial u}\frac{\partial u}{\partial y} + \frac{\partial z}{\partial v}\frac{\mathrm{d} v}{\mathrm{d} y}.$$

6. 设函数 $u = \varphi(x,y)$ 在点 (x,y) 具有对 x 及对 y 的偏导数, 函数 $z = f(u,x,y)$ 在对应点 (u,x,y) 可微 (或者具有连续偏导数), 则复合函数 $z = f[\varphi(x,y),x,y]$ 在点 (x,y) 的两个偏导数都存在, 且有

$$\frac{\partial z}{\partial x} = \frac{\partial f}{\partial u}\frac{\partial u}{\partial x} + \frac{\partial f}{\partial x}, \quad \frac{\partial z}{\partial y} = \frac{\partial f}{\partial u}\frac{\partial u}{\partial y} + \frac{\partial f}{\partial y}.$$

7. 无论 x,y 是自变量还是中间变量, 多元函数的全微分具有相同的形式, 这就是全微分的**形式不变性**.

二、教学要求

1. 掌握多元复合函数求偏导数的链式法则, 能够计算各种复合情形的偏导数.
2. 了解多元函数全微分的不变性, 并利用该性质计算多元复合函数的偏导数.

三、习题详解

【A 组题】

1. 设 $z = \arcsin(x - y)$, 其中 $x = 3t, y = t^3$, 求 $\dfrac{\mathrm{d}z}{\mathrm{d}t}$.

解 $\dfrac{\mathrm{d}z}{\mathrm{d}t} = \dfrac{\partial z}{\partial x}\dfrac{\mathrm{d}x}{\mathrm{d}t} + \dfrac{\partial z}{\partial y}\dfrac{\mathrm{d}y}{\mathrm{d}t} = \dfrac{1}{\sqrt{1-(x-y)^2}}(3 - 3t^2) = \dfrac{3 - 3t^2}{\sqrt{1-(3t-t^3)^2}}.$

2. 设 $z = \arctan(\mathrm{e}^x + \mathrm{e}^y), x = st, y = s + t$, 求 $\dfrac{\partial z}{\partial s}, \dfrac{\partial z}{\partial t}$.

解 经计算,

$$\frac{\partial z}{\partial x} = \frac{\mathrm{e}^x}{1 + (\mathrm{e}^x + \mathrm{e}^y)^2}, \quad \frac{\partial z}{\partial y} = \frac{\mathrm{e}^y}{1 + (\mathrm{e}^x + \mathrm{e}^y)^2},$$

$$\frac{\partial x}{\partial s} = t, \quad \frac{\partial x}{\partial t} = s, \quad \frac{\partial y}{\partial s} = 1, \quad \frac{\partial y}{\partial t} = 1.$$

因此,

$$\frac{\partial z}{\partial s} = \frac{\partial z}{\partial x}\frac{\partial x}{\partial s} + \frac{\partial z}{\partial y}\frac{\partial y}{\partial s} = \frac{\mathrm{e}^{st}t + \mathrm{e}^{s+t}}{1 + (\mathrm{e}^{st} + \mathrm{e}^{s+t})^2},$$

$$\frac{\partial z}{\partial t} = \frac{\partial z}{\partial x}\frac{\partial x}{\partial t} + \frac{\partial z}{\partial y}\frac{\partial y}{\partial t} = \frac{\mathrm{e}^{st}s + \mathrm{e}^{s+t}}{1 + (\mathrm{e}^{st} + \mathrm{e}^{s+t})^2}.$$

3. 设 f 具有连续的一阶导数或者偏导数, 求 z 的各一阶偏导数.

(1) $z = f(x^2+y^2)$; (2) $z = f(x^2-y^2, e^{xy})$;

(3) $z = f(u,x,y), u = xe^y$; (4) $z = f\left(x, xy, \dfrac{y}{x}\right)$.

解 (1) 令 $u = x^2+y^2$, 则 $z = f(u)$. 因此,
$$z_x = \frac{\mathrm{d}z}{\mathrm{d}u}\frac{\partial u}{\partial x} = 2xf'(x^2+y^2), \quad z_y = \frac{\mathrm{d}z}{\mathrm{d}u}\frac{\partial u}{\partial y} = 2yf'(x^2+y^2).$$

(2) 令 $u = x^2-y^2, v = e^{xy}$, 则 $z = f(u,v)$. 因此,
$$z_x = \frac{\partial z}{\partial u}\frac{\partial u}{\partial x} + \frac{\partial z}{\partial v}\frac{\partial v}{\partial x} = 2xf_1' + ye^{xy}f_2',$$
$$z_y = \frac{\partial z}{\partial u}\frac{\partial u}{\partial y} + \frac{\partial z}{\partial v}\frac{\partial v}{\partial y} = -2yf_1' + xe^{xy}f_2'.$$

(3) $z_x = \dfrac{\partial f}{\partial u}\dfrac{\partial u}{\partial x} + \dfrac{\partial f}{\partial x} = e^y f_1' + f_2', \quad z_y = \dfrac{\partial f}{\partial u}\dfrac{\partial u}{\partial y} + \dfrac{\partial f}{\partial y} = xe^y f_1' + f_3'.$

(4) 令 $u = xy, v = \dfrac{y}{x}$, 则 $z = f(x,u,v)$. 因此,
$$z_x = \frac{\partial f}{\partial x} + \frac{\partial f}{\partial u}\frac{\partial u}{\partial x} + \frac{\partial f}{\partial v}\frac{\partial v}{\partial x} = f_1' + yf_2' - \frac{y}{x^2}f_3',$$
$$z_y = \frac{\partial f}{\partial u}\frac{\partial u}{\partial y} + \frac{\partial f}{\partial v}\frac{\partial v}{\partial y} = xf_2' + \frac{1}{x}f_3'.$$

【B 组题】

1. 设 f 具有连续的二阶导数或者偏导数, 求下列函数的各二阶偏导数.

(1) $z = f\left(\dfrac{y}{x}\right)$; (2) $z = f(x^2y, xy^2)$.

解 (1) 设 $u = \dfrac{y}{x}$, 则 $z = f(u)$. 这样一阶偏导数为
$$z_x = \frac{\mathrm{d}f}{\mathrm{d}u}\frac{\partial u}{\partial x} = -\frac{yf'(u)}{x^2}, \quad z_y = \frac{\mathrm{d}f}{\mathrm{d}u}\frac{\partial u}{\partial y} = \frac{f'(u)}{x}.$$

二阶偏导数
$$z_{xx} = -\frac{yf''(u)\dfrac{\partial u}{\partial x}\cdot x^2 - yf'(u)\cdot 2x}{x^4} = \frac{y^2 f''\left(\dfrac{y}{x}\right) + 2xyf'\left(\dfrac{y}{x}\right)}{x^4},$$
$$z_{xy} = -\frac{yf''(u)\dfrac{\partial u}{\partial y} + f'(u)}{x^2} = -\frac{yf''\left(\dfrac{y}{x}\right) + xf'\left(\dfrac{y}{x}\right)}{x^3},$$
$$z_{yy} = \frac{f''(u)\dfrac{\partial u}{\partial y}}{x^2} = \frac{f''\left(\dfrac{y}{x}\right)}{x}.$$

(2) 设 $u = x^2 y, v = xy^2$, 则 $z = f(u,v)$. 一阶偏导数为
$$z_x = \frac{\partial z}{\partial u}\frac{\partial u}{\partial x} + \frac{\partial z}{\partial v}\frac{\partial v}{\partial x} = 2xyf_1' + y^2 f_2',$$
$$z_y = \frac{\partial z}{\partial u}\frac{\partial u}{\partial y} + \frac{\partial z}{\partial v}\frac{\partial v}{\partial y} = x^2 f_1' + 2xyf_2'.$$

二阶偏导数
$$z_{xx} = 2xy\cdot\frac{\partial f_1'}{\partial x} + 2yf_1' + y^2\frac{\partial f_2'}{\partial x}$$

$$= 2xy \cdot (f''_{11} \cdot 2xy + f''_{12} \cdot y^2) + 2yf'_1 + y^2(f''_{21} \cdot 2xy + f''_{22} \cdot y^2)$$
$$= 2yf'_1 + 4x^2y^2f''_{11} + 4xy^3f''_{12} + y^4f''_{22},$$
$$z_{xy} = 2xy \cdot \frac{\partial f'_1}{\partial y} + 2xf'_1 + y^2\frac{\partial f'_2}{\partial y} + 2yf'_2$$
$$= 2xy \cdot (f''_{11} \cdot x^2 + f''_{12} \cdot 2xy) + 2xf'_1 + y^2(f''_{21} \cdot x^2 + f''_{22} \cdot 2xy) + 2yf'_2$$
$$= 2xf'_1 + 2yf'_2 + 2x^3yf''_{11} + x^2y^2f''_{12} + 2xy^3f''_{22},$$
$$z_{yy} = 2xf'_2 + 4x^2y^2f''_{22} + 4x^3yf''_{12} + x^4f''_{11}.$$

2. 设 $z = f\left(xy, \dfrac{x}{y}\right) + g\left(\dfrac{y}{x}\right)$，其中 f 具有连续的二阶偏导数，g 具有连续的二阶导数，求 $\dfrac{\partial^2 z}{\partial x \partial y}$.

解 根据复合函数求偏导的法则，
$$\frac{\partial z}{\partial x} = f'_1 \cdot y + f'_2 \cdot \frac{1}{y} - g' \cdot \frac{y}{x^2},$$
$$\frac{\partial^2 z}{\partial x \partial y} = f'_1 + y\left(f''_{11} \cdot x - f''_{12} \cdot \frac{x}{y^2}\right) - \frac{f'_2}{y^2} + \frac{1}{y}\left(f''_{21} \cdot x - f''_{22} \cdot \frac{x}{y^2}\right) -$$
$$g'' \cdot \frac{1}{x} \cdot \frac{y}{x^2} - g' \cdot \frac{1}{x^2}$$
$$= f'_1 + xyf''_{11} - \frac{1}{y^2}f'_2 - \frac{x}{y^3}f''_{22} - \frac{1}{x^2}g' - \frac{y}{x^3}g''.$$

3. 设 $z = f\left(\ln x + \dfrac{1}{y}\right)$，其中函数 $f(u)$ 可微，求 $x\dfrac{\partial z}{\partial x} + y^2\dfrac{\partial z}{\partial y}$.

解 根据复合函数求偏导的法则，
$$\frac{\partial z}{\partial x} = f' \cdot \frac{1}{x}, \quad \frac{\partial z}{\partial y} = -f' \cdot \frac{1}{y^2}.$$

因此，$x\dfrac{\partial z}{\partial x} + y^2\dfrac{\partial z}{\partial y} = 0$.

4. 设函数 $z = f(xy, yg(x))$，其中 f 具有连续的二阶偏导数，函数 $g(x)$ 可导且在 $x = 1$ 处取得极小值 $g(1) = 1$，求 $\dfrac{\partial^2 z}{\partial x \partial y}\bigg|_{\substack{x=1\\y=1}}$.

解 根据复合函数求偏导的法则，
$$\frac{\partial z}{\partial x} = f'_1 \cdot y + f'_2 \cdot yg'(x),$$
$$\frac{\partial^2 z}{\partial x \partial y} = y[xf''_{11} + g(x)f''_{12}] + f'_1 + g'(x)f'_2 + yg'(x)[xf''_{21} + f''_{22}g(x)].$$

再由条件可知，$x = y = 1, g'(1) = 0, g(1) = 1$，代入上式得
$$\frac{\partial^2 z}{\partial x \partial y}\bigg|_{\substack{x=1\\y=1}} = f''_{11}(1,1) + f''_{12}(1,1) + f'_1(1,1).$$

§8.4　隐函数的求导公式

一、内容提要

1. 一元隐函数存在唯一性定理：设函数 $F(x,y)$ 在点 $P(x_0,y_0)$ 的某一邻域内具有连续偏导数，且 $F(x_0,y_0)=0$，$F_y(x_0,y_0)\neq 0$，则方程 $F(x,y)=0$ 在点 $P(x_0,y_0)$ 的某邻域内恒能唯一确定一个连续且具有连续导数的函数 $y=f(x)$，它满足条件 $y_0=f(x_0)$，并有
$$\frac{\mathrm{d}y}{\mathrm{d}x}=-\frac{F_x}{F_y}.$$

2. 多元隐函数存在唯一性定理：设函数 $F(x,y,z)$ 在点 $P(x_0,y_0,z_0)$ 的某一邻域内具有连续偏导数，且 $F(x_0,y_0,z_0)=0$，$F_z(x_0,y_0,z_0)\neq 0$，则方程 $F(x,y,z)=0$ 在点 $P(x_0,y_0,z_0)$ 的某邻域内恒能唯一确定一个连续且具有连续偏导数的函数 $z=f(x,y)$，它满足条件 $z_0=f(x_0,y_0)$，且
$$\frac{\partial z}{\partial x}=-\frac{F_x}{F_z},\quad \frac{\partial z}{\partial y}=-\frac{F_y}{F_z}.$$

3. 隐函数组存在定理：设

(i) 四元函数 $F(x,y,u,v)$ 和 $G(x,y,u,v)$ 在 $P(x_0,y_0,u_0,v_0)$ 的某邻域内具有对各个变量的连续偏导数；

(ii) $F(x_0,y_0,u_0,v_0)=0$，$G(x_0,y_0,u_0,v_0)=0$；(初始条件)

(iii) 偏导数所组成的函数行列式 (又称 Jacobi 行列式)
$$J=\frac{\partial(F,G)}{\partial(u,v)}=\begin{vmatrix} F_u & F_v \\ G_u & G_v \end{vmatrix}\neq 0,$$

则在 $P(x_0,y_0,u_0,v_0)$ 的某一个 (四维空间) 邻域内，方程组 $F(x,y,u,v)=0$ 和 $G(x,y,u,v)=0$ 唯一确定了定义在这个邻域上的两个二元隐函数
$$u=f(x,y), v=g(x,y),$$
使得 $u_0=f(x_0,y_0)$，$v_0=g(x_0,y_0)$，u 和 v 在这个邻域内连续并具有一阶连续偏导数，且
$$F(x,y,f(x,y),g(x,y))=0,\ G(x,y,f(x,y),g(x,y))=0,$$
并有
$$\frac{\partial u}{\partial x}=-\frac{1}{J}\frac{\partial(F,G)}{\partial(x,v)}=-\frac{1}{J}\begin{vmatrix} F_x & F_v \\ G_x & G_v \end{vmatrix},$$

$$\frac{\partial v}{\partial x}=-\frac{1}{J}\frac{\partial(F,G)}{\partial(u,x)}=-\frac{1}{J}\begin{vmatrix} F_u & F_x \\ G_u & G_x \end{vmatrix},$$

$$\frac{\partial u}{\partial y} = -\frac{1}{J}\frac{\partial(F,G)}{\partial(y,v)} = -\frac{1}{J}\begin{vmatrix} F_y & F_v \\ G_y & G_v \end{vmatrix},$$

$$\frac{\partial v}{\partial y} = -\frac{1}{J}\frac{\partial(F,G)}{\partial(u,y)} = -\frac{1}{J}\begin{vmatrix} F_u & F_y \\ G_u & G_y \end{vmatrix}.$$

二、教学要求

1. 掌握一元隐函数存在定理，并熟练掌握计算一元隐函数的导数、二阶导数的方法.

2. 掌握多元隐函数的定义和多元隐函数的存在定理，并熟练掌握计算多元隐函数的偏导数、二阶偏导数的方法.

3. 了解隐函数组存在定理，掌握从方程组出发计算偏导数的方法.

三、习题详解

【A 组题】

1. 设 $\ln\sqrt{x^2+y^2} = \arctan\frac{y}{x}$，求 $\frac{\mathrm{d}y}{\mathrm{d}x}$.

解 注意到 y 是 x 的函数，等式左右两边求对 x 的导数，得

$$\frac{1}{2}\cdot\frac{2x+2y\cdot\frac{\mathrm{d}y}{\mathrm{d}x}}{x^2+y^2} = \frac{1}{1+\left(\frac{y}{x}\right)^2}\cdot\frac{\frac{\mathrm{d}y}{\mathrm{d}x}\cdot x - y}{x^2},$$

从中解得 $\frac{\mathrm{d}y}{\mathrm{d}x} = \frac{x+y}{x-y}$.

2. 设 $x^y = y^x\ (x \neq y)$，求 $\frac{\mathrm{d}y}{\mathrm{d}x}$.

解 注意到 y 是 x 的函数，等式左右两边求对数，并求对 x 的导数，得

$$\frac{y}{x} + \frac{\mathrm{d}y}{\mathrm{d}x}\cdot\ln x = \ln y + \frac{x}{y}\cdot\frac{\mathrm{d}y}{\mathrm{d}x},$$

从中解得 $\frac{\mathrm{d}y}{\mathrm{d}x} = \frac{xy\ln y - y^2}{xy\ln x - x^2}$.

3. 设 $x+2y+z-2\sqrt{xyz}=0$，求 $\frac{\partial z}{\partial x}, \frac{\partial z}{\partial y}$.

解 注意到 z 是 x 和 y 的二元函数，等式左右两边求对 x 的偏导数，得

$$1 + \frac{\partial z}{\partial x} - \frac{yz + xy\cdot\frac{\partial z}{\partial x}}{\sqrt{xyz}} = 0,$$

从中解得 $\frac{\partial z}{\partial x} = \frac{\sqrt{xyz}-yz}{xy-\sqrt{xyz}}$. 等式左右两边再求对 y 的偏导数，得

$$2 + \frac{\partial z}{\partial y} - \frac{xz + xy\cdot\frac{\partial z}{\partial y}}{\sqrt{xyz}} = 0,$$

从中解得 $\dfrac{\partial z}{\partial y} = \dfrac{2\sqrt{xyz} - xz}{xy - \sqrt{xyz}}$.

4. 设 $x^2 + z^2 = y\phi\left(\dfrac{z}{y}\right)$，其中 ϕ 为可微函数，求 $\dfrac{\partial z}{\partial x}, \dfrac{\partial z}{\partial y}$.

解 注意到 z 是 x 和 y 的二元函数，等式左右两边求对 x 的偏导数，得

$$2x + 2z \cdot \dfrac{\partial z}{\partial x} = y\phi'\left(\dfrac{z}{y}\right) \cdot \dfrac{\dfrac{\partial z}{\partial x}}{y},$$

从中解得 $\dfrac{\partial z}{\partial x} = -\dfrac{2x}{2z - \phi'\left(\dfrac{z}{y}\right)}$. 等式左右两边再求对 y 的偏导数，得

$$2z \cdot \dfrac{\partial z}{\partial y} = \phi\left(\dfrac{z}{y}\right) + y\phi'\left(\dfrac{z}{y}\right) \cdot \dfrac{y\dfrac{\partial z}{\partial y} - z}{y^2},$$

从中解得 $\dfrac{\partial z}{\partial y} = \dfrac{-\dfrac{z}{y}\phi'\left(\dfrac{z}{y}\right) + \phi\left(\dfrac{z}{y}\right)}{2z - \phi'\left(\dfrac{z}{y}\right)}$.

5. 设 $e^z - xyz = 0$，求 $\dfrac{\partial^2 z}{\partial x^2}$.

解 注意到 z 是 x 和 y 的二元函数，等式左右两边求对 x 的偏导数，得

$$e^z \cdot \dfrac{\partial z}{\partial x} - yz - xy \cdot \dfrac{\partial z}{\partial x} = 0,$$

从中解得 $\dfrac{\partial z}{\partial x} = \dfrac{yz}{e^z - xy} = \dfrac{z}{xz - x}$. 一阶偏导数左右两边再求对 x 的偏导数，得

$$\dfrac{\partial^2 z}{\partial x^2} = \dfrac{\dfrac{\partial z}{\partial x}(xz - x) - z\left(z + x \cdot \dfrac{\partial z}{\partial x} - 1\right)}{(xz - x)^2} = \dfrac{2xz^2 - 2xz - xz^3}{(xz - z)^3}.$$

6. 设 $z^3 - 3xyz = a^3$，求 $\dfrac{\partial^2 z}{\partial x \partial y}$.

解 注意到 z 是 x 和 y 的二元函数，等式左右两边求对 x 的偏导数，得

$$3z^2 \cdot \dfrac{\partial z}{\partial x} - 3yz - 3xy \cdot \dfrac{\partial z}{\partial x} = 0,$$

从中解得 $\dfrac{\partial z}{\partial x} = \dfrac{yz}{z^2 - xy}$. 等式左右两边求对 y 的偏导数，得

$$3z^2 \cdot \dfrac{\partial z}{\partial y} - 3xz - 3xy \cdot \dfrac{\partial z}{\partial y} = 0,$$

从中解得 $\dfrac{\partial z}{\partial y} = \dfrac{xz}{z^2 - xy}$.

一阶偏导数 $\dfrac{\partial z}{\partial x}$ 左右两边再求对 y 的偏导数，得

$$\dfrac{\partial^2 z}{\partial x \partial y} = \dfrac{\left(z + y \cdot \dfrac{\partial z}{\partial y}\right)(z^2 - xy) - yz\left(2z\dfrac{\partial z}{\partial y} - x\right)}{(z^2 - xy)^2} = \dfrac{z^5 - 2xyz^3 - x^2y^2z}{(z^2 - xy)^3}.$$

7. 设 $u+e^u=xy$，求 $\dfrac{\partial^2 u}{\partial x \partial y}$.

解 注意到 u 是 x 和 y 的二元函数，等式左右两边求对 x 的偏导数，得

$$\frac{\partial u}{\partial x}+e^u\frac{\partial u}{\partial x}=y,$$

从中解得 $\dfrac{\partial u}{\partial x}=\dfrac{y}{1+e^u}$. 等式左右两边求对 y 的偏导数，得

$$\frac{\partial u}{\partial y}+e^u\frac{\partial u}{\partial y}=x,$$

从中解得 $\dfrac{\partial u}{\partial y}=\dfrac{x}{1+e^u}$.

一阶偏导数 $\dfrac{\partial u}{\partial x}$ 左右两边再求对 y 的偏导数，得

$$\frac{\partial^2 u}{\partial x \partial y}=\frac{(1+e^u)-y\cdot e^u\dfrac{\partial u}{\partial y}}{(1+e^u)^2}=\frac{1}{1+e^u}-\frac{xye^u}{(1+e^u)^3}.$$

【B 组题】

1. 求由下列各方程所确定的隐函数的偏导数.

(1) 设 $\begin{cases} z=x^2+y^2, \\ x^2+2y^2+3z^2=20, \end{cases}$ 求 $\dfrac{\mathrm{d}y}{\mathrm{d}x}, \dfrac{\mathrm{d}z}{\mathrm{d}x}$.

(2) 设 $\begin{cases} u^2-v=3x+y, \\ u-2v^2=x-2y, \end{cases}$ 求 $\dfrac{\partial u}{\partial x}, \dfrac{\partial u}{\partial y}, \dfrac{\partial v}{\partial x}, \dfrac{\partial v}{\partial y}$.

(3) 设 $\begin{cases} u=f(ux,v+y), \\ v=g(u-x,v^2y), \end{cases}$ 其中 f,g 具有一阶连续偏导数，求 $\dfrac{\partial u}{\partial x}, \dfrac{\partial v}{\partial x}$.

解 (1) 注意到 y 和 z 是 x 的一元函数，在原方程组两边求对 x 的导数，得

$$\begin{cases} \dfrac{\mathrm{d}z}{\mathrm{d}x}=2x+2y\dfrac{\mathrm{d}y}{\mathrm{d}x}, \\ 2x+4y\dfrac{\mathrm{d}y}{\mathrm{d}x}+6z\dfrac{\mathrm{d}z}{\mathrm{d}x}=0. \end{cases}$$

将 $\dfrac{\mathrm{d}y}{\mathrm{d}x}$ 和 $\dfrac{\mathrm{d}z}{\mathrm{d}x}$ 从上式解出，得

$$\frac{\mathrm{d}y}{\mathrm{d}x}=-\frac{x+6xz}{2y+6yz}, \quad \frac{\mathrm{d}z}{\mathrm{d}x}=\frac{x}{1+3z}.$$

(2) 注意到 u 和 v 是 x 和 y 的二元函数，在原方程组两边求对 x 的偏导数，得

$$\begin{cases} 2u\dfrac{\partial u}{\partial x}-\dfrac{\partial v}{\partial x}=3, \\ \dfrac{\partial u}{\partial x}-4v\dfrac{\partial v}{\partial x}=1, \end{cases}$$

从中可解得

$$\frac{\partial u}{\partial x}=\frac{1-12v}{1-8uv}, \quad \frac{\partial v}{\partial x}=\frac{2u-3}{1-8uv}.$$

在原方程组两边求对 y 的偏导数,得

$$\begin{cases} 2u\dfrac{\partial u}{\partial y} - \dfrac{\partial v}{\partial y} = 1, \\ \dfrac{\partial u}{\partial y} - 4v\dfrac{\partial v}{\partial y} = -2, \end{cases}$$

从中可解得

$$\dfrac{\partial u}{\partial y} = \dfrac{-2-4v}{1-8uv}, \quad \dfrac{\partial v}{\partial y} = -\dfrac{1+4u}{1-8uv}.$$

(3) 注意到 u 和 v 是 x 和 y 的二元函数,在原方程组两边求对 x 的偏导数,得

$$\begin{cases} \dfrac{\partial u}{\partial x} = f_1'\left(u + x\dfrac{\partial u}{\partial x}\right) + f_2'\dfrac{\partial v}{\partial x}, \\ \dfrac{\partial v}{\partial x} = g_1'\left(\dfrac{\partial u}{\partial x} - 1\right) + g_2' \cdot 2vy\dfrac{\partial v}{\partial x}, \end{cases}$$

从中可解得

$$\dfrac{\partial u}{\partial x} = \dfrac{-uf_1'(2yvg_2'-1) - f_2'g_1'}{(xf_1'-1)(2yvg_2'-1) - f_2'g_1'}, \quad \dfrac{\partial v}{\partial x} = \dfrac{g_1'(xf_1' + uf_1' - 1)}{(xf_1'-1)(2yvg_2'-1) - f_2'g_1'}.$$

2. 设 $y = f(x,t)$, $F(x,y,t) = 0$,其中 f, F 具有一阶连续偏导数,求 $\dfrac{\mathrm{d}y}{\mathrm{d}x}$.

解 将 $y = f(x,t)$, $F(x,y,t) = 0$ 看作两个三元方程,可确定 y 和 t 是 x 的一元函数. 两个等式两边分别求对 x 的导数,得

$$\dfrac{\mathrm{d}y}{\mathrm{d}x} = f_1' + f_2'\dfrac{\mathrm{d}t}{\mathrm{d}x}, \quad F_1' + F_2'\dfrac{\mathrm{d}y}{\mathrm{d}x} + F_3'\dfrac{\mathrm{d}t}{\mathrm{d}x} = 0,$$

从中解得 $\dfrac{\mathrm{d}y}{\mathrm{d}x} = \dfrac{f_1'F_3' - f_2'F_1'}{f_2'F_2' + F_3'} = \dfrac{\dfrac{\partial f}{\partial x}\dfrac{\partial F}{\partial t} - \dfrac{\partial f}{\partial t}\dfrac{\partial F}{\partial x}}{\dfrac{\partial f}{\partial t}\dfrac{\partial F}{\partial y} + \dfrac{\partial F}{\partial t}}.$

§8.5 偏导数在几何中的应用

一、内容提要

1. 若空间曲线 Γ 的参数方程为

$$\begin{cases} x = x(t), \\ y = y(t), \quad a \leqslant t \leqslant b, \\ z = z(t), \end{cases}$$

其中三个函数 $x = x(t)$, $y = y(t)$, $z = z(t)$ 关于 t 都具有一阶连续导数,且 $[x'(t)]^2 + [y'(t)]^2 + [z'(t)]^2 \neq 0$,则称空间曲线 Γ 为**光滑曲线**.

2. 向量 $\tau = (x'(t_0), y'(t_0), z'(t_0))$ 就是曲线 Γ 在 P_0 点的切线的一个方向向量, 它也称为 Γ 在 P_0 点的**切向量**.

3. 过 P_0 点且与切线垂直的平面称为曲线 Γ 在点 P_0 的**法平面**.

4. 如果光滑空间曲线 Γ 的方程为

$$y = f(x), \quad z = g(x),$$

其中 $f(x), g(x)$ 分别关于 x 具有连续导数, 则它在 $P_0(x_0, f(x_0), g(x_0))$ 点的切线方程为

$$\frac{x-x_0}{1} = \frac{y-f(x_0)}{f'(x_0)} = \frac{z-g(x_0)}{g'(x_0)},$$

法平面方程方程为

$$(x-x_0) + f'(x_0)(y-f(x_0)) + g'(x_0)(z-g(x_0)) = 0.$$

如果空间曲线 Γ 表示为空间中两张曲面的交, 设其方程为

$$\begin{cases} F(x,y,z) = 0, \\ G(x,y,z) = 0, \end{cases}$$

若 F, G 关于各个变量都具有连续偏导数, 且 Jacobi 矩阵

$$J = \begin{pmatrix} F_x & F_y & F_z \\ G_x & G_y & G_z \end{pmatrix}$$

在 $P_0(x_0, y_0, z_0)$ 点满秩, 则曲线 Γ 在点 P_0 的切线方程为

$$\frac{x-x_0}{\frac{\partial(F,G)}{\partial(y,z)}(P_0)} = \frac{y-y_0}{\frac{\partial(F,G)}{\partial(z,x)}(P_0)} = \frac{z-z_0}{\frac{\partial(F,G)}{\partial(x,y)}(P_0)},$$

法平面方程为

$$\frac{\partial(F,G)}{\partial(y,z)}(P_0)(x-x_0) + \frac{\partial(F,G)}{\partial(z,x)}(P_0)(y-y_0) + \frac{\partial(F,G)}{\partial(x,y)}(P_0)(z-z_0) = 0.$$

5. 设曲面 Σ 的一般方程为

$$F(x,y,z) = 0, \quad (x,y,z) \in D \subset \mathbf{R}^3.$$

在曲面 Σ 上通过点 P_0 的任何光滑曲线 Γ, 它们在点 P_0 的切线都在同一平面上, 称为曲面 Σ 在点 P_0 的**切平面**, 它的法向量称为曲面 Σ 在点 P_0 的**法向量**.

6. 曲面 Σ 在点 P_0 的切平面方程可以表示为

$$F_x(P_0)(x-x_0) + F_y(P_0)(y-y_0) + F_z(P_0)(z-z_0) = 0.$$

过 P_0 点且与切平面垂直的直线称为曲面 Σ 在点 P_0 的**法线**, 它的方程为

$$\frac{x-x_0}{F_x(P_0)} = \frac{y-y_0}{F_y(P_0)} = \frac{z-z_0}{F_z(P_0)}.$$

若曲面 Σ 的方程可表示为

$$z = f(x,y),$$

且它在 (x_0,y_0) 点可微, 记 $z_0 = f(x_0,y_0)$, 则曲面 Σ 在 $P_0(x_0,y_0,z_0)$ 处的法向量为
$$\boldsymbol{n} = (f_x(x_0,y_0), f_y(x_0,y_0), -1),$$
切平面方程为
$$f_x(x_0,y_0)(x-x_0) + f_y(x_0,y_0)(y-y_0) - (z-z_0) = 0,$$
法线方程为
$$\frac{x-x_0}{f_x(x_0,y_0)} = \frac{y-y_0}{f_y(x_0,y_0)} = \frac{z-z_0}{-1}.$$

二、教学要求

1. 理解曲线的切向量、法平面的概念.
2. 能够根据曲线方程的不同形式, 计算曲线的切线方程和法平面方程.
3. 理解曲面的切平面、法线的概念.
4. 能够根据曲面方程的不同形式, 计算曲面的切平面方程和法线方程.

三、习题详解

【A 组题】

1. 求曲线 $x=t, y=t\sin t, z=t\cos t$ 在点 $P\left(\dfrac{\pi}{2}, \dfrac{\pi}{2}, 0\right)$ 处的切线方程和法平面方程.

解 该曲线的切向量为 $(x',y',z') = (1, \sin t + t\cos t, \cos t - t\sin t)$, 在点 P 处的切向量为 $\left(1, 1, -\dfrac{\pi}{2}\right)$. 因此, 切线方程为
$$x - \frac{\pi}{2} = y - \frac{\pi}{2} = -\frac{2}{\pi}z,$$
法平面方程为
$$2x + 2y - \pi z = 2\pi.$$

2. 求曲线 $x = \dfrac{t}{1+t}, y = \dfrac{1+t}{t}, z = t^2$ 在对应于 $t_0 = 1$ 的点处的切线和法平面方程.

解 该曲线的切向量为 $\left(-\dfrac{1}{(1+t)^2}, -\dfrac{1}{t^2}, 2t\right)$. $t_0 = 1$ 对应点的坐标为 $\left(\dfrac{1}{2}, 2, 1\right)$, 切向量为 $\left(\dfrac{1}{4}, -1, 2\right)$. 因此, 切线方程为
$$4x - 2 = 2 - y = \frac{z-1}{2},$$
法平面方程为
$$2x - 8y + 16z - 1 = 0.$$

3. 求曲面 $z - e^z + 2xy = 3$ 在点 $(1,2,0)$ 处的切平面方程.

解 该曲面的法向量为 $(2y, 2x, 1-e^z)$，在点 $(1,2,0)$ 处为 $(4,2,0)$，因此切平面方程为
$$2x+y-4=0.$$

4. 求曲面 $z=\dfrac{x^2}{2}+y^2$ 平行于平面 $2x+2y-z=0$ 的切平面方程.

解 该曲面的法向量为 $(x, 2y, -1)$，平面 $2x+2y-z=0$ 的法向量为 $(2,2,-1)$. 当 $(x, 2y, -1)$ 与 $(2,2,-1)$ 平行时，$x=2, y=1, z=3$. 因此，切平面方程为
$$2x+2y-z-3=0.$$

5. 求曲面 $x^2+2y^2+3z^2=21$ 在点 $(1,-2,2)$ 处的法线方程.

解 该曲面的法向量为 $(2x, 4y, 6z)$，故点 $(1,-2,2)$ 处的法向量为 $(2,-8,12)$，法线方程为
$$x-1=-\frac{y+2}{4}=\frac{z-2}{6}.$$

【B 组题】

1. 在曲线 $l:\begin{cases} y+z=x, \\ yz=x^2-1 \end{cases}$ 和曲线 $k:\begin{cases} x=t, \\ y=t^2, \\ z=t^3 \end{cases}$ 上各求一点 P 和 Q，使得曲线 l 在点 P 处的切线平行于曲线 k 在点 Q 处的切线.

解 在曲线 l 的方程中，把 y, z 看作 x 的函数，并求对 x 的导数，得
$$y'+z'=1, \quad yz'+y'z=2x.$$
从中解得 $y'=\dfrac{y-2x}{y-z}, z'=\dfrac{2x-z}{y-z}$. 进而 l 的切向量为 $(1, y', z')$，曲线 k 的切向量为 $(1, 2t, 3t^2)$. 当 l 与 k 的切向量平行时，有
$$y'=2t, \quad z'=3t^2,$$
于是 $2t+3t^2=1$，进而 $t=-1$ 或者 $t=\dfrac{1}{3}$.

当 $t=-1$ 时，Q 点的坐标为 $(-1,1,-1)$. 联立 $y'=\dfrac{y-2x}{y-z}=-2, y+z=x, yz=x^2-1$ 可解得 P 点的坐标为
$$\pm\frac{1}{\sqrt{21}}(5,4,1).$$

当 $t=\dfrac{1}{3}$ 时，Q 点的坐标为 $\left(\dfrac{1}{3}, \dfrac{1}{9}, \dfrac{1}{27}\right)$. 联立 $y'=\dfrac{y-2x}{y-z}=\dfrac{2}{3}, y+z=x, yz=x^2-1$ 可解得 P 点的坐标为
$$\pm\frac{1}{\sqrt{21}}(1,-4,5).$$

2. 求曲线 $l:\begin{cases} y^2=2mx, \\ z^2=m-x \end{cases}$ 在点 (x_0, y_0, z_0) 处的切线及法平面方程，其中 $m>0$.

解 当 $y_0 \neq 0, z_0 \neq 0$ 时, 在曲线方程中将 y, z 看作 x 的函数, 可得切向量为 $\left(1, \dfrac{m}{y}, -\dfrac{1}{2z}\right)$, 从而切线方程为

$$x - x_0 = \frac{y_0}{m}(y - y_0) = -2z_0(z - z_0),$$

法平面方程为

$$(x - x_0) + \frac{m}{y_0}(y - y_0) - \frac{1}{2z_0}(z - z_0) = 0,$$

即

$$2y_0 z_0 (x - x_0) + 2m z_0 (y - y_0) - y_0 (z - z_0) = 0.$$

当 $y_0 = 0$ 时, $x_0 = 0$, $z_0^2 = m$, 在曲线方程中将 x, z 看作 y 的函数, 可得切向量为 $\left(\dfrac{y}{m}, 1, -\dfrac{y}{2mz}\right) = (0, 1, 0)$, 从而切线方程为

$$x = 0, z = z_0,$$

法平面方程为

$$y = 0,$$

与第一种情况一致.

类似地, 当 $z_0 = 0$ 时, 切线方程与法平面方程也可以用第一种情况表示.

3. 求曲面 $x^2 + \cos(xy) + yz + x = 0$ 在点 $(0, 1, -1)$ 处的切平面方程.

解 该曲面在点 $(0, 1, -1)$ 处的切向量为 $(2x - y\sin(xy) + 1, -x\sin(xy) + z, y) = (1, -1, 1)$, 进而切平面方程为

$$x - y + z + 2 = 0.$$

§8.6 多元函数的极值及其求法

一、内容提要

1. 设函数 $z = f(x, y)$ 的定义域为 D, $P_0(x_0, y_0)$ 为 D 的内点. 若存在 P_0 的某个邻域 $U(P_0) \subset D$, 使得对于该邻域内异于 P_0 的任何点 (x, y), 都有

$$f(x, y) < f(x_0, y_0),$$

则称函数 $z = f(x, y)$ 在 $P_0(x_0, y_0)$ 有**极大值**, 点 $P_0(x_0, y_0)$ 称为 $z = f(x, y)$ 的**极大值点**; 若对于该邻域内异于 P_0 的任何点 (x, y), 都有

$$f(x, y) > f(x_0, y_0),$$

则称函数 $z=f(x,y)$ 在 $P_0(x_0,y_0)$ 有**极小值**, 点 $P_0(x_0,y_0)$ 称为 $z=f(x,y)$ 的**极小值点**.

极大值、极小值统称为**极值**. 使函数取得极值的点称为**极值点**.

2. 极值的必要条件: 设 (x_0,y_0) 为函数 $z=f(x,y)$ 的极值点, 且 f 在 (x_0,y_0) 点的偏导数存在, 则 f 在 (x_0,y_0) 点的各个一阶偏导数都为零, 即

$$f_x(x_0,y_0)=0, \quad f_y(x_0,y_0)=0.$$

3. 极值的充分条件: 设函数 $z=f(x,y)$ 在点 (x_0,y_0) 的某邻域内连续且有一阶及二阶连续偏导数, 又 $f_x(x_0,y_0)=0, f_y(x_0,y_0)=0$, 令

$$f_{xx}(x_0,y_0)=A, \quad f_{xy}(x_0,y_0)=B, \quad f_{yy}(x_0,y_0)=C,$$

则 $f(x,y)$ 在 (x_0,y_0) 处是否取得极值的条件如下:

(1) $AC-B^2>0$ 时具有极值, 且当 $A>0$ 时有极小值, 当 $A<0$ 时有极大值;

(2) $AC-B^2<0$ 时没有极值;

(3) $AC-B^2=0$ 时可能有极值, 也可能没有极值, 还需另作讨论.

4. 具有二阶连续偏导数的函数 $z=f(x,y)$ 的极值求解步骤如下:

第一步 解方程组

$$f_x(x,y)=0, \quad f_y(x,y)=0,$$

求得一切实数解, 即可求得一切驻点.

第二步 对于每一个驻点 (x_0,y_0), 求出二阶偏导数的值 A,B,C.

第三步 定出 $AC-B^2$ 的符号, 按极值的充分条件判定 $f(x_0,y_0)$ 是否是极值, 是极大值还是极小值.

5. 求目标函数

$$u=f(x,y,z)$$

在约束条件

$$F(x,y,z)=0$$

下的极值, 引入辅助函数

$$L(x,y,z,\lambda)=f(x,y,z)+\lambda F(x,y,z),$$

则该极值问题转化为 L 的无条件极值问题. 这种方法称为**拉格朗日乘数法**, 函数 L 称为**拉格朗日函数**, 辅助变量称为**拉格朗日乘数**.

6. 对于目标函数

$$u=f(x_1,x_2,\cdots,x_n)$$

在约束条件
$$\begin{cases} F_1(x_1,x_2,\cdots,x_n)=0, \\ F_2(x_1,x_2,\cdots,x_n)=0, \\ \cdots \\ F_m(x_1,x_2,\cdots,x_n)=0 \end{cases}$$
下的条件极值,此问题的拉格朗日函数为
$$L(x_1,x_2,\cdots,x_n,\lambda_1,\lambda_2,\cdots,\lambda_m)=f(x_1,x_2,\cdots,x_n)+\lambda_1 F_1(x_1,x_2,\cdots,x_n)+$$
$$\lambda_2 F_2(x_1,x_2,\cdots,x_n)+\cdots+\lambda_m F_m(x_1,x_2,\cdots,x_n).$$

二、教学要求

1. 了解多元函数极值的概念.
2. 掌握多元函数极值的必要条件和充分条件.
3. 熟练掌握偏导数存在且连续的多元函数极值的求法.
4. 掌握条件极值的拉格朗日乘数法,能够用该方法求多元函数的极值.

三、习题详解

【A 组题】

1. 求 $f(x,y)=3xy-x^3-y^3$ 的极值.

解 令
$$f_x(x,y)=3y-3x^2=0,\quad f_y(x,y)=3x-3y^2=0,$$
得 $f(x,y)$ 的驻点 $(1,1)$, $(0,0)$. $f(x,y)$ 的二阶偏导数为
$$f_{xx}(x,y)=-6x,\quad f_{xy}(x,y)=3,\quad f_{yy}(x,y)=-6y.$$

在 $(1,1)$ 处,$A=C=-6$,$B=3$,有 $AC-B^2=27>0$,$A<0$. 因此,$f(x,y)$ 在 $(1,1)$ 处有极大值 $f(1,1)=1$.

在 $(0,0)$ 处,$A=C=0$,$B=3$,$AC-B^2<0$. 因此,$f(x,y)$ 在 $(0,0)$ 处无极值.

2. 求 $f(x,y)=x^2(2+y^2)+y\ln y$ 的极值.

解 令
$$f_x(x,y)=2x(2+y^2)=0,\quad f_y(x,y)=2x^2 y+\ln y+1=0,$$
得 $f(x,y)$ 的驻点 $(0,e^{-1})$. $f(x,y)$ 的二阶偏导数为
$$f_{xx}(x,y)=2(2+y^2),\quad f_{xy}(x,y)=4xy,\quad f_{yy}(x,y)=2x^2+\frac{1}{y}.$$

在 $(0,\mathrm{e}^{-1})$ 处，$A=2(2+\mathrm{e}^{-2})$，$B=0$，$C=\mathrm{e}$，有 $AC-B^2>0$，$A>0$. 因此，$f(x,y)$ 在 $(0,\mathrm{e}^{-1})$ 处有极小值 $f(0,\mathrm{e}^{-1})=-\mathrm{e}^{-1}$.

3. 求 $f(x,y)=\mathrm{e}^{2x}(x+y^2+2y)$ 的极值.

解 令
$$f_x(x,y)=\mathrm{e}^{2x}(2x+2y^2+4y+1)=0,\ f_y(x,y)=\mathrm{e}^{2x}(2y+2)=0,$$

得 $f(x,y)$ 的驻点 $\left(\dfrac{1}{2},-1\right)$. $f(x,y)$ 的二阶偏导数为
$$f_{xx}(x,y)=\mathrm{e}^{2x}(4x+4y^2+8y+4),\ f_{xy}(x,y)=\mathrm{e}^{2x}(4y+4),\ f_{yy}(x,y)=2\mathrm{e}^{2x}.$$

在 $\left(\dfrac{1}{2},-1\right)$ 处，$A=2\mathrm{e}$，$B=0$，$C=2\mathrm{e}$，有 $AC-B^2>0$，$A>0$. 因此，$f(x,y)$ 在 $\left(\dfrac{1}{2},-1\right)$ 处有极小值 $f\left(\dfrac{1}{2},-1\right)=-\dfrac{\mathrm{e}}{2}$.

4. 求函数 $z=\dfrac{1}{x}+\dfrac{1}{y}$ 在条件 $\dfrac{1}{x^2}+\dfrac{1}{y^2}=\dfrac{1}{a^2}\ (a>0)$ 下的极值.

解 构造拉格朗日函数
$$L(x,y)=\dfrac{1}{x}+\dfrac{1}{y}+\lambda\left(\dfrac{1}{x^2}+\dfrac{1}{y^2}-\dfrac{1}{a^2}\right).$$

令 $L_x=L_y=0$，得
$$-\dfrac{1}{x^2}-\dfrac{2\lambda}{x^3}=0,\ -\dfrac{1}{y^2}-\dfrac{2\lambda}{y^3}=0,$$

并由此得到 $x=y$. 与约束条件联立得 $x=y=\pm\sqrt{2}a$. 因此，该函数在 $(\sqrt{2}a,\sqrt{2}a)$ 处取到极大值 $\dfrac{\sqrt{2}}{a}$，在 $(-\sqrt{2}a,-\sqrt{2}a)$ 处取到极小值 $-\dfrac{\sqrt{2}}{a}$.

5. 求椭圆 $x^2+4y^2=4$ 上一点，使得该点到直线 $2x+3y-6=0$ 的距离最短.

解 设椭圆上点的坐标为 (x,y)，则该点到直线 $2x+3y-6=0$ 的距离 $d=\dfrac{|2x+3y-6|}{\sqrt{13}}$. 为计算方便，可考虑
$$S=13d^2=(2x+3y-6)^2$$

在条件 $x^2+4y^2=4$ 下的极值. 构造拉格朗日函数
$$L(x,y)=(2x+3y-6)^2+\lambda(x^2+4y^2-4),$$

令 $L_x=L_y=0$，得
$$4(2x+3y-6)+2x\lambda=0,\ 6(2x+3y-6)+8y\lambda=0,$$

可从中得到 $3x=8y$. 与 $x^2+4y^2=4$ 联立解得 $x=\dfrac{8}{5},y=\dfrac{3}{5}$ 或者 $x=-\dfrac{8}{5},y=-\dfrac{3}{5}$. 这两组解对应的点，$\left(\dfrac{8}{5},\dfrac{3}{5}\right)$ 是到直线 $2x+3y-6=0$ 的距离最短的点，$\left(-\dfrac{8}{5},-\dfrac{3}{5}\right)$ 是到直线 $2x+3y-6=0$ 的距离最远的点.

6. 求函数 $u=x^2+y^2+z^2$ 在条件 $x+2y+3z=6$ 下的极小值.

解 构造拉格朗日函数
$$L(x,y,z) = x^2 + y^2 + z^2 + \lambda(x + 2y + 3z - 6),$$
令 $L_x = L_y = L_z = 0$ 得
$$2x + \lambda = 0,\ 2y + 2\lambda = 0,\ 2z + 3\lambda = 0,$$
消去 λ 可得 $x:y:z = 1:2:3$. 再由 $x + 2y + 3z = 6$ 可解出
$$x = \frac{3}{7},\ y = \frac{6}{7},\ z = \frac{9}{7},$$
进而极小值为 $u = \frac{18}{7}$.

7. 已知曲线 $C:\begin{cases} x^2 + y^2 - 2z^2 = 0, \\ x + y + 3z = 5, \end{cases}$ 求 C 上距离 xOy 平面最远的点和最近的点的坐标.

解 设曲线上点的坐标为 (x,y,z), $S = z^2$, 则该问题等价于求 S 在条件 $x^2 + y^2 - 2z^2 = 0$ 和 $x + y + 3z = 5$ 下的最大值和最小值. 为此, 构造拉格朗日函数
$$L(x,y,z) = z^2 + \lambda(x^2 + y^2 - 2z^2) + \mu(x + y + 3z - 5).$$
令 $L_x = L_y = L_z = 0$ 得
$$2x\lambda + \mu = 0,\ 2y\lambda + \mu = 0,\ 2z - 4z\lambda + 3\mu = 0,$$
前两个式子相减得 $\lambda(x - y) = 0$. 由于 $\lambda = 0$ 时, $x = y = z = 0$ 不在曲线上, 故 $x = y$. 与 $x^2 + y^2 - 2z^2 = 0$ 和 $x + y + 3z = 5$ 联立解得
$$x = y = z = 1,\ \text{或者}\ x = y = -5, z = 5.$$
进而 C 上距离 xOy 平面最远的点是 $(-5, -5, 5)$, 最近的点是 $(1, 1, 1)$.

【B 组题】

1. 验证 A 组第 6 题中, 拉格朗日函数的驻点确实是 u 的极小值点.

证 将条件 $x + 2y + 3z = 6$ 代入函数 $u = x^2 + y^2 + z^2$, 可得
$$u = x^2 + y^2 + \left(\frac{6 - x - 2y}{3}\right)^2.$$
计算得
$$u_x = 2x + \frac{2}{9}(x + 2y - 6),\ u_y = 2y + \frac{4}{9}(x + 2y - 6),$$
点 $\left(\frac{3}{7}, \frac{6}{7}\right)$ 是 u 的驻点. 进一步计算,
$$A = u_{xx} = \frac{20}{9},\ B = u_{xy} = \frac{4}{9},\ C = u_{yy} = \frac{26}{9}.$$
由于 $AC - B^2 > 0, A > 0$, 因此该驻点是极小值点.

§8.7 二元函数的中值定理和泰勒公式

一、内容提要

1. 若区域 D 上任意两点的连线都含于 D, 则称 D 为**凸区域**. 也就是说, 若 D 是凸区域, 则对任意两点 $P_1(x_1,y_1)$ 和 $P_2(x_2,y_2) \in D$ 及一切 $\lambda\ (0 \leqslant \lambda \leqslant 1)$, 恒有

$$P(x_1+\lambda(x_2-x_1), y_1+\lambda(y_2-y_1)) \in D.$$

2. 多元函数的中值定理: 设二元函数 $f(x,y)$ 在凸区域 D 上连续, 在 D 的所有内点都可微, 则任意两点 $P(x_0,y_0)$ 和 $Q(x_0+\Delta x, y_0+\Delta y) \in D$, 存在某 $\theta\ (0<\theta<1)$, 使得

$$f(x_0+\Delta x, y_0+\Delta y) - f(x_0,y_0) = f_x(x_0+\theta\Delta x, y_0+\theta\Delta y)\Delta x + f_y(x_0+\theta\Delta x, y_0+\theta\Delta y)\Delta y.$$

3. 多元函数的泰勒定理: 若函数 $f(x,y)$ 在点 $P_0(x_0,y_0)$ 的某邻域内有直到 $n+1$ 阶连续偏导数, (x_0+h, y_0+k) 为此邻域内一点, 则有

$$f(x_0+h, y_0+k) = f(x_0,y_0) + \left(h\frac{\partial}{\partial x} + k\frac{\partial}{\partial y}\right)f(x_0,y_0) +$$
$$\frac{1}{2!}\left(h\frac{\partial}{\partial x} + k\frac{\partial}{\partial y}\right)^2 f(x_0,y_0) + \cdots + \frac{1}{n!}\left(h\frac{\partial}{\partial x} + k\frac{\partial}{\partial y}\right)^n f(x_0,y_0) +$$
$$\frac{1}{(n+1)!}\left(h\frac{\partial}{\partial x} + k\frac{\partial}{\partial y}\right)^{n+1} f(x_0+\theta h, y_0+\theta k),$$

其中 $0 < \theta < 1$, 且

$$\left(h\frac{\partial}{\partial x} + k\frac{\partial}{\partial y}\right)^m f(x_0,y_0) = \sum_{p=0}^{m} C_m^p h^p k^{m-p} \frac{\partial^m f}{\partial x^p \partial y^{m-p}}(x_0,y_0).$$

二、教学要求

1. 了解凸集的概念.
2. 了解多元函数的微分中值定理.
3. 了解多元函数的泰勒定理, 会计算一些简单多元函数的泰勒公式.

三、习题详解

【A 组题】

1. 求函数 $f(x,y) = 2x^2 - xy - y^2 - 6x - 3y + 5$ 在点 $(1,-2)$ 的泰勒公式.

解 先求 $f(x,y)$ 的各阶偏导数：
$$f_x(x,y) = 4x - y - 6, \quad f_y(x,y) = -x - 2y - 3;$$
$$f_{xx}(x,y) = 4, \quad f_{xy}(x,y) = -1, \quad f_{yy}(x,y) = -2;$$

$f(x,y)$ 的三阶及以上偏导数都是 0. 因此，
$$f(1,-2) = 5, \quad f_x(1,-2) = 0, \quad f_y(1,-2) = 0,$$
$$f_{xx}(1,-2) = 4, \quad f_{xy}(1,-2) = -1, \quad f_{yy}(1,-2) = -2.$$

由泰勒定理，
$$f(x,y) = 5 + \frac{1}{2}\left[4(x-1)^2 - 2(x-1)(y+2) - 2(y+2)^2\right]$$
$$= 5 + 2(x-1)^2 - (x-1)(y+2) - (y+2)^2.$$

2. 求函数 $f(x,y) = e^x \ln(1+y)$ 在点 $(0,0)$ 的三阶泰勒公式.

解 先求 $f(x,y)$ 的各阶偏导数：
$$f_x(x,y) = e^x \ln(1+y), \quad f_y(x,y) = \frac{e^x}{1+y};$$
$$f_{xx}(x,y) = e^x \ln(1+y), \quad f_{xy}(x,y) = \frac{e^x}{1+y}, \quad f_{yy}(x,y) = -\frac{e^x}{(1+y)^2};$$
$$f_{xxx}(x,y) = e^x \ln(1+y), \quad f_{xxy}(x,y) = \frac{e^x}{1+y},$$
$$f_{xyy}(x,y) = -\frac{e^x}{(1+y)^2}, \quad f_{yyy}(x,y) = \frac{2e^x}{(1+y)^3};$$
$$f_{xxxx}(x,y) = e^x \ln(1+y), \quad f_{xxxy}(x,y) = \frac{e^x}{1+y}, \quad f_{xxyy}(x,y) = -\frac{e^x}{(1+y)^2},$$
$$f_{xyyy}(x,y) = \frac{2e^x}{(1+y)^3}, \quad f_{yyyy}(x,y) = -\frac{6e^x}{(1+y)^4}.$$

因此，
$$f(0,0) = 0, \quad f_x(0,0) = 0, \quad f_y(0,0) = 1,$$
$$f_{xx}(0,0) = 0, \quad f_{xy}(0,0) = 1, \quad f_{yy}(0,0) = -1;$$
$$f_{xxx}(0,0) = 0, \quad f_{xxy}(0,0) = 1, \quad f_{xyy}(0,0) = -1, \quad f_{yyy}(0,0) = 2;$$
$$f_{xxxx}(0,0) = 0, \quad f_{xxxy}(0,0) = 1, \quad f_{xxyy}(0,0) = -1, \quad f_{xyyy}(0,0) = 2, \quad f_{yyyy}(0,0) = -6.$$

根据泰勒公式，
$$f(x,y) = y + \frac{1}{2}(2xy - y^2) + \frac{1}{6}(3x^2 y - 3xy^2 + 2y^3) +$$
$$\frac{e^{\theta x}}{24}\left[x^4 \ln(1+\theta y) + \frac{4x^3 y}{1+\theta y} - \frac{6x^2 y^2}{(1+\theta y)^2} + \frac{8xy^3}{(1+\theta y)^3} - \frac{6y^4}{(1+\theta y)^4}\right].$$

3. 求函数 $f(x,y) = \sin x \sin y$ 在点 $\left(\dfrac{\pi}{4}, \dfrac{\pi}{4}\right)$ 的二阶泰勒公式.

解 先求 $f(x,y)$ 的各阶偏导数：

$$f_x(x,y) = \cos x \sin y, \quad f_y(x,y) = \sin x \cos y;$$

$$f_{xx}(x,y) = -\sin x \sin y, \quad f_{xy}(x,y) = \cos x \cos y, \quad f_{yy}(x,y) = -\sin x \sin y;$$

$$f_{xxx}(x,y) = -\cos x \sin y, \quad f_{xxy}(x,y) = -\sin x \cos y,$$

$$f_{xyy}(x,y) = -\cos x \sin y, \quad f_{yyy}(x,y) = -\sin x \cos y.$$

因此，

$$f\left(\dfrac{\pi}{4}, \dfrac{\pi}{4}\right) = \dfrac{1}{2}, \quad f_x\left(\dfrac{\pi}{4}, \dfrac{\pi}{4}\right) = \dfrac{1}{2}, \quad f_y\left(\dfrac{\pi}{4}, \dfrac{\pi}{4}\right) = \dfrac{1}{2},$$

$$f_{xx}\left(\dfrac{\pi}{4}, \dfrac{\pi}{4}\right) = -\dfrac{1}{2}, \quad f_{xy}\left(\dfrac{\pi}{4}, \dfrac{\pi}{4}\right) = \dfrac{1}{2}, \quad f_{yy}\left(\dfrac{\pi}{4}, \dfrac{\pi}{4}\right) = -\dfrac{1}{2};$$

$$f_{xxx}\left(\dfrac{\pi}{4}, \dfrac{\pi}{4}\right) = -\dfrac{1}{2}, \quad f_{xxy}\left(\dfrac{\pi}{4}, \dfrac{\pi}{4}\right) = -\dfrac{1}{2},$$

$$f_{xyy}\left(\dfrac{\pi}{4}, \dfrac{\pi}{4}\right) = -\dfrac{1}{2}, \quad f_{yyy}\left(\dfrac{\pi}{4}, \dfrac{\pi}{4}\right) = -\dfrac{1}{2}.$$

根据泰勒公式，

$$\sin x \sin y = \dfrac{1}{2} + \dfrac{1}{2}\left(x - \dfrac{\pi}{4}\right) + \dfrac{1}{2}\left(y - \dfrac{\pi}{4}\right) - \dfrac{1}{4}\left(x - \dfrac{\pi}{4}\right)^2 + \dfrac{1}{2}\left(x - \dfrac{\pi}{4}\right)\left(y - \dfrac{\pi}{4}\right) - \dfrac{1}{4}\left(y - \dfrac{\pi}{4}\right)^2 + R_2,$$

其中

$$R_2 = -\dfrac{1}{6}\cos\xi \sin\eta \left(x - \dfrac{\pi}{4}\right)^3 - \dfrac{1}{2}\sin\xi \cos\eta \left(x - \dfrac{\pi}{4}\right)^2\left(y - \dfrac{\pi}{4}\right) - \dfrac{1}{2}\cos\xi \sin\eta \left(x - \dfrac{\pi}{4}\right)\left(y - \dfrac{\pi}{4}\right)^2 - \dfrac{1}{6}\sin\xi \cos\eta \left(y - \dfrac{\pi}{4}\right)^3.$$

4. 求函数 $f(x,y) = x^y$ 在 $(1,1)$ 点的三阶泰勒公式，并计算 $1.1^{1.02}$ 的近似值.

解 先求 $f(x,y)$ 的各阶偏导数：

$$f_x(x,y) = yx^{y-1}, \quad f_y(x,y) = x^y \ln x;$$

$$f_{xx}(x,y) = y(y-1)x^{y-2}, \quad f_{xy}(x,y) = yx^{y-1}\ln x + x^{y-1}, \quad f_{yy}(x,y) = x^y(\ln x)^2;$$

$$f_{xxx}(x,y) = y(y-1)(y-2)x^{y-3}, \quad f_{xxy}(x,y) = (y-1)x^{y-2} + yx^{y-2} + y(y-1)x^{y-2}\ln x,$$

$$f_{xyy}(x,y) = yx^{y-1}(\ln x)^2 + 2x^{y-1}\ln x, \quad f_{yyy}(x,y) = x^y(\ln x)^3.$$

因此，

$$f(1,1) = 1, \quad f_x(1,1) = 1, \quad f_y(1,1) = 0,$$

$$f_{xx}(1,1) = 0, \quad f_{xy}(1,1) = 1, \quad f_{yy}(1,1) = 0;$$

$$f_{xxx}(1,1) = 0, \ f_{xxy}(1,1) = 1, \ f_{xyy}(1,1) = 0, \ f_{yyy}(1,1) = 0.$$

根据泰勒公式,
$$x^y = 1 + (x-1) + (x-1)(y-1) + \frac{1}{2}(x-1)^2(y-1) + R_3,$$

其中
$$R_3 = \frac{1}{6}\xi(\xi-1)(\xi-2)\eta^{\xi-3}(x-1)^3 + \frac{1}{6}\eta^{\xi}(\ln\eta)^3(y-1)^3 +$$
$$\frac{1}{2}\left[(\xi-1)\eta^{\xi-2} + \xi\eta^{\xi-2} + \xi(\xi-1)\eta^{\xi-2}\ln\eta\right](x-1)^2(y-1) +$$
$$\frac{1}{2}\left[\xi\eta^{\xi-1}(\ln\eta)^2 + 2\eta^{\xi-1}\ln\eta\right](x-1)(y-1)^2.$$

取 $x = 1.1, y = 1.02$, 并略去 R_3, 可得 $1.1^{1.02} \approx 1.1021$.

5. 求函数 $f(x,y) = e^{x+y}$ 在点 $(0,0)$ 的 n 阶泰勒公式.

解 注意到 $f(x,y)$ 的任意阶偏导数都是 e^{x+y}, 在 $(0,0)$ 处的函数值都是 1, 并且
$$\left(x\frac{\partial}{\partial x} + y\frac{\partial}{\partial y}\right)^m f(x,y) = \sum_{p=0}^{m} C_m^p x^p y^{m-p} e^{x+y} = e^{x+y}(x+y)^m.$$

由泰勒公式,
$$e^{x+y} = 1 + (x+y) + \frac{1}{2!}(x+y)^2 + \cdots + \frac{1}{n!}(x+y)^n + R_n,$$

其中
$$R_n = \frac{e^{\theta(x+y)}}{(n+1)!}(x+y)^{n+1}, \ 0 < \theta < 1.$$

第 9 章 重积分

§9.1 二重积分的概念和性质

一、内容提要

1. 设 $f(x,y)$ 是有界闭区域 D 上的有界函数, 将区域 D 任意分成 n 个小闭区域 $\sigma_1, \sigma_2, \cdots, \sigma_n$, 其面积分别为 $\Delta\sigma_1, \Delta\sigma_2, \cdots, \Delta\sigma_n$, 它们构成 D 的一个分割, 记为 T. 在每个 σ_i 上任取一点 (ξ_i, η_i), 作和 $\sum_{i=1}^{n} f(\xi_i, \eta_i)\Delta\sigma_i$. 若不论对区域 D 怎样分割, 也不论点 (ξ_i, η_i) 在 σ_i 上如何选取, 当 $\|T\| \to 0$ 时, 和式 $\sum_{i=1}^{n} f(\xi_i, \eta_i)\Delta\sigma_i$ 总是趋于确定的常数 I, 则称函数 $f(x,y)$ 在闭区域 D 上可积, 称 I 为 $f(x,y)$ 在 D 上的**二重积分**, 记作 $\iint\limits_{D} f(x,y)\mathrm{d}\sigma$, 即

$$\iint\limits_{D} f(x,y)\mathrm{d}\sigma = \lim_{\|T\|\to 0} \sum_{i=1}^{n} f(\xi_i, \eta_i)\Delta\sigma_i,$$

其中 $f(x,y)$ 称为**被积函数**, $f(x,y)\mathrm{d}\sigma$ 称为**被积表达式**, $\mathrm{d}\sigma$ 称为**面积元素**, x 与 y 称为**积分变量**, D 称为积分区域, $\sum_{i=1}^{n} f(\xi_i, \eta_i)\Delta\sigma_i$ 称为积分和.

2. 二重积分存在的充分条件:

(1) 若函数 $f(x,y)$ 在有界闭区域 D 上连续, 则 $f(x,y)$ 在 D 上可积.

(2) 设 $f(x,y)$ 在有界闭区域 D 上有界, 并且至多在有限条光滑曲线上不连续, 则 $f(x,y)$ 在 D 上可积.

3. 二重积分的性质:

(1) 设函数 $f(x,y)$ 和 $g(x,y)$ 在有界闭区域 D 上可积, α 和 β 为任意常数, 则 $\alpha f(x,y) + \beta g(x,y)$ 在 D 上也可积, 并且

$$\iint\limits_{D} [\alpha f(x,y) + \beta g(x,y)]\mathrm{d}\sigma = \alpha \iint\limits_{D} f(x,y)\mathrm{d}\sigma + \beta \iint\limits_{D} g(x,y)\mathrm{d}\sigma.$$

(2) 设函数 $f(x,y)$ 在有界闭区域 D 上可积, 若用一条曲线将区域 D 分割为两个闭区域 D_1 和 D_2, 则有
$$\iint\limits_D f(x,y)\mathrm{d}\sigma = \iint\limits_{D_1} f(x,y)\mathrm{d}\sigma + \iint\limits_{D_2} f(x,y)\mathrm{d}\sigma.$$

(3) $\iint\limits_D 1\mathrm{d}\sigma = \iint\limits_D \mathrm{d}\sigma = \sigma$, 其中 σ 为 D 的面积.

(4) 若在有界闭区域 D 上, $f(x,y)$ 和 $g(x,y)$ 可积, 并且 $f(x,y) \leqslant g(x,y)$, 则
$$\iint\limits_D f(x,y)\mathrm{d}\sigma \leqslant \iint\limits_D g(x,y)\mathrm{d}\sigma.$$
特别地, 有
$$\left|\iint\limits_D f(x,y)\mathrm{d}\sigma\right| \leqslant \iint\limits_D |f(x,y)|\mathrm{d}\sigma.$$

(5) 对于有界闭区域 D 上的可积函数 $f(x,y)$, 有下述结论成立:

(i) 若 $f(x,y) \geqslant 0$, 则 $\iint\limits_D f(x,y)\mathrm{d}\sigma \geqslant 0$;

(ii) 若 $f(x,y) \geqslant 0$, $f(x,y)$ 在 D 上连续且不恒为零, 则 $\iint\limits_D f(x,y)\mathrm{d}\sigma > 0$.

(6) 设 M 和 m 分别是 $f(x,y)$ 在有界闭区域 D 上的最大值和最小值, σ 为 D 的面积, 则
$$m\sigma \leqslant \iint\limits_D f(x,y)\mathrm{d}\sigma \leqslant M\sigma.$$

(7) 二重积分的中值定理: 设函数 $f(x,y)$ 在有界闭区域 D 上连续, σ 为 D 的面积, 则在 D 上至少存在一点 (ξ,η), 使得
$$\iint\limits_D f(x,y)\mathrm{d}\sigma = f(\xi,\eta) \cdot \sigma.$$

4. 二重积分的几何意义:

(1) 若 $f(x,y) \geqslant 0$, 则二重积分 $\iint\limits_D f(x,y)\mathrm{d}x\mathrm{d}y$ 表示以 $z = f(x,y)$ 为顶, 以 D 为底的曲顶柱体的体积;

(2) 若 $f(x,y) \leqslant 0$, 则柱体在 xOy 平面的下方, 二重积分的值等于柱体体积的相反数;

(3) 若 $f(x,y)$ 在 D 的部分区域上是正的, 而在其他区域上是负的, 二重积分就等于 xOy 平面上方的柱体体积与 xOy 平面下方的柱体体积的差.

二、教学要求

1. 了解二重积分的定义.
2. 掌握二重积分存在的充分条件.
3. 熟练掌握二重积分的性质.
4. 掌握二重积分的几何意义.

三、习题详解

【A 组题】

1. 填空题.

(1) 设一平面薄片在 xOy 平面内占有有界闭区域 D, 其密度函数 $\mu(x,y)$ 在区域 D 上连续, 则该薄片的质量 $M = $ _____.

(2) 设 D 是以 $(0,0),(0,1),(1,0)$ 为顶点的三角形区域, 由二重积分的几何意义知 $\iint\limits_D (1-x-y)\mathrm{d}x\mathrm{d}y$ 的值为 _____.

解 (1) $\iint\limits_D \mu(x,y)\mathrm{d}\sigma$;

(2) 由二重积分的几何意义, 该二重积分表示顶点为 $(0,0,0), (1,0,0), (0,1,0)$ 和 $(0,0,1)$ 的三棱锥的体积, 其体积为 $\dfrac{1}{6}$.

2. 比较二重积分的大小.

(1) $I_1 = \iint\limits_{D_1}(x^2+\mathrm{e}^y)\mathrm{d}x\mathrm{d}y, I_2 = \iint\limits_{D_2}(x^2+\mathrm{e}^y)\mathrm{d}x\mathrm{d}y$, 其中 $D_1 = \{(x,y)|x^2+y^2 \leqslant 1\}, D_2 = \{(x,y)|x^2+y^2 \leqslant 4\}$.

(2) $I_1 = \iint\limits_D (x^2+y^2)^2\mathrm{d}x\mathrm{d}y, I_2 = \iint\limits_D (x^2+y^2)^3\mathrm{d}x\mathrm{d}y$, 其中 $D = \{(x,y)|x^2+y^2 \leqslant 1\}$.

(3) $I_1 = \iint\limits_D \ln(x+y)\mathrm{d}x\mathrm{d}y, I_2 = \iint\limits_D \sin^2(x+y)\mathrm{d}x\mathrm{d}y, I_3 = \iint\limits_D (x+y)^2\mathrm{d}x\mathrm{d}y$, 其中
$$D = \left\{(x,y)\Big|\dfrac{1}{2} \leqslant x+y \leqslant 1\right\}.$$

解 (1) 由于 $D_1 \subset D_2$, 被积函数 $x^2+\mathrm{e}^y$ 在 D_2 上恒正, 因此 $I_1 < I_2$.

(2) 在 D 中, $x^2+y^2 \leqslant 1$, 所以 $(x^2+y^2)^2 - (x^2+y^2)^3 \geqslant 0$, 且不恒等于零, 因而有 $I_1 > I_2$.

(3) 当 $\dfrac{1}{2} \leqslant x+y \leqslant 1$ 时, $\ln(x+y) \leqslant 0$ 且不恒等于 0, 因此, $I_1 < 0$; 此时又有 $0 < \sin(x+y) < x+y$, 因此, $I_1 < 0 < I_2 < I_3$.

3. 估计二重积分的值.

(1) $I = \iint\limits_D \mathrm{e}^x(x+y)\mathrm{d}x\mathrm{d}y$, 其中 $D = \{(x,y)|1 \leqslant x \leqslant 2, 0 \leqslant y \leqslant 1\}$.

(2) $I = \iint\limits_D (x^2+y^2)\mathrm{d}x\mathrm{d}y$, 其中 D 是顶点为 $(0,0),(0,1)$ 和 $(1,0)$ 的三角形闭区域.

解 (1) 易见 $\mathrm{e} \leqslant \mathrm{e}^x(x+y) \leqslant 3\mathrm{e}^2$, 其中在 $(1,0)$ 处取到最小值, $(2,1)$ 处取到最大值. 又区域 D 的面积为 1, 由二重积分的性质, $\mathrm{e} < I < 3\mathrm{e}^2$.

(2) 在 D 中, $0 \leqslant x^2+y^2 \leqslant 1$, 区域 D 的面积为 $\dfrac{1}{2}$, 因此 $0 < I < \dfrac{1}{2}$.

【B 组题】

1. 比较二重积分的大小.

(1) $I_1 = \iint\limits_{D}(x+y)^2 \mathrm{d}x\mathrm{d}y$, $I_2 = \iint\limits_{D}(x+y)^3 \mathrm{d}x\mathrm{d}y$, 其中 $D = \{(x,y) | (x-2)^2 + (y-1)^2 \leqslant 1\}$.

解 当 $(x,y) \in D$ 时, 设 $x = 2 + r\cos\theta$, $y = 1 + r\sin\theta$, $r \in [0,1]$, $\theta \in \mathbf{R}$, 则

$$x+y = 3 + r\cos\theta + r\sin\theta = 3 + \sqrt{2}r\sin\left(\theta + \frac{\pi}{4}\right) \geqslant 3 - \sqrt{2} > 1,$$

因此, $(x+y)^2 < (x+y)^3$, 进而 $I_1 < I_2$.

2. 证明题.

(1) 设 $f(x,y)$ 是有界闭区域 D 上的非负连续函数, 并且在 D 上不恒为零, 证明: $\iint\limits_{D} f(x,y)\mathrm{d}x\mathrm{d}y > 0$.

(2) 设 $f(x,y)$ 和 $g(x,y)$ 是有界闭区域 D 上的非负连续函数, 在 D 上 $f(x,y) \geqslant g(x,y)$, 且 $f(x,y) \not\equiv g(x,y)$, 证明: $\iint\limits_{D} f(x,y)\mathrm{d}x\mathrm{d}y > \iint\limits_{D} g(x,y)\mathrm{d}x\mathrm{d}y$.

证 (1) 设点 $P \in D$ 处 $f(P) > 0$, 则存在点 P 的邻域 U, 使得在 $V = U \bigcap D$ 上, $f(x,y) > \frac{1}{2}f(P)$. 这样, 根据二重积分的性质,

$$\iint\limits_{D} f(x,y)\mathrm{d}x\mathrm{d}y \geqslant \iint\limits_{V} f(x,y)\mathrm{d}x\mathrm{d}y \geqslant \frac{1}{2}f(P)\sigma > 0,$$

其中 σ 是 V 的面积.

(2) 令 $h(x,y) = f(x,y) - g(x,y)$, 由条件, $h(x,y) \geqslant 0$ 且不恒为零. 根据 (1) 的结论, $\iint\limits_{D} h(x,y)\mathrm{d}x\mathrm{d}y > 0$, 进而

$$\iint\limits_{D} f(x,y)\mathrm{d}x\mathrm{d}y > \iint\limits_{D} g(x,y)\mathrm{d}x\mathrm{d}y.$$

§9.2 二重积分的计算

一、内容提要

1. 积分区域是矩形区域时的二重积分: 设函数 $f(x,y)$ 在 $D = [a,b] \times [c,d]$ 上连续, 则

$$\iint\limits_{D} f(x,y)\mathrm{d}\sigma = \int_a^b \mathrm{d}x \int_c^d f(x,y)\mathrm{d}y = \int_c^d \mathrm{d}y \int_a^b f(x,y)\mathrm{d}x.$$

更一般地, 函数 $f(x,y)$ 在 $D=[a,b]\times[c,d]$ 上有界, 并且最多在有限条光滑曲线上不连续时, 结论也成立.

2. 设 $y=\varphi_1(x)$ 和 $y=\varphi_2(x)$ 是区间 $[a,b]$ 上的连续函数, $f(x,y)$ 在 X 型区域

$$D=\{(x,y)|\varphi_1(x)\leqslant y\leqslant\varphi_2(x),a\leqslant x\leqslant b\}$$

上连续, 则

$$\iint\limits_D f(x,y)\mathrm{d}\sigma=\int_a^b\int_{\varphi_1(x)}^{\varphi_2(x)}f(x,y)\mathrm{d}y\mathrm{d}x.$$

类似地, 若 $x=\psi_1(y)$ 和 $x=\psi_2(y)$ 是区间 $[c,d]$ 上的连续函数, $f(x,y)$ 在 Y 型区域

$$D=\{(x,y)|\psi_1(y)\leqslant x\leqslant\psi_2(y),c\leqslant y\leqslant d\}$$

上连续, 则

$$\iint\limits_D f(x,y)\mathrm{d}\sigma=\int_c^d\left[\int_{\psi_1(y)}^{\psi_2(y)}f(x,y)\mathrm{d}x\right]\mathrm{d}y.$$

3. 在直角坐标系下计算二重积分的步骤如下:

(1) 画出积分区域 D 的图形 (若所给量未含坐标系, 则应根据被积函数的特点和积分区域的形状选择适当的坐标系);

(2) 选择适当的积分次序 (有时需将 D 分成几个部分区域), 确定累次积分的上、下限;

(3) 从内到外计算二次积分.

4. 极坐标系下二重积分的计算: 设积分区域 D 在极坐标系下的范围是

$$D=\{(\rho,\theta)|\varphi_1(\theta)\leqslant\rho\leqslant\varphi_2(\theta),\alpha\leqslant\theta\leqslant\beta\},$$

则二重积分可以表示为极坐标系下的二次积分

$$\iint\limits_D f(\rho\cos\theta,\rho\sin\theta)\rho\mathrm{d}\rho\mathrm{d}\theta=\int_\alpha^\beta\mathrm{d}\theta\int_{\varphi_1(\theta)}^{\varphi_2(\theta)}f(\rho\cos\theta,\rho\sin\theta)\rho\mathrm{d}\rho.$$

若 $\varphi_1(\theta)\equiv0$, 则 $\varphi_1(\theta)$ 的图形为一个点, 即极点, 此时式中的积分下限 $\varphi_1(\theta)$ 变为 0.

若极点 O 在区域 D 的内部, $\rho=\varphi(\theta)$ 是 D 的边界曲线, 则

$$\iint\limits_D f(\rho\cos\theta,\rho\sin\theta)\rho\mathrm{d}\rho\mathrm{d}\theta=\int_0^{2\pi}\mathrm{d}\theta\int_0^{\varphi(\theta)}f(\rho\cos\theta,\rho\sin\theta)\rho\mathrm{d}\rho.$$

5. 二重积分的对称性: 设 $f(x,y)$ 在区域 D 上是连续的.

(1) 设 D 关于 x 轴对称.

(i) 若 $f(x,y)$ 关于 y 是奇函数, 即 $f(x,-y)=-f(x,y)$, 则 $\iint\limits_D f(x,y)\mathrm{d}x\mathrm{d}y=0$;

(ii) 若 $f(x,y)$ 关于 y 是偶函数, 即 $f(x,-y)=f(x,y)$, 则

$$\iint\limits_D f(x,y)\mathrm{d}x\mathrm{d}y=2\iint\limits_{D_0}f(x,y)\mathrm{d}x\mathrm{d}y,$$

其中 $D_0=\{(x,y)|(x,y)\in D,y\geqslant0\}$.

(2) 设 D 关于 y 轴对称.

(i) 若 $f(x,y)$ 关于 x 是奇函数, 即 $f(-x,y) = -f(x,y)$, 则 $\iint\limits_{D} f(x,y)\mathrm{d}x\mathrm{d}y = 0$;

(ii) 若 $f(x,y)$ 关于 x 是偶函数, 即 $f(-x,y) = f(x,y)$, 则

$$\iint\limits_{D} f(x,y)\mathrm{d}x\mathrm{d}y = 2\iint\limits_{D_0} f(x,y)\mathrm{d}x\mathrm{d}y,$$

其中 $D_0 = \{(x,y)|(x,y) \in D, x \geqslant 0\}$.

(3) 设 D 关于原点对称.

(i) 若 $f(x,y)$ 关于 x 和 y 是奇函数, 即 $f(-x,-y) = -f(x,y)$, 则

$$\iint\limits_{D} f(x,y)\mathrm{d}x\mathrm{d}y = 0;$$

(ii) 若 $f(x,y)$ 关于 x 和 y 是偶函数, 即 $f(-x,-y) = f(x,y)$, 则

$$\iint\limits_{D} f(x,y)\mathrm{d}x\mathrm{d}y = 2\iint\limits_{D_0} f(x,y)\mathrm{d}x\mathrm{d}y,$$

其中 D_0 表示区域 D 的一半, D 的其余部分与 D_0 关于原点对称.

6. 二重积分的坐标变换: 若

$$\begin{cases} x = x(u,v), \\ y = y(u,v) \end{cases}$$

都具有连续的偏导数, 且

$$J(u,v) = \frac{\partial(x,y)}{\partial(u,v)} = \begin{vmatrix} \dfrac{\partial x}{\partial u} & \dfrac{\partial x}{\partial v} \\ \dfrac{\partial y}{\partial u} & \dfrac{\partial y}{\partial v} \end{vmatrix} \neq 0,$$

则

$$\iint\limits_{D} f(x,y)\mathrm{d}x\mathrm{d}y = \iint\limits_{D} f(x(u,v),y(u,v))|J(u,v)|\mathrm{d}u\mathrm{d}v.$$

二、教学要求

1. 熟练掌握矩形区域上连续函数的二重积分的计算方法.
2. 熟练掌握 X 型、Y 型区域上连续函数的二重积分的计算方法.
3. 熟练掌握利用极坐标计算二重积分的方法.
4. 了解二重积分的对称性.
5. 了解二重积分的换元法, 能够利用广义极坐标变换计算二重积分.

三、习题详解

【A 组题】

1. 求下列二重积分.

(1) $\int_0^1 \int_0^1 \dfrac{xy}{1+x^2} \mathrm{d}y \mathrm{d}x$;

(2) $\iint\limits_D y\cos(xy) \mathrm{d}x\mathrm{d}y$, 其中 $D = \{(x,y) | 0 \leqslant x \leqslant 1, 0 \leqslant y \leqslant \pi\}$;

(3) $\iint\limits_D \mathrm{d}x\mathrm{d}y$, 其中 D 是由 $y=x, y=2x, x=1$ 围成的闭区域;

(4) $\iint\limits_D \dfrac{y}{x} \mathrm{d}x\mathrm{d}y$, 其中 D 是由 $y=x, y=3x, x=1, x=3$ 围成的闭区域;

(5) $\iint\limits_D x\sqrt{y^2-x^2} \mathrm{d}x\mathrm{d}y$, 其中 $D = \{(x,y)|0 \leqslant y \leqslant 1, 0 \leqslant x \leqslant y\}$;

(6) $\iint\limits_D xy \mathrm{d}x\mathrm{d}y$, 其中 D 是由 $x=\sqrt{y}, x=3-2y, y=0$ 所确定的闭区域;

(7) $\iint\limits_D \dfrac{\sin y}{y} \mathrm{d}x\mathrm{d}y$, 其中 D 是由 $y=x, x=y^2$ 所确定的闭区域;

(8) $\iint\limits_D (x+y) \mathrm{d}x\mathrm{d}y$, 其中 D 是由 $y=\mathrm{e}^x, x=1$ 及两坐标轴所确定的闭区域;

(9) $\iint\limits_D x\sin(x+y) \mathrm{d}x\mathrm{d}y$, 其中 D 是以 $(0,0), (0,\pi), (\pi,\pi)$ 为顶点的三角形区域;

(10) $\iint\limits_D (x^2-2y) \mathrm{d}x\mathrm{d}y$, 其中 D 是由直线 $y=x, y=x-1, x=0, x=1$ 所确定的闭区域.

解 (1) 原式 $= \int_0^1 \left[\dfrac{xy^2}{2(1+x^2)} \right]_0^1 \mathrm{d}x = \int_0^1 \dfrac{x\mathrm{d}x}{2(1+x^2)} = \left[\dfrac{\ln(1+x^2)}{4} \right]_0^1 = \dfrac{1}{4}\ln 2.$

(2) 原式 $= \int_0^\pi \int_0^1 y\cos(xy) \mathrm{d}x\mathrm{d}y = \int_0^\pi [\sin(xy)]_0^1 \mathrm{d}y = \int_0^\pi \sin y \mathrm{d}y = 2.$

(3) 区域 D 可表示为 $0 \leqslant x \leqslant 1, x \leqslant y \leqslant 2x$, 于是

$$\text{原式} = \int_0^1 \int_x^{2x} \mathrm{d}y\mathrm{d}x = \int_0^1 x\mathrm{d}x = \dfrac{1}{2}.$$

(4) 区域 D 可表示为 $1 \leqslant x \leqslant 3, x \leqslant y \leqslant 3x$, 于是

$$\text{原式} = \int_1^3 \int_x^{3x} \dfrac{y}{x} \mathrm{d}y\mathrm{d}x = \int_1^3 \left[\dfrac{y^2}{2x} \right]_x^{3x} \mathrm{d}x = \int_1^3 4x\mathrm{d}x = 16.$$

(5) 根据二重积分计算法,

$$\text{原式} = \int_0^1 \int_0^y x\sqrt{y^2-x^2} \mathrm{d}x\mathrm{d}y = \int_0^1 \left[-\dfrac{1}{3}(y^2-x^2)^{\frac{3}{2}} \right]_0^y \mathrm{d}y$$

$$= \int_0^1 \dfrac{1}{3} y^3 \mathrm{d}y = \dfrac{1}{12}.$$

(6) 区域 D 可表示为 $0 \leqslant y \leqslant 1, \sqrt{y} \leqslant x \leqslant 3-2y$, 于是
$$\text{原式} = \int_0^1 \int_{\sqrt{y}}^{3-2y} xy \mathrm{d}x\mathrm{d}y = \int_0^1 \left[\frac{1}{2}x^2 y\right]_{\sqrt{y}}^{3-2y} \mathrm{d}y$$
$$= \int_0^1 \frac{1}{2} y(4y^2 - 13y + 9)\mathrm{d}y = \frac{7}{12}.$$

(7) 区域 D 可表示为 $0 \leqslant y \leqslant 1, y^2 \leqslant x \leqslant y$, 于是
$$\text{原式} = \int_0^1 \int_{y^2}^{y} \frac{\sin y}{y} \mathrm{d}x\mathrm{d}y = \int_0^1 \left[\frac{x \sin y}{y}\right]_{y^2}^{y} \mathrm{d}y$$
$$= \int_0^1 (1-y)\sin y \mathrm{d}y = 1 - \sin 1.$$

(8) 区域 D 可表示为 $0 \leqslant x \leqslant 1, 0 \leqslant y \leqslant \mathrm{e}^x$, 于是
$$\text{原式} = \int_0^1 \int_0^{\mathrm{e}^x} (x+y)\mathrm{d}y\mathrm{d}x = \int_0^1 \left[xy + \frac{1}{2}y^2\right]_0^{\mathrm{e}^x} \mathrm{d}x$$
$$= \int_0^1 \left[x\mathrm{e}^x + \frac{1}{2}\mathrm{e}^{2x}\right] \mathrm{d}x = \frac{1}{4}\mathrm{e}^2 + \frac{3}{4}.$$

(9) 区域 D 可表示为 $0 \leqslant x \leqslant \pi, x \leqslant y \leqslant \pi$, 于是
$$\text{原式} = \int_0^\pi \int_x^\pi x\sin(x+y)\mathrm{d}y\mathrm{d}x = \int_0^\pi [-x\cos(x+y)]_x^\pi \mathrm{d}x$$
$$= \int_0^\pi (x\cos x + x\cos 2x)\mathrm{d}x = -2.$$

(10) 区域 D 可表示为 $0 \leqslant x \leqslant 1, x-1 \leqslant y \leqslant x$, 于是
$$\text{原式} = \int_0^1 \int_{x-1}^{x} (x^2 - 2y)\mathrm{d}y\mathrm{d}x = \int_0^1 [x^2 y - y^2]_{x-1}^{x} \mathrm{d}x$$
$$= \int_0^1 (x^2 - 2x + 1)\mathrm{d}x = \frac{1}{3}.$$

2. 求下列二重积分.

(1) $\iint\limits_D xy\mathrm{e}^{x^2+y^2}\mathrm{d}x\mathrm{d}y$, 其中 $D = \{(x,y)||x| \leqslant 1, |y| \leqslant 1\}$;

(2) $\iint\limits_D |xy|\mathrm{d}x\mathrm{d}y$, 其中 $D = \{(x,y)||x|+|y| \leqslant 1\}$;

(3) $\iint\limits_D x[1+yf(x^2+y^2)]\mathrm{d}x\mathrm{d}y$, 其中 D 是由 $y = x^3, x = -1, y = 1$ 所确定的闭区域;

(4) $\iint\limits_D \mathrm{e}^{x+y}\mathrm{d}x\mathrm{d}y$, 其中 $D = \{(x,y)||x|+|y| \leqslant 1\}$;

(5) $\int_0^1 \int_x^1 \sin(y^2)\mathrm{d}y\mathrm{d}x$.

解 (1) 由于 $f(x,y) = xy\mathrm{e}^{x^2+y^2}$ 满足 $f(x,y) = -f(x,-y)$, 且区域 D 关于 x 轴对称, 因此该二重积分为 0.

(2) 由于 $f(x,y) = |xy|$ 关于 x,y 都是偶函数, 且 D 关于 x 轴和 y 轴都对称, 因此该积分等于 xy 在 D_1 上的积分的 4 倍, 其中 D_1 是 D 在第一象限的部分, 即
$$\iint\limits_D |xy|\mathrm{d}x\mathrm{d}y = 4\iint\limits_{D_1} xy\mathrm{d}x\mathrm{d}y = 4\int_0^1 \int_0^{1-x} xy\mathrm{d}y\mathrm{d}x$$

$$= 4\int_0^1 \left[\frac{1}{2}xy^2\right]_0^{1-x} dx = 4\int_0^1 \frac{1}{2}x(1-x)^2 dx = \frac{1}{6}.$$

(3) 将 D 分为 D_1 和 D_2 两部分，其中 D_1 是由曲线 $y=x^3, y=-x^3, y=1$ 在 x 轴上方围成的区域，D_2 是由曲线 $y=x^3, y=-x^3, x=-1$ 在 y 轴左侧围成的区域. 易见 D_1 关于 y 轴对称，D_2 关于 x 轴对称，且 $xyf(x^2+y^2)$ 关于 x 和 y 都是奇函数，函数 x 关于 x 是奇函数. 因此，

$$原式 = \iint_{D_2} x\,dx\,dy = \int_{-1}^0 \int_{x^3}^{-x^3} x\,dy\,dx = \int_{-1}^0 -2x^4\,dx = -\frac{2}{5}.$$

(4) 区域 D 可表示为 $-1 \leqslant x \leqslant 0, -x-1 \leqslant y \leqslant x+1$ 和 $0 \leqslant x \leqslant 1, x-1 \leqslant y \leqslant 1-x$ 两部分，于是

$$原式 = \int_{-1}^0 \int_{-x-1}^{x+1} e^{x+y} dy\,dx + \int_0^1 \int_{x-1}^{1-x} e^{x+y} dy\,dx = \int_{-1}^0 [e^{x+y}]_{-x-1}^{x+1} dx + \int_0^1 [e^{x+y}]_{x-1}^{1-x} dx$$

$$= \int_{-1}^0 [e^{2x+1} - e^{-1}] dx + \int_0^1 [e - e^{2x-1}] dx = e - e^{-1}.$$

(5) 该二次积分对应的区域 D 是 X 型区域：$0 \leqslant x \leqslant 1, x \leqslant y \leqslant 1$，其表示为 Y 型区域为

$$0 \leqslant y \leqslant 1, \ 0 \leqslant x \leqslant y.$$

因此，交换积分次序得

$$\int_0^1 \int_x^1 \sin(y^2) dy\,dx = \int_0^1 \int_0^y \sin(y^2) dx\,dy = \int_0^1 [x\sin(y^2)]_0^y dx$$

$$= \int_0^1 y\sin(y^2) dx = \left[-\frac{1}{2}\cos(y^2)\right]_0^1 = \frac{1}{2}(1-\cos 1).$$

3. 改变积分次序.

(1) $\int_0^2 dx \int_x^2 f(x,y) dy;$ (2) $\int_0^3 dx \int_{x^2}^{3x} f(x,y) dy;$

(3) $\int_0^a dy \int_{-y}^{\sqrt{y}} f(x,y) dx;$ (4) $\int_0^2 dy \int_{-\sqrt{4-y^2}}^{\sqrt{4-y^2}} f(x,y) dx;$

(5) $\int_1^2 dy \int_x^y f(x,y) dx + \int_2^4 dy \int_{\frac{y}{2}}^2 f(x,y) dx;$

(6) $\int_0^1 dx \int_0^{\sqrt{2x-x^2}} f(x,y) dy + \int_1^2 dx \int_0^{2-x} f(x,y) dy;$

(7) $\int_0^1 dy \int_0^{\sqrt[3]{y}} f(x,y) dx + \int_1^2 dy \int_0^{2-y} f(x,y) dx.$

解 (1) 该二次积分对应的积分区域 D 由 $x=0, x=2, y=x, y=2$ 围成，将其写成 Y 型区域为

$$0 \leqslant y \leqslant 2, \ 0 \leqslant x \leqslant y.$$

因此，原式 $= \int_0^2 dy \int_0^y f(x,y) dx.$

(2) 该二次积分对应的积分区域 D 由 $y=3x, y=x^2$ 围成，将其写成 Y 型区域为

$$0 \leqslant y \leqslant 9, \ \frac{1}{3}y \leqslant x \leqslant \sqrt{y}.$$

因此，原式 $= \int_0^9 \mathrm{d}y \int_{\frac{y}{3}}^{\sqrt{y}} f(x,y)\mathrm{d}x.$

(3) 该二次积分对应的积分区域 D 由 $y=0, y=a, x=-y, x=\sqrt{y}$ 围成，将其写成 X 型区域为两部分：

$$-a \leqslant x \leqslant 0, \ -x \leqslant y \leqslant a; \ 0 \leqslant x \leqslant \sqrt{a}, \ x^2 \leqslant y \leqslant a.$$

因此，原式 $= \int_{-a}^0 \mathrm{d}x \int_{-x}^a f(x,y)\mathrm{d}y + \int_0^{\sqrt{a}} \mathrm{d}x \int_{x^2}^a f(x,y)\mathrm{d}y.$

(4) 该二次积分对应的积分区域 D 由 $x=\sqrt{y-x^2}, x=-\sqrt{y-x^2}, y=0$ 围成，将其写成 X 型区域为

$$-2 \leqslant x \leqslant 2, \ 0 \leqslant y \leqslant \sqrt{4-x^2}.$$

因此，原式 $= \int_{-2}^2 \mathrm{d}x \int_0^{\sqrt{4-x^2}} f(x,y)\mathrm{d}y.$

(5) 该二次积分对应的积分区域 D 由 $x=1, x=2, x=y, x=\dfrac{1}{2}y$ 围成，将其写成 X 型区域为

$$1 \leqslant x \leqslant 2, \ x \leqslant y \leqslant 2x.$$

因此，原式 $= \int_1^2 \mathrm{d}x \int_x^{2x} f(x,y)\mathrm{d}y.$

(6) 该二次积分对应的积分区域 D 由 $x^2-2x+y^2=0$ 在 x 轴上方，$x=1$ 左侧的部分和 $x=1, y=0, y=2-x$ 围成的部分组成，将其写成 Y 型区域为

$$0 \leqslant y \leqslant 1, \ 1-\sqrt{1-y^2} \leqslant x \leqslant 2-y.$$

因此，原式 $= \int_0^1 \mathrm{d}y \int_{1-\sqrt{1-y^2}}^{2-y} f(x,y)\mathrm{d}x.$

(7) 该二次积分对应的积分区域 D 由 $x=\sqrt[3]{y}, x=2-y, x=0$ 围成，将其改写成 X 型区域为

$$0 \leqslant x \leqslant 1, \ x^3 \leqslant y \leqslant 2-x.$$

因此，原式 $= \int_0^1 \mathrm{d}x \int_{x^3}^{2-x} f(x,y)\mathrm{d}y.$

4. 利用极坐标计算二重积分.

(1) $\iint\limits_D xy\mathrm{d}x\mathrm{d}y$，其中 D 是 $x^2+y^2 \leqslant 1$ 在第一象限内的闭区域；

(2) $\iint\limits_D \arctan\dfrac{y}{x}\mathrm{d}x\mathrm{d}y$，其中 D 是由 $x^2+y^2=1, x^2+y^2=4, y=0, y=x$ 所围的第一象限内的闭区域；

(3) $\iint\limits_D \ln(1+x^2+y^2)\mathrm{d}x\mathrm{d}y$，其中 D 是由圆 $x^2+y^2=1$ 所围的闭区域；

(4) $\iint\limits_D (h-2x-3y)\mathrm{d}x\mathrm{d}y$，其中 D 是由圆 $x^2+y^2=R^2$ 所围的闭区域；

(5) $\iint\limits_D \dfrac{\mathrm{d}x\mathrm{d}y}{\sqrt{4-x^2-y^2}}$,其中 D 是由 $1 \leqslant x^2+y^2 \leqslant 4, y \geqslant 0$ 所围的闭区域;

(6) $\iint\limits_D (\sqrt{x^2+y^2}+x)\mathrm{d}x\mathrm{d}y$,其中 D 是由圆 $x^2+y^2=4, x^2+(y-1)^2=1$ 所围的闭区域.

解 (1) 区域 D 用极坐标表示为

$$0 \leqslant \rho \leqslant 1,\ 0 \leqslant \theta \leqslant \dfrac{\pi}{2}.$$

因此,

$$原式 = \int_0^{\frac{\pi}{2}} \int_0^1 \rho\cos\theta \cdot \rho\sin\theta \cdot \rho\mathrm{d}\rho\mathrm{d}\theta = \int_0^{\frac{\pi}{2}} \cos\theta\sin\theta\mathrm{d}\theta \int_0^1 \rho^3\mathrm{d}\rho = \dfrac{1}{8}.$$

(2) 区域 D 用极坐标表示为

$$1 \leqslant \rho \leqslant 2,\ 0 \leqslant \theta \leqslant \dfrac{\pi}{4}.$$

因此,

$$原式 = \int_0^{\frac{\pi}{4}} \int_1^2 \rho\theta\mathrm{d}\rho\mathrm{d}\theta = \int_0^{\frac{\pi}{4}} \theta\mathrm{d}\theta \int_1^2 \rho\mathrm{d}\rho = \dfrac{3\pi^2}{64}.$$

(3) 区域 D 用极坐标表示为

$$0 \leqslant \rho \leqslant 1,\ 0 \leqslant \theta \leqslant 2\pi.$$

因此,

$$原式 = \int_0^{2\pi}\int_0^1 \rho\ln(1+\rho^2)\mathrm{d}\rho\mathrm{d}\theta = 2\pi\int_0^1 \rho\ln(1+\rho^2)\mathrm{d}\rho$$
$$= \pi\int_0^1 \ln(1+\rho^2)\mathrm{d}(1+\rho^2) = \pi\left[(1+\rho^2)\ln(1+\rho^2)\right]_0^1 - \pi\int_0^1 \mathrm{d}\rho$$
$$= \pi(2\ln 2 - 1).$$

(4) 区域 D 用极坐标表示为

$$0 \leqslant \rho \leqslant R,\ 0 \leqslant \theta \leqslant 2\pi.$$

因此,

$$原式 = \int_0^{2\pi}\int_0^R \rho(h - 2\rho\cos\theta - 3\rho\sin\theta)\mathrm{d}\rho\mathrm{d}\theta$$
$$= \int_0^R \left[h\rho\theta - 2\rho^2\sin\theta + 3\rho^2\cos\theta\right]_0^{2\pi}\mathrm{d}\rho = \int_0^R 2\pi h\rho\mathrm{d}\rho$$
$$= \pi h R^2.$$

(5) 区域 D 用极坐标表示为

$$1 \leqslant \rho \leqslant 2,\ 0 \leqslant \theta \leqslant \pi.$$

因此,

$$原式 = \int_0^{\pi}\int_1^2 \dfrac{\rho}{\sqrt{4-\rho^2}}\mathrm{d}\rho\mathrm{d}\theta = \pi\int_1^2 \dfrac{\rho}{\sqrt{4-\rho^2}}\mathrm{d}\rho$$
$$= -\dfrac{1}{2}\pi\int_1^2 (4-\rho^2)^{-\frac{1}{2}}\mathrm{d}(4-\rho^2) = -\dfrac{1}{2}\pi\left[2\sqrt{4-\rho^2}\right]_1^2$$

$$= \sqrt{3}\pi.$$

(6) $x^2+y^2=4, x^2+(y-1)^2=1$ 的极坐标方程分别是 $\rho=2$ 和 $\rho=2\sin\theta$，区域 D 用极坐标表示为

$$0 \leqslant \theta \leqslant \pi,\ 2\sin\theta \leqslant \rho \leqslant 2;\ \pi \leqslant \theta \leqslant 2\pi,\ 0 \leqslant \rho \leqslant 2.$$

因此，

$$\begin{aligned}
\text{原式} &= \int_0^\pi \int_{2\sin\theta}^2 \rho(\rho+\rho\cos\theta)\mathrm{d}\rho\mathrm{d}\theta + \int_\pi^{2\pi}\int_0^2 \rho(\rho+\rho\cos\theta)\mathrm{d}\rho\mathrm{d}\theta \\
&= \int_0^\pi \left[\frac{1}{3}\rho^3(1+\cos\theta)\right]_{2\sin\theta}^2 \mathrm{d}\theta + \int_\pi^{2\pi}\left[\frac{1}{3}\rho^3(1+\cos\theta)\right]_0^2 \mathrm{d}\theta \\
&= \frac{8}{3}\int_0^\pi (1+\cos\theta-\sin^3\theta-\sin^3\theta\cos\theta)\mathrm{d}\theta + \frac{8}{3}\int_\pi^{2\pi}(1+\cos\theta)\mathrm{d}\theta \\
&= \frac{16\pi}{3}-\frac{32}{9}.
\end{aligned}$$

5. 将下列积分化为极坐标系下的二次积分.

(1) $\iint\limits_D f(x,y)\mathrm{d}x\mathrm{d}y$，其中 $D=\{(x,y)|x^2+y^2\leqslant 2Rx, y\geqslant 0\}, R>0$;

(2) $\iint\limits_D f(x,y)\mathrm{d}x\mathrm{d}y$，其中 $D=\{(x,y)|a^2\leqslant x^2+y^2\leqslant b^2, x\leqslant y\leqslant \sqrt{3}x, x>0\}, a,b>0$;

(3) $\iint\limits_D f(x,y)\mathrm{d}x\mathrm{d}y$，其中 D 是由直线 $y=x, y=0$ 和 $x=1$ 围成的闭区域;

(4) $\iint\limits_D f(x,y)\mathrm{d}x\mathrm{d}y$，其中 D 是由抛物线 $y=x^2$ 和直线 $y=0, x=1$ 所围成的闭区域;

(5) $\iint\limits_D f(x^2+y^2)\mathrm{d}x\mathrm{d}y$，其中 $D=\{(x,y)|x^2+y^2\leqslant 2y\}$;

(6) $\int_0^2 \mathrm{d}x \int_0^{\sqrt{2x-x^2}} f(x^2+y^2)\mathrm{d}y$;

(7) $\int_0^1 \mathrm{d}x \int_x^{\sqrt{3}x} f(\sqrt{x^2+y^2})\mathrm{d}y$;

(8) $\int_{-1}^1 \mathrm{d}x \int_{1-\sqrt{1-x^2}}^{1+\sqrt{1-x^2}} (x^2+y^2)\mathrm{d}y$.

解 (1) 区域 D 是圆 $(x-R)^2+y^2 \leqslant R^2$ 在 y 轴上侧的部分，该圆用极坐标表示为 $\rho=2R\cos\theta$，则 D 用极坐标表示为

$$0\leqslant\theta\leqslant\frac{\pi}{2},\ 0\leqslant\rho\leqslant 2R\cos\theta.$$

因此，

$$\text{原式}=\int_0^{\frac{\pi}{2}}\mathrm{d}\theta\int_0^{2R\cos\theta} f(\rho\cos\theta,\rho\sin\theta)\rho\mathrm{d}\rho.$$

(2) 区域 D 是由圆环 $a^2\leqslant x^2+y^2\leqslant b^2$ 在第一象限与直线 $y=x$ 和 $y=\sqrt{3}x$ 围成的部分，D 用极坐标表示为

$$\frac{\pi}{4}\leqslant\theta\leqslant\frac{\pi}{3},\ a\leqslant\rho\leqslant b.$$

因此，
$$原式 = \int_{\frac{\pi}{4}}^{\frac{\pi}{3}} d\theta \int_a^b f(\rho\cos\theta, \rho\sin\theta)\rho d\rho.$$

(3) 区域 D 在极坐标系下由 $\rho = \sec\theta$, $\theta = 0$, $\theta = \dfrac{\pi}{4}$ 围成，D 用极坐标表示为
$$0 \leqslant \theta \leqslant \frac{\pi}{4}, \ 0 \leqslant \rho \leqslant \sec\theta.$$

因此，
$$原式 = \int_0^{\frac{\pi}{4}} d\theta \int_0^{\sec\theta} f(\rho\cos\theta, \rho\sin\theta)\rho d\rho.$$

(4) 区域 D 在极坐标系下由 $\rho = \sec\theta\tan\theta$, $\theta = 0$, $\rho = \sec\theta$ 围成，D 用极坐标表示为
$$0 \leqslant \theta \leqslant \frac{\pi}{4}, \ \sec\theta\tan\theta \leqslant \rho \leqslant \sec\theta.$$

因此，
$$原式 = \int_0^{\frac{\pi}{4}} d\theta \int_{\sec\theta\tan\theta}^{\sec\theta} f(\rho\cos\theta, \rho\sin\theta)\rho d\rho.$$

(5) 区域 D 在极坐标系下由圆 $\rho = 2\sin\theta$, $\theta = 0$, $\theta = \pi$ 围成，D 用极坐标表示为
$$0 \leqslant \theta \leqslant \pi, \ 0 \leqslant \rho \leqslant 2\sin\theta.$$

因此，
$$原式 = \int_0^{\pi} d\theta \int_0^{2\sin\theta} f(\rho^2)\rho d\rho.$$

(6) 二次积分对应的区域 D 在直角坐标系下由上半圆 $x^2 - 2x + y^2 = 0$ 和 x 轴正半轴围成，在极坐标系下由 $\rho = 2\cos\theta$ 和 $\theta = 0$ 围成，则 D 用极坐标表示为
$$0 \leqslant \theta \leqslant \frac{\pi}{2}, \ 0 \leqslant \rho \leqslant 2\cos\theta.$$

因此，
$$原式 = \int_0^{\frac{\pi}{2}} d\theta \int_0^{2\cos\theta} f(\rho^2)\rho d\rho.$$

(7) 二次积分对应的区域 D 在直角坐标系下由 $y = x$, $y = \sqrt{3}x$ 和 $x = 1$ 围成，在极坐标系下由 $\rho = \sec\theta$ 和 $\theta = \dfrac{\pi}{4}$, $\theta = \dfrac{\pi}{3}$ 围成，则 D 用极坐标表示为
$$\frac{\pi}{4} \leqslant \theta \leqslant \frac{\pi}{3}, \ 0 \leqslant \rho \leqslant \sec\theta.$$

因此，
$$原式 = \int_{\frac{\pi}{4}}^{\frac{\pi}{3}} d\theta \int_0^{\sec\theta} f(\rho)\rho d\rho.$$

(8) 二次积分对应的区域 D 在直角坐标系下由 $x^2 + (y-1)^2 = 1$ 围成，在极坐标系下由 $\rho = 2\sin\theta$ 围成，则 D 用极坐标表示为
$$0 \leqslant \theta \leqslant 2\pi, \ 0 \leqslant \rho \leqslant 2\sin\theta.$$

因此，
$$原式 = \int_0^{\pi} d\theta \int_0^{2\sin\theta} \rho^3 d\rho.$$

6. 计算下面的二重积分.

(1) $\iint\limits_{D} \dfrac{x^2}{y^2}\mathrm{d}x\mathrm{d}y$,其中 D 是由直线 $y=x, x=2$ 及曲线 $xy=1$ 所围成的闭区域.

(2) $\iint\limits_{D} \dfrac{\sin x}{x}\mathrm{d}x\mathrm{d}y$,其中 D 是以 $(0,0),(\pi,0),(\pi,\pi)$ 为顶点的三角形区域.

(3) $\iint\limits_{D} xy\mathrm{d}x\mathrm{d}y$,其中 D 是由 $x^2+y^2\leqslant 1, x+y\geqslant 1$ 所围成的闭区域.

(4) $\iint\limits_{D} (|y|+2\mathrm{e}^x\sin y)\mathrm{d}x\mathrm{d}y$,其中 $D=\{(x,y)|x^2+y^2\leqslant 2x\}$.

(5) $\iint\limits_{D} \dfrac{\sin(\pi\sqrt{x^2+y^2})}{\sqrt{x^2+y^2}}\mathrm{d}x\mathrm{d}y$,其中 $D=\{(x,y)|1\leqslant x^2+y^2\leqslant 4\}$.

解 (1) 区域 D 可以表示为
$$1\leqslant x\leqslant 2,\ \dfrac{1}{x}\leqslant y\leqslant x,$$
因此,
$$原式=\int_1^2\int_{\frac{1}{x}}^x \dfrac{x^2}{y^2}\mathrm{d}y\mathrm{d}x=\int_1^2\left[-\dfrac{x^2}{y}\right]_{\frac{1}{x}}^x\mathrm{d}x=\int_1^2(x^3-x)\mathrm{d}x=\dfrac{9}{4}.$$

(2) 区域 D 可以表示为
$$0\leqslant x\leqslant \pi,\ 0\leqslant y\leqslant x,$$
因此,
$$原式=\int_0^\pi\int_0^x \dfrac{\sin x}{x}\mathrm{d}y\mathrm{d}x=\int_0^\pi\left[\dfrac{y\sin x}{x}\right]_0^x\mathrm{d}x=\int_0^\pi\sin x\mathrm{d}x=2.$$

(3) 区域 D 可以表示为
$$0\leqslant x\leqslant 1,\ 1-x\leqslant y\leqslant \sqrt{1-x^2},$$
因此,
$$原式=\int_0^1\int_{1-x}^{\sqrt{1-x^2}} xy\mathrm{d}y\mathrm{d}x=\int_0^1\left[\dfrac{1}{2}xy^2\right]_{1-x}^{\sqrt{1-x^2}}\mathrm{d}x=\int_0^1(x^2-x^3)\mathrm{d}x=\dfrac{1}{12}.$$

(4) 区域 D 关于 x 轴对称,记 D_1 为 D 在 x 轴上方的部分,D_1 由极坐标表示为
$$0\leqslant \theta\leqslant \dfrac{\pi}{2},\ 0\leqslant \rho\leqslant 2\cos\theta.$$
由于 $|y|$ 关于 y 是偶函数,$2\mathrm{e}^x\sin y$ 关于 y 是奇函数,根据奇偶性,
$$原式=2\iint\limits_{D_1} y\mathrm{d}x\mathrm{d}y=2\int_0^{\frac{\pi}{2}}\int_0^{2\cos\theta}\rho^2\sin\theta\mathrm{d}\rho\mathrm{d}\theta=\int_0^{\frac{\pi}{2}}\dfrac{16}{3}\cos^3\theta\sin\theta\mathrm{d}\theta=\dfrac{4}{3}.$$

(5) 区域 D 可以表示为
$$0\leqslant \theta\leqslant 2\pi,\ 1\leqslant \rho\leqslant 2,$$
因此,
$$原式=\int_0^{2\pi}\int_1^2 \sin(\pi\rho)\mathrm{d}\rho\mathrm{d}\theta=2\pi\left[-\dfrac{1}{\pi}\cos(\pi\rho)\right]_1^2=-4.$$

7. 利用二重积分求立体体积.

(1) 求抛物面 $z = x^2 + y^2$ 和 $z = a^2$ 所围的空间立体体积, $a > 0$.

(2) 求半球体 $x^2 + y^2 + z^2 \leqslant 9 \ (z \geqslant 0)$ 的体积.

(3) 计算椭圆抛物面 $z = 3x^2 + y^2$ 与 $z = 16 - x^2 - 3y^2$ 所围的空间立体体积.

(4) 计算柱面 $x^2 + y^2 = 1$, 平面 $x + y + z = 2$ 和 $z = 0$ 所围的空间立体体积.

(5) 计算柱面 $x^2 + y^2 = 2x$ 所围的柱体介于抛物面 $z = x^2 + y^2$ 下方和 xOy 平面上方之间部分的立体体积.

解 (1) 两曲面的交线在 xOy 平面的投影为曲线 $x^2 + y^2 = a^2$, 设其围成的平面区域为 D, 则所求体积为

$$V = \iint_D (a^2 - x^2 - y^2) d\sigma = \int_0^{2\pi} \int_0^a \rho(a^2 - \rho^2) d\rho d\theta = \frac{1}{2}\pi a^4.$$

(2) 该半球体在 xOy 平面的投影是曲线 $x^2 + y^2 = 9$, 设其围成的平面区域为 D, 则所求体积为

$$V = \iint_D \sqrt{9 - x^2 - y^2} d\sigma = \int_0^{2\pi} \int_0^3 \rho\sqrt{9 - \rho^2} d\rho d\theta = 18\pi.$$

(3) 联立两曲面方程, 消去 z, 得到两曲面的交线在 xOy 平面的投影为曲线 $x^2 + y^2 = 4$, 设其围成的平面区域为 D, 则所求体积为

$$V = \iint_D [(16 - x^2 - 3y^2) - (3x^2 + y^2)] d\sigma = \int_0^{2\pi} \int_0^2 \rho(16 - 4\rho^2) d\rho d\theta = 32\pi.$$

(4) 平面区域 D 由 $x^2 + y^2 = 1$ 围成, 根据二重积分的几何意义,

$$V = \iint_D (2 - x - y) d\sigma = \int_0^{2\pi} \int_0^1 \rho(2 - \rho\cos\theta - \rho\sin\theta) d\rho d\theta = 2\pi.$$

(5) 平面区域 D 由 $x^2 + y^2 = 2x$ 围成, 根据二重积分的几何意义,

$$V = \iint_D (x^2 + y^2) d\sigma = \int_{-\frac{\pi}{2}}^{\frac{\pi}{2}} \int_0^{2\cos\theta} \rho^3 d\rho d\theta = \frac{3}{2}\pi.$$

8. 应用题.

设有一平面薄片占有 xOy 平面上的闭区域 D, 其面密度函数 $\mu = \sqrt{x^2 + y^2}$, D 由圆 $(x-1)^2 + y^2 = 1$ 与直线 $y = x, y = -x$ 所围成, 求薄片的质量.

解 区域 D 用极坐标表示为

$$-\frac{\pi}{4} \leqslant \theta \leqslant \frac{\pi}{4}, \ 0 \leqslant \rho \leqslant 2\cos\theta.$$

根据二重积分的意义, 所求质量为

$$\iint_D \sqrt{x^2 + y^2} d\sigma = \int_{-\frac{\pi}{4}}^{\frac{\pi}{4}} \int_0^{2\cos\theta} \rho^2 d\rho d\theta = \frac{20\sqrt{2}}{9}.$$

【B 组题】

1. 选择题.

(1) 设 $f(x)$ 是连续奇函数，$g(x)$ 是连续偶函数，$D = \{(x,y) | 0 \leqslant x \leqslant 1, -\sqrt{x} \leqslant y \leqslant \sqrt{x}\}$，则 (　　).

A. $\iint\limits_{D} f(x)g(y)\mathrm{d}x\mathrm{d}y = 0$ B. $\iint\limits_{D} f(y)g(x)\mathrm{d}x\mathrm{d}y = 0$

C. $\iint\limits_{D} [f(x) + g(y)]\mathrm{d}x\mathrm{d}y = 0$ D. $\iint\limits_{D} [f(y) + g(x)]\mathrm{d}x\mathrm{d}y = 0$

(2) 设 D 是 xOy 平面内由直线 $y = x$，$y = 1$ 和 $x = -1$ 所围成的三角形闭区域，D_1 是 D 在第一象限的部分，则 $\iint\limits_{D} [xy + \cos x \sin y]\mathrm{d}x\mathrm{d}y = $ (　　).

A. 0 B. $2\iint\limits_{D_1} xy\mathrm{d}x\mathrm{d}y$

C. $2\iint\limits_{D_1} \cos x \sin y \mathrm{d}x\mathrm{d}y$ D. $3\iint\limits_{D_1} \cos x \sin y \mathrm{d}x\mathrm{d}y$

(3) 球体 $x^2 + y^2 + z^2 \leqslant 4a^2$ 与柱体 $x^2 + y^2 \leqslant 2ax$ 围成的公共部分的体积为 (　　).

A. $4\int_0^{\frac{\pi}{2}} \mathrm{d}\theta \int_0^{2a\cos\theta} \sqrt{4a^2 - \rho^2}\mathrm{d}\rho$ B. $8\int_0^{\frac{\pi}{2}} \mathrm{d}\theta \int_0^{2a\cos\theta} \sqrt{4a^2 - \rho^2}\mathrm{d}\rho$

C. $4\int_0^{\frac{\pi}{2}} \mathrm{d}\theta \int_0^{2a\cos\theta} \rho\sqrt{4a^2 - \rho^2}\mathrm{d}\rho$ D. $\int_{-\frac{\pi}{2}}^{\frac{\pi}{2}} \mathrm{d}\theta \int_0^{2a\cos\theta} \rho\sqrt{4a^2 - \rho^2}\mathrm{d}\rho$

解 (1) B. 由于该区域关于 x 轴对称，所以当被积函数是 y 的奇函数时，该区域上的二重积分为 0.

(2) C. 记 D_1 关于 y 轴对称的部分为 D_2，D_2 关于 $y = -x$ 对称的部分是 D_3，D_3 关于 x 轴对称的部分为 D_4，则 D 由 D_1, D_2, D_3, D_4 这四部分组成. $xy + \cos x \sin y$ 关于 y 是奇函数，因此在 D_3 和 D_4 上的积分为 0. 在 D_1 和 D_2 上，xy 关于 x 为奇函数，因此这部分积分为 0；$\cos x \sin y$ 关于 x 是偶函数，因此，C 正确.

(3) C. 设 $x^2 + y^2 \leqslant 2ax$ 围成的平面区域为 D，用极坐标表示为 $-\frac{\pi}{2} \leqslant \theta \leqslant \frac{\pi}{2}$，$0 \leqslant \rho \leqslant 2a\cos\theta$. 根据二重积分的几何意义，所求体积为
$$\iint\limits_{D} 2\sqrt{4a^2 - x^2 - y^2}\mathrm{d}\sigma.$$
将该积分用极坐标表示为二次积分，并利用奇偶性可得.

2. 将下列积分化为极坐标系下的二次积分.

(1) $\int_0^{2a} \mathrm{d}x \int_0^{\sqrt{2ax-x^2}} f(\sqrt{x^2+y^2})\mathrm{d}y$; (2) $\int_0^1 \mathrm{d}y \int_0^y f(x^2+y^2)\mathrm{d}x$;

(3) $\int_{-1}^1 \mathrm{d}x \int_0^1 \sqrt{x^2+y^2}\mathrm{d}y$.

解 (1) 该二次积分对应的区域 D 为上半圆 $x^2 - 2ax + y^2 = 0$，用极坐标表示为
$$0 \leqslant \theta \leqslant \frac{\pi}{2},\ 0 \leqslant \rho \leqslant 2a\cos\theta,$$

因此,
$$原式 = \int_0^{\frac{\pi}{2}} d\theta \int_0^{2a\cos\theta} f(\rho)\rho d\rho.$$

(2) 该二次积分对应的区域 D 由 $y^2 = x, x = 0, y = 1$ 围成,用极坐标表示为 $\rho = \cot\theta\csc\theta$, $\theta = \frac{\pi}{2}, \rho = \csc\theta$,区域 D 为
$$\frac{\pi}{4} \leqslant \theta \leqslant \frac{\pi}{2}, \ \cot\theta\csc\theta \leqslant \rho \leqslant \csc\theta,$$
因此,
$$原式 = \int_{\frac{\pi}{4}}^{\frac{\pi}{2}} d\theta \int_{\cot\theta\csc\theta}^{\csc\theta} f(\rho^2)\rho d\rho.$$

(3) 该二次积分对应的区域 D 由 $x = -1, x = 1, y = 1, y = 0$ 围成,用极坐标表示为 $\rho = \sec\theta, \rho = -\sec\theta, \rho = \csc\theta, \theta = 0, \theta = \pi$,区域 D 为
$$0 \leqslant \theta \leqslant \frac{\pi}{4}, 0 \leqslant \rho \leqslant \sec\theta; \ \frac{\pi}{4} \leqslant \theta \leqslant \frac{3\pi}{4}, 0 \leqslant \rho \leqslant \csc\theta;$$
$$\frac{3\pi}{4} \leqslant \theta \leqslant \pi, \ 0 \leqslant \rho \leqslant -\sec\theta.$$
因此,
$$原式 = \int_0^{\frac{\pi}{4}} d\theta \int_0^{\sec\theta} \rho^2 d\rho + \int_{\frac{\pi}{4}}^{\frac{3\pi}{4}} d\theta \int_0^{\csc\theta} \rho^2 d\rho + \int_{\frac{3\pi}{4}}^{\pi} d\theta \int_0^{-\sec\theta} \rho^2 d\rho.$$

3. 计算下面的二重积分.

(1) $\iint\limits_D \sqrt{\dfrac{1-x^2-y^2}{1+x^2+y^2}} dxdy$,其中 D 是 $x^2 + y^2 \leqslant 1$ 在 $x \geqslant 0, y \geqslant 0$ 的部分.

(2) $\iint\limits_D |x^2 + y^2 - 1| dxdy$,其中 $D = \{(x,y) | x^2 + y^2 \leqslant 4\}$.

(3) $\iint\limits_D f(x,y) dxdy$,其中 $f(x,y) = \begin{cases} e^{x+y}, & x > 0, y > 0; \\ 0, & 其他, \end{cases}$ $D = \{(x,y) | |x| \leqslant 1, 0 \leqslant y \leqslant 1\}$.

解 (1) 区域 D 可表示为
$$0 \leqslant \theta \leqslant \frac{\pi}{2}, 0 \leqslant \rho \leqslant 1,$$
因此,
$$原式 = \int_0^{\frac{\pi}{2}} \int_0^1 \rho\sqrt{\frac{1-\rho^2}{1+\rho^2}} d\rho d\theta = \frac{\pi}{4}\int_0^1 \sqrt{\frac{1-\rho^2}{1+\rho^2}} d(\rho^2)$$
$$= \frac{\pi}{4}\int_0^1 \frac{1-t}{\sqrt{1-t^2}} dt = \frac{\pi}{4}\left[\arcsin t + \sqrt{1-t^2}\right]_0^1 = \frac{\pi}{4}\left(\frac{\pi}{2} - 1\right).$$

(2) 区域 D 可分为两部分:$D_1 = \{(x,y) | x^2 + y^2 \leqslant 1\}$, $D_2 = \{(x,y) | 1 \leqslant x^2 + y^2 \leqslant 4\}$. 在 D_1 上,$|x^2 + y^2 - 1| = 1 - x^2 - y^2$;在 D_2 上,$|x^2 + y^2 - 1| = x^2 + y^2 - 1$. 因此,
$$原式 = \int_0^{2\pi} \int_0^1 \rho(1 - \rho^2) d\rho d\theta + \int_0^{2\pi} \int_1^2 \rho(\rho^2 - 1) d\rho d\theta$$

$$= 2\pi \int_0^1 \rho(1-\rho^2)\mathrm{d}\rho + 2\pi \int_1^2 \rho(\rho^2-1)\mathrm{d}\rho = 5\pi.$$

(3) 在区域 D 中，$f(x,y)$ 只在 $D_1: 0 \leqslant x \leqslant 1, 0 \leqslant y \leqslant 1$ 上不为 0，因此，
$$\text{原式} = \int_0^1 \int_0^1 \mathrm{e}^{x+y}\mathrm{d}x\mathrm{d}y = (\mathrm{e}-1)^2.$$

4. 利用二重积分求立体体积.

(1) 计算椭圆抛物面 $z = 1 - 4x^2 - y^2$ 与 xOy 面所围的立体体积.

(2) 求椭圆抛物面 $z = \dfrac{x^2}{a^2} + \dfrac{y^2}{b^2}$ 与平面 $z = 4$ 所围的立体体积.

(3) 计算柱面 $x^2 + y^2 = 2ax$ 与抛物面 $az = x^2 + y^2$ 及平面 $z = 0$ 所围的空间立体体积.

解 (1) 联立 $z = 1 - 4x^2 - y^2$ 和 $z = 0$，可得积分区域 D 由 $4x^2 + y^2 = 1$ 围成. 因此所求体积为
$$\iint_D (1 - 4x^2 - y^2)\mathrm{d}\sigma.$$

令 $x = \dfrac{1}{2}r\cos\theta, y = r\sin\theta$，可得 $\dfrac{\partial(x,y)}{\partial(r,\theta)} = \dfrac{1}{2}r$，换元得
$$\iint_D (1 - 4x^2 - y^2)\mathrm{d}\sigma = \int_0^{2\pi} \int_0^1 \dfrac{1}{2}r(1-r^2)\mathrm{d}r\mathrm{d}\theta = \dfrac{\pi}{4}.$$

(2) 联立 $z = \dfrac{x^2}{a^2} + \dfrac{y^2}{b^2}$ 和 $z = 4$，可得积分区域 D 由 $\dfrac{x^2}{a^2} + \dfrac{y^2}{b^2} = 4$ 围成. 因此所求体积为
$$\iint_D \left(4 - \dfrac{x^2}{a^2} - \dfrac{y^2}{b^2}\right)\mathrm{d}\sigma.$$

令 $x = 2ar\cos\theta, y = 2br\sin\theta$，可得 $\dfrac{\partial(x,y)}{\partial(r,\theta)} = 4abr$，换元得
$$\iint_D \left(4 - \dfrac{x^2}{a^2} - \dfrac{y^2}{b^2}\right)\mathrm{d}\sigma = \int_0^{2\pi}\int_0^1 4abr(4 - 4r^2)\mathrm{d}r\mathrm{d}\theta = 8\pi ab.$$

(3) 由二重积分的几何意义，该体积为
$$\iint_D \dfrac{1}{a}(x^2 + y^2)\mathrm{d}\sigma,$$
其中 D 由 $x^2 + y^2 = 2ax$ 围成. 用极坐标换元得，
$$\iint_D \dfrac{1}{a}(x^2+y^2)\mathrm{d}\sigma = \int_{-\frac{\pi}{2}}^{\frac{\pi}{2}} \int_0^{2a\cos\theta} \dfrac{\rho^3}{a}\mathrm{d}\rho\mathrm{d}\theta = \dfrac{3\pi a^3}{2}.$$

5. 证明题.

(1) 设 $f(x)$ 是连续函数，证明 $\int_0^x \mathrm{d}u \int_0^u f(t)\mathrm{d}t = \int_0^x (x-t)f(t)\mathrm{d}t.$

(2) 设 $f(x)$ 是连续函数，证明
$$\int_a^b \mathrm{d}x \int_a^x (x-y)^{n-2} f(y)\mathrm{d}y = \dfrac{1}{n-1}\int_a^b (b-y)^{n-1} f(y)\mathrm{d}y,$$
其中 n 为大于 1 的正整数.

证 (1) 等式左边的二次积分对应的区域为 $0 \leqslant u \leqslant x, 0 \leqslant t \leqslant u$，也可表示为
$$0 \leqslant t \leqslant x, \ t \leqslant u \leqslant x,$$
故
$$\int_0^x du \int_0^u f(t)dt = \int_0^x \int_t^x f(t)du\,dt = \int_0^x (x-t)f(t)dt.$$

(2) 等式左边的二次积分对应的区域为 $a \leqslant x \leqslant b, a \leqslant y \leqslant x$，也可表示为
$$a \leqslant y \leqslant b, \ y \leqslant x \leqslant b,$$
交换积分次序并对 x 积分得
$$\int_a^b dx \int_a^x (x-y)^{n-2} f(y)dy = \int_a^b dy \int_y^b (x-y)^{n-2} f(y)dx = \frac{1}{n-1} \int_a^b (b-y)^{n-1} f(y)dy.$$

§9.3 三重积分

一、内容提要

1. 设 $f(x,y,z)$ 是空间有界闭区域 Ω 上的有界函数，将 Ω 任意分成 n 个小闭区域 Ω_1, $\Omega_2, \cdots, \Omega_n$，体积分别为 $\Delta V_1, \Delta V_2, \cdots, \Delta V_n$，它们构成 Ω 的一个分割 T. 在 Ω_i 中任取一点 $(\xi_i, \eta_i, \varsigma_i)$，作和 $\sum_{i=1}^{n} f(\xi_i, \eta_i, \varsigma_i)\Delta V_i$. 若无论对区域 Ω 怎样分割，也不论点 $(\xi_i, \eta_i, \varsigma_i)$ 在 Ω_i 上如何选择，只要 $\|T\| \to 0$ 时，和式 $\sum_{i=1}^{n} f(\xi_i, \eta_i, \varsigma_i)\Delta V_i$ 总是趋于确定的极限 I，就称函数 $f(x,y,z)$ 在闭区域 Ω 上可积，称极限 I 为 $f(x,y,z)$ 在 Ω 上的三重积分，记作 $\iiint_\Omega f(x,y,z)dv$，即

$$\iiint_\Omega f(x,y,z)dv = \lim_{\|T\| \to 0} \sum_{i=1}^{n} f(\xi_i, \eta_i, \varsigma_i)\Delta V_i.$$

2. 当函数 $f(x,y,z)$ 是空间有界闭区域 Ω 上的连续函数时，上述和式的极限总存在.

3. 物体的质量恰好是有界闭区域 Ω 上对密度函数 $f(x,y,z)$ 的三重积分：
$$M = \iiint_\Omega f(x,y,z)dxdydz.$$
而当被积函数 $f(x,y,z) \equiv 1$ 时，三重积分在数值上恰好等于 Ω 的体积，即
$$V = \iiint_\Omega 1 dxdydz.$$

4. 设函数 $f(x,y,z)$ 在 $\Omega = [a,b] \times [c,d] \times [r,s]$ 上连续，则
$$\iiint_\Omega f(x,y,z)dv = \int_a^b dx \int_c^d dy \int_r^s f(x,y,z)dz.$$

5. 利用直角坐标计算三重积分:

(1) 将区域 Ω 投影到 xOy 平面内, 设投影区域为 D_{xy}, 假设经过 D_{xy} 内部且平行于 z 轴的直线自下而上 (自 z 轴的负向到正向) 穿过区域 Ω, 与 Ω 的边界曲面至多有两个交点. 记 Ω 的上、下底面分别为曲面 $z = z_2(x,y)$ 和 $z = z_1(x,y)$, 其中 $z_2(x,y)$ 和 $z_1(x,y)$ 均为 D_{xy} 上的连续函数. 此时区域 Ω 可以表示为

$$\Omega = \{(x,y,z) | (x,y) \in D_{xy}, z_1(x,y) \leqslant z \leqslant z_2(x,y)\},$$

从而

$$\iiint_{\Omega} f(x,y,z) \mathrm{d}x\mathrm{d}y\mathrm{d}z = \iint_{D_{xy}} \left[\int_{z_1(x,y)}^{z_2(x,y)} f(x,y,z) \mathrm{d}z \right] \mathrm{d}x\mathrm{d}y.$$

(2) 如果积分区域 Ω 可以表示为

$$\Omega = \{(x,y,z) | (x,y) \in D_z, a \leqslant z \leqslant b\},$$

其中 D_z 是过 $[a,b]$ 上任一点 z 且垂直于 z 轴的平面截 Ω 所得平面闭区域, 那么

$$\iiint_{\Omega} f(x,y,z) \mathrm{d}x\mathrm{d}y\mathrm{d}z = \int_a^b \mathrm{d}z \iint_{D_z} f(x,y,z) \mathrm{d}x\mathrm{d}y.$$

6. 利用柱面坐标计算三重积分: 如果投影区域 D_{xy} 可以表示为

$$D_{xy} = \{(\rho,\theta) | \alpha \leqslant \theta \leqslant \beta, \rho_1(\theta) \leqslant \rho \leqslant \rho_2(\theta)\},$$

利用平面上直角坐标和极坐标的转换 $\begin{cases} x = \rho\cos\theta, \\ y = \rho\sin\theta, \end{cases}$ 我们有

$$\iiint_{\Omega} f(x,y,z)\mathrm{d}x\mathrm{d}y\mathrm{d}z = \int_{\alpha}^{\beta} \mathrm{d}\theta \int_{\rho_1(\theta)}^{\rho_2(\theta)} \rho\mathrm{d}\rho \int_{z_1(\rho,\theta)}^{z_2(\rho,\theta)} f(\rho\cos\theta, \rho\sin\theta, z)\mathrm{d}z.$$

此时积分区域 Ω 可以写成

$$\Omega = \{(\rho,\theta,z) | \alpha \leqslant \theta \leqslant \beta, \rho_1(\theta) \leqslant \rho \leqslant \rho_2(\theta), z_1(\rho,\theta) \leqslant z \leqslant z_2(\rho,\theta)\}.$$

7. 利用球面坐标计算三重积分: 三重积分在球面坐标下的表达式为

$$\iiint_{\Omega} f(x,y,z)\mathrm{d}v = \iiint_{\Omega} F(\rho,\varphi,\theta) \rho^2 \sin\varphi \mathrm{d}\rho\mathrm{d}\varphi\mathrm{d}\theta,$$

其中 $F(\rho,\varphi,\theta) = f(\rho\sin\varphi\cos\theta, \rho\sin\varphi\sin\theta, \rho\cos\varphi)$. 若

$$\Omega = \{(\rho,\varphi,\theta) | \alpha \leqslant \theta \leqslant \beta, c \leqslant \varphi \leqslant d, \rho_1(\varphi,\theta) \leqslant \rho \leqslant \rho_2(\varphi,\theta)\},$$

则三重积分可以化为三次积分:

$$\iiint_{\Omega} f(x,y,z)\mathrm{d}v = \int_{\alpha}^{\beta} \mathrm{d}\theta \int_c^d \mathrm{d}\varphi \int_{\rho_1(\varphi,\theta)}^{\rho_2(\varphi,\theta)} F(\rho,\varphi,\theta) \rho^2 \sin\varphi \mathrm{d}\rho.$$

二、教学要求

1. 了解三重积分的定义、几何意义，会用三重积分表示物体的质量.
2. 熟练掌握直角坐标系下三重积分的计算.
3. 了解柱面坐标系，能将常见的区域用柱面坐标表示，熟练掌握柱面坐标系下三重积分的计算.
4. 了解球面坐标系，能将常见的区域用球面坐标表示，熟练掌握球面坐标系下三重积分的计算.

三、习题详解

【A 组题】

1. 化三重积分 $I = \iiint\limits_{\Omega} f(x,y,z)\mathrm{d}v$ 为三次积分，其中积分区域 Ω 分别如下：

(1) 由三个坐标面和平面 $3x+3y+z=3$ 所围成的闭区域；

(2) 由圆柱面 $x^2+y^2=4$ 和平面 $z=1,z=2$ 所围成的闭区域；

(3) 由旋转抛物面 $z=x^2+y^2$ 和平面 $z=1$ 所围成的闭区域；

(4) 由旋转抛物面 $z=x^2+y^2$ 和 $z=8-x^2-y^2$ 所围成的闭区域；

(5) 由上半球面 $x^2+y^2+z^2=4, z\geqslant 0$ 和锥面 $z=\sqrt{3(x^2+y^2)}$ 所围成的闭区域.

解 (1) 该空间区域在 xOy 平面的投影区域 D_{xy} 由直线 $x=0, y=0, 3x+3y=3$ 围成，可表示为
$$0 \leqslant x \leqslant 1, 0 \leqslant y \leqslant 1-x.$$

当 $(x,y) \in D_{xy}$ 时，$0 \leqslant z \leqslant 3-3x-3y$. 故
$$I = \int_0^1 \mathrm{d}x \int_0^{1-x} \mathrm{d}y \int_0^{3-3x-3y} f(x,y,z)\mathrm{d}z.$$

(2) 该空间区域在 xOy 平面的投影区域 D_{xy} 由圆 $x^2+y^2=4$ 围成，用极坐标表示为
$$0 \leqslant \theta \leqslant 2\pi, 0 \leqslant \rho \leqslant 2.$$

当 $(x,y) \in D_{xy}$ 时，$1 \leqslant z \leqslant 2$. 故
$$I = \int_0^{2\pi} \mathrm{d}\theta \int_0^2 \mathrm{d}\rho \int_1^2 \rho f(\rho\cos\theta, \rho\sin\theta, z)\mathrm{d}z.$$

(3) 联立 $z=x^2+y^2$ 和 $z=1$，可得该空间区域在 xOy 平面的投影区域 D_{xy} 由圆 $x^2+y^2=1$ 围成，用极坐标表示为
$$0 \leqslant \theta \leqslant 2\pi, 0 \leqslant \rho \leqslant 1.$$

当 $(x,y) \in D_{xy}$ 时，$1 \leqslant z \leqslant x^2+y^2=\rho^2$. 故
$$I = \int_0^{2\pi} \mathrm{d}\theta \int_0^1 \mathrm{d}\rho \int_1^{\rho^2} \rho f(\rho\cos\theta, \rho\sin\theta, z)\mathrm{d}z.$$

(4) 联立 $z=x^2+y^2$ 和 $z=8-x^2-y^2$,可得该空间区域在 xOy 平面的投影区域 D_{xy} 由圆 $x^2+y^2=4$ 围成,用极坐标表示为
$$0 \leqslant \theta \leqslant 2\pi, 0 \leqslant \rho \leqslant 2.$$
当 $(x,y) \in D_{xy}$ 时,$\rho^2 = x^2+y^2 \leqslant z \leqslant 8-x^2-y^2 = 8-\rho^2$. 故
$$I = \int_0^{2\pi} d\theta \int_0^2 d\rho \int_{\rho^2}^{8-\rho^2} \rho f(\rho\cos\theta, \rho\sin\theta, z) dz.$$

(5) 用球面坐标换元,联立两曲面方程得 $z^2=3$,而 $z=\rho\cos\varphi$,球面半径为 2,因此,交线上对应 $\varphi = \dfrac{\pi}{3}$. 从而该区域用球面坐标表示为
$$0 \leqslant \theta \leqslant 2\pi, 0 \leqslant \varphi \leqslant \frac{\pi}{3}, 0 \leqslant \rho \leqslant 2,$$
故
$$I = \int_0^{2\pi} d\theta \int_0^{\frac{\pi}{3}} d\varphi \int_0^2 f(\rho\sin\varphi\cos\theta, \rho\sin\varphi\sin\theta, \rho\cos\varphi) \rho^2 \sin\varphi d\rho.$$

2. 计算三重积分.

(1) $\iiint\limits_{\Omega} xy dv$,其中 Ω 是由三个坐标面与平面 $x+\dfrac{y}{2}+\dfrac{z}{3}=1$ 所围的闭区域;

(2) $\iiint\limits_{\Omega} x^2 y^2 dv$,其中 Ω 是由平面 $x=1, y=x, y=-x, z=0$ 与平面 $z=x$ 所围的闭区域;

(3) $\iiint\limits_{\Omega} (2x+y) dv$,其中 Ω 是由平面 $y=x, y=0, x=1, z=1$ 与曲面 $z=1+x^2+y^2$ 所围的闭区域;

(4) $\iiint\limits_{\Omega} z dx dy dz$,其中 Ω 是由球面 $x^2+y^2+z^2=4$ 与抛物面 $x^2+y^2=3z$ 所围的闭区域;

(5) $\iiint\limits_{\Omega} e^z dv$,其中 Ω 是由抛物面 $z=1+x^2+y^2$,柱面 $x^2+y^2=5$ 及 xOy 面所围的闭区域;

(6) $\iiint\limits_{\Omega} (x^3+xy^2) dv$,其中 Ω 是由抛物面 $z=1-x^2-y^2$ 与三个坐标面所围的第一卦限内的闭区域;

(7) $\iiint\limits_{\Omega} z\sqrt{x^2+y^2} dv$,其中 Ω 是由抛物面 $z=x^2+y^2$ 与平面 $z=1$ 所围的闭区域;

(8) $\iiint\limits_{\Omega} z^2 dv$,其中 Ω 是由椭球面 $x^2+y^2+2(z-1)^2=2$ 所围的闭区域;

(9) $\iiint\limits_{\Omega} z^2 dv$,其中 Ω 是由上半球面 $z=\sqrt{1-x^2-y^2}$ 与平面 $z=0$ 所围的闭区域;

(10) $\iiint\limits_{\Omega} (x^2+y^2+z^2) dv$,其中 $\Omega = \{(x,y,z) | x^2+y^2+z^2 \leqslant 1\}$;

(11) $\iiint\limits_{\Omega} \dfrac{1}{\sqrt{x^2+y^2+z^2}} dx dy dz$,其中 Ω 是由曲面 $z=\sqrt{x^2+y^2}$ 与平面 $z=1$ 所围的第一卦限内的闭区域;

(12) $\iiint\limits_{\Omega} \dfrac{x^2}{x^2+y^2}\mathrm{d}x\mathrm{d}y\mathrm{d}z$，其中 Ω 是由曲面 $z=\sqrt{36-x^2-y^2}$ 与 $z=\sqrt{\dfrac{x^2+y^2}{3}}$ 所围的闭区域．

解 (1) 该区域可表示为
$$0\leqslant x\leqslant 1,\ 0\leqslant y\leqslant 2-2x,\ 0\leqslant z\leqslant 3-3x-\dfrac{3}{2}y,$$
因此，
$$\text{原式}=\int_0^1\mathrm{d}x\int_0^{2-2x}\mathrm{d}y\int_0^{3-3x-\frac{3}{2}y}xy\mathrm{d}z=\dfrac{1}{10}.$$

(2) 该区域可表示为
$$0\leqslant x\leqslant 1,\ -x\leqslant y\leqslant x,\ 0\leqslant z\leqslant x,$$
因此，
$$\text{原式}=\int_0^1\mathrm{d}x\int_{-x}^{x}\mathrm{d}y\int_0^{x}x^2y^2\mathrm{d}z=\dfrac{2}{21}.$$

(3) 该区域可表示为
$$0\leqslant x\leqslant 1,\ 0\leqslant y\leqslant x,\ 1\leqslant z\leqslant 1+x^2+y^2,$$
因此，
$$\text{原式}=\int_0^1\mathrm{d}x\int_0^{x}\mathrm{d}y\int_1^{1+x^2+y^2}(2x+y)\mathrm{d}z=\dfrac{41}{60}.$$

(4) 联立两曲面方程，得到交线为 $z=1, x^2+y^2=3$．该区域用柱面坐标表示为
$$0\leqslant\theta\leqslant 2\pi,\ 0\leqslant\rho\leqslant\sqrt{3},\ \dfrac{1}{3}\rho^2\leqslant z\leqslant\sqrt{4-\rho^2},$$
因此，
$$\text{原式}=\int_0^{2\pi}\mathrm{d}\theta\int_0^{\sqrt{3}}\mathrm{d}\rho\int_{\frac{1}{3}\rho^2}^{\sqrt{4-\rho^2}}\rho z\mathrm{d}z=\dfrac{13\pi}{4}.$$

(5) 联立两曲面方程，得到交线为 $z=6, x^2+y^2=5$．该区域用柱面坐标表示为
$$0\leqslant\theta\leqslant 2\pi,\ 0\leqslant\rho\leqslant\sqrt{5},\ 0\leqslant z\leqslant 1+\rho^2,$$
因此，
$$\text{原式}=\int_0^{2\pi}\mathrm{d}\theta\int_0^{\sqrt{5}}\mathrm{d}\rho\int_0^{1+\rho^2}\rho\mathrm{e}^z\mathrm{d}z=\pi(\mathrm{e}^6-\mathrm{e}-5).$$

(6) 联立 $z=0$ 和 $z=1-x^2-y^2$，得到交线为 $z=0, x^2+y^2=1$．该区域用柱面坐标表示为
$$0\leqslant\theta\leqslant\dfrac{\pi}{2},\ 0\leqslant\rho\leqslant 1,\ 0\leqslant z\leqslant 1-\rho^2,$$
因此，
$$\text{原式}=\int_0^{\frac{\pi}{2}}\mathrm{d}\theta\int_0^1\mathrm{d}\rho\int_0^{1-\rho^2}\rho^4(\cos^3\theta+\cos\theta\sin^2\theta)\mathrm{d}z=\dfrac{2}{35}.$$

(7) 联立两曲面方程，得到交线为 $z=1, x^2+y^2=1$．该区域用柱面坐标表示为
$$0\leqslant\theta\leqslant 2\pi,\ 0\leqslant\rho\leqslant 1,\ \rho^2\leqslant z\leqslant 1,$$

因此,
$$原式 = \int_0^{2\pi} d\theta \int_0^1 d\rho \int_{\rho^2}^1 \rho^2 z dz = \frac{4\pi}{21}.$$

(8) Ω 在 xOy 平面的投影区域为 $x^2+y^2=2$,用柱面坐标表示为
$$0 \leqslant \theta \leqslant 2\pi,\ 0 \leqslant \rho \leqslant \sqrt{2},\ 1-\sqrt{1-\frac{1}{2}\rho^2} \leqslant z \leqslant 1+\sqrt{1-\frac{1}{2}\rho^2},$$
因此,
$$原式 = \int_0^{2\pi} d\theta \int_0^{\sqrt{2}} d\rho \int_{1-\sqrt{1-\frac{1}{2}\rho^2}}^{1+\sqrt{1-\frac{1}{2}\rho^2}} \rho z^2 dz = \frac{16\pi}{5}.$$

(9) Ω 用球面坐标表示为
$$0 \leqslant \theta \leqslant 2\pi,\ 0 \leqslant \varphi \leqslant \frac{\pi}{2},\ 0 \leqslant \rho \leqslant 1,$$
因此,
$$原式 = \int_0^{2\pi} d\theta \int_0^{\frac{\pi}{2}} d\varphi \int_0^1 \rho^2 \sin\varphi \cdot \rho^2 \cos^2\varphi d\rho = \frac{2\pi}{15}.$$

(10) Ω 用球面坐标表示为
$$0 \leqslant \theta \leqslant 2\pi,\ 0 \leqslant \varphi \leqslant \pi,\ 0 \leqslant \rho \leqslant 1,$$
因此,
$$原式 = \int_0^{2\pi} d\theta \int_0^{\pi} d\varphi \int_0^1 \rho^2 \sin\varphi \cdot \rho^2 d\rho = \frac{4\pi}{5}.$$

(11) 联立 $z=1$ 和 $z=\sqrt{x^2+y^2}$,得到交线为 $z=1, x^2+y^2=1$. 该区域用柱面坐标表示为
$$0 \leqslant \theta \leqslant \frac{\pi}{2},\ 0 \leqslant \rho \leqslant 1,\ \rho \leqslant z \leqslant 1,$$
因此,
$$原式 = \int_0^{\frac{\pi}{2}} d\theta \int_0^1 d\rho \int_{\rho}^1 \frac{\rho}{\sqrt{\rho^2+z^2}} dz = \frac{\pi(\sqrt{2}-1)}{4}.$$

(12) 联立两曲面的方程得到交线为 $z=3, x^2+y^2=27$. 该区域用柱面坐标表示为
$$0 \leqslant \theta \leqslant 2\pi,\ 0 \leqslant \rho \leqslant 3\sqrt{3},\ \frac{\sqrt{3}}{3}\rho \leqslant z \leqslant \sqrt{36-\rho^2},$$
因此,
$$原式 = \int_0^{2\pi} d\theta \int_0^{3\sqrt{3}} d\rho \int_{\frac{\sqrt{3}}{3}\rho}^{\sqrt{36-\rho^2}} \rho \cos^2\theta dz = 36\pi.$$

3. 计算三重积分.

(1) $\iiint\limits_{\Omega}(x^2-y^2+2z^2)dxdydz$,其中 $\Omega = \{(x,y,z)|x^2+y^2+z^2 \leqslant R^2\}$;

(2) $\iiint\limits_{\Omega} x^2 \sin x dxdydz$,其中 Ω 是由平面 $z=0, y+z=1$ 与柱面 $y=x^2$ 所围的闭区域.

解 (1) Ω 用球面坐标表示为
$$0 \leqslant \theta \leqslant 2\pi,\ 0 \leqslant \varphi \leqslant \pi,\ 0 \leqslant \rho \leqslant R.$$

由对称性,
$$\iiint_\Omega (x^2-y^2+2z^2)\mathrm{d}x\mathrm{d}y\mathrm{d}z = \iiint_\Omega (y^2-z^2+2x^2)\mathrm{d}x\mathrm{d}y\mathrm{d}z = \iiint_\Omega (z^2-x^2+2y^2)\mathrm{d}x\mathrm{d}y\mathrm{d}z.$$
因此,
$$\text{原式} = \iiint_\Omega \frac{1}{3}\left[(x^2-y^2+2z^2)+(y^2-z^2+2x^2)+(z^2-x^2+2y^2)\right]\mathrm{d}x\mathrm{d}y\mathrm{d}z$$
$$= \iiint_\Omega \frac{2}{3}(x^2+y^2+z^2)\mathrm{d}x\mathrm{d}y\mathrm{d}z = \int_0^{2\pi}\mathrm{d}\theta\int_0^{\pi}\mathrm{d}\varphi\int_0^R \rho^2\sin\varphi\cdot\frac{2}{3}\rho^2\mathrm{d}\rho = \frac{8\pi R^5}{15}.$$

(2) 注意到 $z=0$ 与 $z=1-y$ 相交于 xOy 平面的直线 $y=1$,因此 Ω 在 xOy 平面的投影区域由 $y=1$ 和 $y=x^2$ 围成. 因此,
$$-1\leqslant x\leqslant 1,\ x^2\leqslant y\leqslant 1,\ 0\leqslant z\leqslant 1-y,$$
该三重积分可表示为
$$\int_1^{-1}\mathrm{d}x\int_{x^2}^1\mathrm{d}y\int_0^{1-y}x^2\sin x\mathrm{d}z.$$
由于 $\int_{x^2}^1\mathrm{d}y\int_0^{1-y}x^2\sin x\mathrm{d}z$ 关于 x 是奇函数,因此,积分值为 0.

4. 转换不同坐标下的三次积分.

(1) 将 $\int_{-1}^1\mathrm{d}x\int_{-\sqrt{1-x^2}}^{\sqrt{1-x^2}}\mathrm{d}y\int_{x^2+y^2}^{2-x^2-y^2}x\mathrm{d}z$ 转化为柱面坐标系下的三次积分;

(2) 将 $\int_{-3}^3\mathrm{d}x\int_{-\sqrt{9-x^2}}^{\sqrt{9-x^2}}\mathrm{d}y\int_0^{\sqrt{9-x^2-y^2}}z\sqrt{x^2+y^2+z^2}\mathrm{d}z$ 转化为球面坐标系下的三次积分.

解 (1) 该区域在 xOy 平面的投影为 $-1\leqslant x\leqslant 1,-\sqrt{1-x^2}\leqslant y\leqslant\sqrt{1-x^2}$,即 $x^2+y^2\leqslant 1$. 因此,该区域用柱面坐标表示为
$$0\leqslant \theta\leqslant 2\pi,\ 0\leqslant \rho\leqslant 1,\ \rho^2\leqslant z\leqslant 2-\rho^2,$$
因此,
$$\text{原式} = \int_0^{2\pi}\mathrm{d}\theta\int_0^1\mathrm{d}\rho\int_{\rho^2}^{2-\rho^2}\rho^2\cos\theta\mathrm{d}z.$$

(2) 该三次积分对应的区域 Ω 是上半球 $x^2+y^2+z^2\leqslant 9$,用球面坐标表示为
$$0\leqslant \theta\leqslant 2\pi,\ 0\leqslant \varphi\leqslant \frac{\pi}{2},\ 0\leqslant \rho\leqslant 3.$$
因此,
$$\text{原式} = \int_0^{2\pi}\mathrm{d}\theta\int_0^{\frac{\pi}{2}}\mathrm{d}\varphi\int_0^3\rho^4\sin\varphi\cos\varphi\mathrm{d}\rho.$$

【B 组题】

1. 填空选择题.

(1) $\iiint_\Omega [3+\mathrm{e}^{x^3}\tan(x^2y^3)]\mathrm{d}x\mathrm{d}y\mathrm{d}z = $ _____,其中 $\Omega = \{(x,y,z)|0\leqslant z\leqslant 1,x^2+y^2\leqslant 1\}$.

(2) 设 Ω 为 $x^2+y^2+z^2 \leqslant 1$ 围成的空间区域, 则 $\iiint\limits_{\Omega} \sqrt{x^2+y^2+z^2}\,\mathrm{d}v = (\quad)$.

A. $\iiint\limits_{\Omega} \mathrm{d}x\mathrm{d}y\mathrm{d}z$ 　　　B. $\int_0^{2\pi} \mathrm{d}\theta \int_0^{\pi} \mathrm{d}\varphi \int_0^1 \rho^3 \sin\varphi\, \mathrm{d}\rho$

C. $\int_0^{2\pi} \mathrm{d}\theta \int_0^{\pi} \mathrm{d}\varphi \int_0^1 \rho^3 \sin\theta\, \mathrm{d}\rho$ 　　　D. $\int_0^{2\pi} \mathrm{d}\theta \int_0^{2\pi} \mathrm{d}\varphi \int_0^1 \rho^3 \sin\varphi\, \mathrm{d}\rho$

(3) 设 Ω 是上半球面 $x^2+y^2+z^2 \leqslant 1, z \geqslant 0$, Ω_1 是 Ω 在第一卦限的部分, 则正确的是 ( ).

A. $\iiint\limits_{\Omega} x\,\mathrm{d}v = 4\iiint\limits_{\Omega_1} x\,\mathrm{d}v$ 　　　B. $\iiint\limits_{\Omega} y\,\mathrm{d}v = 4\iiint\limits_{\Omega_1} y\,\mathrm{d}v$

C. $\iiint\limits_{\Omega} z\,\mathrm{d}v = 4\iiint\limits_{\Omega_1} z\,\mathrm{d}v$ 　　　D. $\iiint\limits_{\Omega} xyz\,\mathrm{d}v = 4\iiint\limits_{\Omega_1} xyz\,\mathrm{d}v$

(4) 设函数 $f(t)$ 连续, 且 $f(0)=0$, $F(t)=\iiint\limits_{\Omega_t}[z^2+f(\sqrt{x^2+y^2})]\mathrm{d}x\mathrm{d}y\mathrm{d}z$, 其中

$$\Omega_t = \{(x,y,z) | x^2+y^2 \leqslant t^2, 0 \leqslant z \leqslant 1\},$$

则 $\lim\limits_{t \to 0^+} \dfrac{F(t)}{t^2} = \underline{\quad\quad}$.

解 (1) 3π. 积分区域 Ω 是底面半径为 1, 高为 1 的圆柱体, 体积为 π, 因此,

$$\iiint\limits_{\Omega} 3\,\mathrm{d}x\mathrm{d}y\mathrm{d}z = 3\pi.$$

该区域关于 xOz 平面对称, $\mathrm{e}^{x^3}\tan(x^2 y^3)$ 关于 y 是奇函数, 因此

$$\iiint\limits_{\Omega} \mathrm{e}^{x^3}\tan(x^2 y^3)\mathrm{d}x\mathrm{d}y\mathrm{d}z = 0.$$

(2) B. 直接利用球面坐标计算即可.

(3) C. 积分区域既关于 yOz 平面对称, 也关于 zOx 平面对称, 所以只要被积函数关于 x 和 y 都是偶函数, 则 Ω 上的三重积分就是 Ω_1 上积分的 4 倍.

(4) $\dfrac{\pi}{3}$. 利用柱面坐标表示 $F(t)$, 并先对 θ 积分,

$$F(t) = \int_0^{2\pi} \mathrm{d}\theta \int_0^t \mathrm{d}\rho \int_0^1 \rho(z^2+f(\rho))\mathrm{d}z = 2\pi \int_0^t \mathrm{d}\rho \int_0^1 \rho(z^2+f(\rho))\mathrm{d}z.$$

利用积分上限函数求导公式,

$$F'(t) = 2\pi \int_0^1 t(z^2+f(t))\mathrm{d}z = 2\pi\left(\frac{1}{3}t + tf(t)\right).$$

由洛必达法则,

$$\lim_{t \to 0^+} \frac{F(t)}{t^2} = \lim_{t \to 0^+} \frac{2\pi\left(\frac{1}{3}t + tf(t)\right)}{2t} = \lim_{t \to 0^+} \pi\left(\frac{1}{3}+f(t)\right) = \frac{\pi}{3}.$$

2. 计算三重积分.

(1) $\iiint\limits_{\Omega}(x^2+y^2)\mathrm{d}x\mathrm{d}y\mathrm{d}z$, 其中 Ω 是由平面曲线 $\begin{cases} y^2=2z, \\ x=0 \end{cases}$ 绕 z 轴旋转一周而成的曲面与平面 $z=2, z=8$ 所围区域;

(2) $\iiint\limits_{\Omega}(x^2+y^2+z^2)\mathrm{d}x\mathrm{d}y\mathrm{d}z$，其中 Ω 是由椭球面 $\dfrac{x^2}{a^2}+\dfrac{y^2}{b^2}+\dfrac{z^2}{c^2}=1$ 所围的闭区域；

(3) $\iiint\limits_{\Omega}(x+y+z)\mathrm{d}x\mathrm{d}y\mathrm{d}z$，其中 Ω 是由平面 $\dfrac{x}{a}+\dfrac{y}{b}+\dfrac{z}{c}=1$ 与三坐标面所围的第一卦限内的闭区域；

(4) $\iiint\limits_{\Omega}(x+y+z)\mathrm{d}x\mathrm{d}y\mathrm{d}z$，其中 Ω 是由球面 $x^2+y^2+z^2=4$ 与抛物面 $x^2+y^2=3z$ 所围的闭区域；

(5) $\iiint\limits_{\Omega}z\sqrt{1-x^2}\mathrm{d}v$，其中 Ω 是由曲面 $z=-\sqrt{1-x^2-y^2}, x^2+y^2=1$ 与平面 $z=1$ 所围的闭区域；

(6) $\iiint\limits_{\Omega}xy^2z\mathrm{d}x\mathrm{d}y\mathrm{d}z$，其中 Ω 是由曲面 $z=xy$ 与平面 $y=x, x=1, z=0$ 所围的闭区域；

(7) $\iiint\limits_{\Omega}\sqrt{1-\dfrac{x^2}{a^2}-\dfrac{y^2}{b^2}-\dfrac{z^2}{c^2}}\mathrm{d}x\mathrm{d}y\mathrm{d}z$，其中 Ω 是由曲面 $\dfrac{x^2}{a^2}+\dfrac{y^2}{b^2}+\dfrac{z^2}{c^2}=1$ 所围的闭区域.

解 (1) 区域 Ω 在 z 轴的投影区间是 $[2,8]$，在 $(0,0,z)$ 处垂直于 z 轴的截面为 D_z：$x^2+y^2 \leqslant 2z$，因此该区域表示为
$$2 \leqslant z \leqslant 8,\ 0 \leqslant \theta \leqslant 2\pi,\ 0 \leqslant \rho \leqslant \sqrt{2z}.$$
因此，
$$\text{原式} = \int_2^8 \mathrm{d}z \int_0^{2\pi} \mathrm{d}\theta \int_0^{\sqrt{2z}} \rho^3 \mathrm{d}\rho = 336\pi.$$

(2) 由对称性，该积分应等于 Ω 在第一卦限的部分 Ω_1 上的积分的 8 倍. Ω_1 可以表示为
$$0 \leqslant z \leqslant c, (x,y) \in D_z = \left\{(x,y)\ \bigg|\ \dfrac{x^2}{a^2\left(1-\dfrac{z^2}{c^2}\right)} + \dfrac{y^2}{b^2\left(1-\dfrac{z^2}{c^2}\right)} \leqslant 1\right\},$$
而 D_z 可以用广义极坐标变换，$x=a\sqrt{1-\dfrac{z^2}{c^2}}r\cos\theta,\ y=b\sqrt{1-\dfrac{z^2}{c^2}}r\sin\theta,\ z=ab\left(1-\dfrac{z^2}{c^2}\right)r$，因此，
$$\text{原式} = 8\int_0^c \mathrm{d}z \int_0^1 \mathrm{d}r \int_0^{\frac{\pi}{2}} ab\left(1-\dfrac{z^2}{c^2}\right)r\left[r^2\left(1-\dfrac{z^2}{c^2}\right)(a^2\cos^2\theta+b^2\sin^2\theta)+z^2\right]\mathrm{d}\theta$$
$$= 2\int_0^c \mathrm{d}z \int_0^1 \pi\left[ab\left(1-\dfrac{z^2}{c^2}\right)^2 r^3(a^2+b^2) + 2ab\left(1-\dfrac{z^2}{c^2}\right)rz^2\right]\mathrm{d}r$$
$$= 2\int_0^c \pi\left[\dfrac{1}{4}ab\left(1-\dfrac{z^2}{c^2}\right)^2(a^2+b^2) + ab\left(1-\dfrac{z^2}{c^2}\right)z^2\right]\mathrm{d}z$$
$$= \dfrac{4\pi abc(a^2+b^2+c^2)}{15}.$$

(3) Ω 可表示为
$$0 \leqslant x \leqslant a,\ 0 \leqslant y \leqslant b-\dfrac{b}{a}x,\ 0 \leqslant z \leqslant c-\dfrac{c}{a}x-\dfrac{c}{b}y.$$

于是,
$$原式 = \int_0^a dx \int_0^{b-\frac{b}{a}x} dy \int_0^{c-\frac{c}{a}x-\frac{c}{b}y} (x+y+z)dz = \frac{abc}{24}(a+b+c).$$

(4) 注意到该区域关于 xOz 平面对称, 也关于 yOz 平面对称, 因此,
$$\iiint_\Omega (x+y)dxdydz = 0.$$
联立 $x^2+y^2+z^2=4$ 与 $x^2+y^2=3z$, 得到交线为 $z=1, x^2+y^2=3$. 该区域用柱面坐标表示为
$$0 \leqslant \theta \leqslant 2\pi, \ 0 \leqslant \rho \leqslant \sqrt{3}, \ \frac{1}{3}\rho^2 \leqslant z \leqslant \sqrt{4-\rho^2},$$
因此,
$$原式 = \int_0^{2\pi} d\theta \int_0^{\sqrt{3}} d\rho \int_{\frac{1}{3}\rho^2}^{\sqrt{4-\rho^2}} \rho z dz = \frac{13\pi}{4}.$$

(5) 注意到该区域关于 xOz 平面对称, 也关于 yOz 平面对称, $z\sqrt{1-x^2}$ 关于 x 和 y 都是偶函数, 因此, 原积分等于在第一卦限部分 Ω_1 上积分的 4 倍, 而 Ω_1 可表示为
$$0 \leqslant x \leqslant 1, \ 0 \leqslant y \leqslant \sqrt{1-x^2}, \ -\sqrt{1-x^2-y^2} \leqslant z \leqslant 1.$$
于是,
$$原式 = 4\int_0^1 dx \int_0^{\sqrt{1-x^2}} dy \int_{-\sqrt{1-x^2-y^2}}^1 z\sqrt{1-x^2} dz = \frac{28}{45}.$$

(6) 由于 $z=xy$ 和 $z=0$ 交于 xOy 平面的两条直线 $x=0$ 和 $y=0$, 因此, Ω 在 xOy 平面的投影区域由直线 $y=x, y=0, x=1$ 围成. 于是, Ω 可表示为
$$0 \leqslant x \leqslant 1, \ 0 \leqslant y \leqslant x, \ 0 \leqslant z \leqslant xy,$$
进而
$$原式 = \int_0^1 dx \int_0^x dy \int_0^{xy} xy^2 z dz = \frac{1}{90}.$$

(7) 令 $x=ar\sin\varphi\cos\theta, y=br\sin\varphi\sin\theta, z=cr\cos\varphi$, 则 $J=abcr^2\sin\varphi$,
$$0 \leqslant \theta \leqslant 2\pi, \ 0 \leqslant \varphi \leqslant \pi, \ 0 \leqslant r \leqslant 1,$$
于是,
$$原式 = \int_0^{2\pi} d\theta \int_0^\pi d\varphi \int_0^1 abcr^2\sin\varphi\sqrt{1-r^2}dr = \frac{\pi^2 abc}{4}.$$

3. 计算立体的体积.

(1) 计算曲面 $x^2+y^2+z^2=4$ 和 $z=\sqrt{x^2+y^2}$ 及 xOy 平面所围的立体体积;

(2) 计算球体 $x^2+y^2+z^2 \leqslant R^2$ 和 $x^2+y^2+z^2 \leqslant 2Rz$ 重合部分的立体体积;

(3) 计算椭球体 $\dfrac{x^2}{a^2}+\dfrac{y^2}{b^2}+\dfrac{z^2}{c^2} \leqslant 1$ 的体积.

解 (1) 记该立体所占空间区域为 Ω. 联立 $x^2+y^2+z^2=4$ 和 $z=\sqrt{x^2+y^2}$, 得到它们的交线为 $z=\sqrt{2}, x^2+y^2=2$. 于是, Ω 在 z 轴的投影为 $[0,\sqrt{2}]$. 在 $(0,0,z)$ 处, Ω 垂直于 z 轴的截面为 $D_z: z^2 \leqslant x^2+y^2 \leqslant 4-z^2$, 面积为 $\pi(4-2z^2)$. 于是, 所求体积为
$$V = \iiint_\Omega d\sigma = \int_0^{\sqrt{2}} dz \iint_{D_z} dxdy = \int_0^{\sqrt{2}} \pi(4-2z^2)dz = \frac{8\sqrt{2}}{3}\pi.$$

(2) 联立 $x^2+y^2+z^2 \leqslant R^2$ 和 $x^2+y^2+z^2 \leqslant 2Rz$,得到它们的交线为 $z=\dfrac{R}{2}$, $x^2+y^2=\dfrac{3}{4}R^2$. 该区域用柱面坐标表示为
$$0 \leqslant \theta \leqslant 2\pi, \ 0 \leqslant \rho \leqslant \dfrac{\sqrt{3}}{2}R, \ R-\sqrt{R^2-\rho^2} \leqslant z \leqslant \sqrt{R^2-\rho^2},$$
于是,所求体积为
$$\int_0^{2\pi} d\theta \int_0^{\frac{\sqrt{3}}{2}R} d\rho \int_{R-\sqrt{R^2-\rho^2}}^{\sqrt{R^2-\rho^2}} dz = \dfrac{5\pi R^3}{12}.$$

(3) 由对称性,该几何体的体积等于其在第一卦限的部分 Ω_1 的体积的 8 倍. Ω_1 可以表示为
$$0 \leqslant z \leqslant c, \ (x,y) \in D_z = \left\{ (x,y) \middle| \dfrac{x^2}{a^2\left(1-\dfrac{z^2}{c^2}\right)} + \dfrac{y^2}{b^2\left(1-\dfrac{z^2}{c^2}\right)} \leqslant 1 \right\},$$

D_z 可以用广义极坐标变换, $x=a\sqrt{1-\dfrac{z^2}{c^2}}r\cos\theta$, $y=b\sqrt{1-\dfrac{z^2}{c^2}}r\sin\theta$, $z=ab\left(1-\dfrac{z^2}{c^2}\right)r$, 因此,
$$V = 8\int_0^c dz \int_0^1 dr \int_0^{\frac{\pi}{2}} ab\left(1-\dfrac{z^2}{c^2}\right)r d\theta = \dfrac{4\pi abc}{3}.$$

§9.4 重积分的应用

一、内容提要

1. 空间曲面的面积:设空间曲面 S 的方程为
$$z=f(x,y), \ (x,y) \in D,$$
则它的面积为
$$S = \iint\limits_D \sqrt{1+f_x^2(x,y)+f_y^2(x,y)}\, d\sigma.$$

2. 质心:

(1) 对于占有平面区域 D 的薄片,若其面密度为连续函数 $\rho(x,y)$,则其质量为
$$M = \iint\limits_D \rho(x,y)\, dx\, dy.$$
该平面薄片的质心
$$\overline{x} = \dfrac{M_y}{M} = \dfrac{1}{M}\iint\limits_D x\rho(x,y)\, d\sigma, \ \overline{y} = \dfrac{M_x}{M} = \dfrac{1}{M}\iint\limits_D y\rho(x,y)\, d\sigma.$$

对于占有空间区域 Ω 的物体, 若其体密度为连续函数 $\mu(x,y,z)$, 则其质量为
$$M = \iiint\limits_{\Omega} \mu(x,y,z)\mathrm{d}x\mathrm{d}y\mathrm{d}z.$$
该物体的质心坐标为
$$\bar{x} = \frac{1}{M}\iiint\limits_{\Omega} x\mu(x,y,z)\mathrm{d}v, \quad \bar{y} = \frac{1}{M}\iiint\limits_{\Omega} y\mu(x,y,z)\mathrm{d}v, \quad \bar{z} = \frac{1}{M}\iiint\limits_{\Omega} z\mu(x,y,z)\mathrm{d}v.$$

3. 转动惯量:

(1) 对于占有平面区域 D 的薄片, 若其面密度为连续函数 $\mu(x,y)$, 则其对两个坐标轴的转动惯量为
$$I_x = \iint\limits_{D} y^2\mu(x,y)\mathrm{d}\sigma, \quad I_y = \iint\limits_{D} x^2\mu(x,y)\mathrm{d}\sigma, \quad I_O = \iint\limits_{D} (x^2+y^2)\mu(x,y)\mathrm{d}\sigma.$$

(2) 若一空间物体占有空间闭区域 Ω, 在点 (x,y,z) 处的密度为连续函数 $\mu(x,y,z)$, 则该物体对于三个坐标轴及原点的转动惯量分别为
$$I_x = \iiint\limits_{\Omega} (y^2+z^2)\mu(x,y,z)\mathrm{d}v, \quad I_y = \iiint\limits_{\Omega} (z^2+x^2)\mu(x,y,z)\mathrm{d}v,$$
$$I_z = \iiint\limits_{\Omega} (x^2+y^2)\mu(x,y,z)\mathrm{d}v, \quad I_O = \iiint\limits_{\Omega} (x^2+y^2+z^2)\mu(x,y,z)\mathrm{d}v.$$

4. 引力: 设一空间物体占有空间有界闭区域 Ω, 其密度为 Ω 上的非负连续函数 $\mu(x,y,z)$, 立体外有一质量为 m 的质点 $A(x_0,y_0,z_0)$, 该物体对质点 A 的引力 $\boldsymbol{F} = (F_x, F_y, F_z)$, 则
$$F_x = \iiint\limits_{\Omega} mG\frac{\mu(x,y,z)(x-x_0)}{r^3}\mathrm{d}v,$$
$$F_y = \iiint\limits_{\Omega} mG\frac{\mu(x,y,z)(y-y_0)}{r^3}\mathrm{d}v,$$
$$F_z = \iiint\limits_{\Omega} mG\frac{\mu(x,y,z)(z-z_0)}{r^3}\mathrm{d}v.$$

二、教学要求

1. 理解用重积分表示几何量和物理量的思想.
2. 会用二重积分计算给定曲面的面积.
3. 会用重积分计算平面物体、空间物体的质心、对坐标轴和对原点的转动惯量、对物体的引力.

三、习题详解

1. 计算锥面 $2z = \sqrt{x^2+y^2}$ 介于平面 $z=1$ 和 $z=2$ 之间的部分的面积.

解 先计算
$$dS = \sqrt{1+z_x^2+z_y^2} = \frac{\sqrt{5}}{2}.$$

该锥面在 xOy 平面的投影区域是 $D: 4 \leqslant x^2+y^2 \leqslant 16$, 故
$$S = \iint_D dS = \iint_D \frac{\sqrt{5}}{2} dxdy = 6\sqrt{5}\pi.$$

2. 计算曲面 $z = xy$ 包含在柱面 $x^2+y^2 = 1$ 内的部分的面积.

解 先计算
$$dS = \sqrt{1+z_x^2+z_y^2} = \sqrt{1+x^2+y^2} dxdy.$$

该锥面在 xOy 平面的投影区域是 $D: x^2+y^2 \leqslant 1$, 故
$$S = \iint_D dS = \int_0^{2\pi} d\theta \int_0^1 \rho\sqrt{1+\rho^2} d\rho = \frac{2\pi}{3}(2\sqrt{2}-1).$$

3. 求抛物面 $z = 1-x^2-y^2$ 与平面 $z=0$ 所围的密度均匀的物体质心.

解 由对称性,该物体的质心在 z 轴上. 该物体所占区域 Ω 用柱面坐标表示为
$$0 \leqslant \theta \leqslant 2\pi, \ 0 \leqslant \rho \leqslant 1, \ 0 \leqslant z \leqslant 1-\rho^2,$$
则
$$\bar{z} = \frac{\iiint_\Omega z dv}{\iiint_\Omega dv} = \frac{\int_0^{2\pi} d\theta \int_0^1 d\rho \int_0^{1-\rho^2} \rho z dz}{\int_0^{2\pi} d\theta \int_0^1 \rho d\rho \int_0^{1-\rho^2} dz} = \frac{\frac{1}{6}\pi}{\frac{1}{2}\pi} = \frac{1}{3}.$$

因此,质心坐标为 $\left(0, 0, \dfrac{1}{3}\right)$.

4. 计算 $z = \sqrt{x^2+y^2}$,柱面 $x^2+y^2 = 4$ 及平面 $z=0$ 所围立体的形心.

解 由对称性,该物体的形心在 z 轴上. 该物体所占区域 Ω 用柱面坐标表示为
$$0 \leqslant \theta \leqslant 2\pi, \ 0 \leqslant \rho \leqslant 2, \ 0 \leqslant z \leqslant \rho,$$
则
$$\bar{z} = \frac{\iiint_\Omega z dv}{\iiint_\Omega dv} = \frac{\int_0^{2\pi} d\theta \int_0^2 d\rho \int_0^\rho \rho z dz}{\int_0^{2\pi} d\theta \int_0^2 d\rho \int_0^\rho \rho dz} = \frac{4\pi}{\frac{16}{3}\pi} = \frac{3}{4}.$$

因此,质心坐标为 $\left(0, 0, \dfrac{3}{4}\right)$.

5. 设一物体占有的闭区域 Ω 由平面 $x=0, y=0, z=0$ 和 $x+y+z=1$ 所围成,密度函数 $\rho(x,y,z) = y$,求物体的体积、质心和转动惯量.

解 该物体所占区域 Ω 可表示为
$$0 \leqslant x \leqslant 1,\ 0 \leqslant y \leqslant 1-x,\ 0 \leqslant z \leqslant 1-x-y.$$

该物体体积为
$$V = \iiint\limits_{\Omega} \mathrm{d}v = \int_0^1 \mathrm{d}x \int_0^{1-x} \mathrm{d}y \int_0^{1-x-y} \mathrm{d}z = \frac{1}{6}.$$

质量为
$$m = \iiint\limits_{\Omega} y\mathrm{d}v = \int_0^1 \mathrm{d}x \int_0^{1-x} \mathrm{d}y \int_0^{1-x-y} y\mathrm{d}z = \frac{1}{24}.$$

质心坐标:
$$\bar{x} = \frac{1}{m}\iiint\limits_{\Omega} xy\mathrm{d}v = \int_0^1 \mathrm{d}x \int_0^{1-x} \mathrm{d}y \int_0^{1-x-y} xy\mathrm{d}z = \frac{1}{5},$$

$$\bar{y} = \frac{1}{m}\iiint\limits_{\Omega} y^2\mathrm{d}v = \int_0^1 \mathrm{d}x \int_0^{1-x} \mathrm{d}y \int_0^{1-x-y} y^2\mathrm{d}z = \frac{2}{5},$$

$$\bar{z} = \frac{1}{m}\iiint\limits_{\Omega} zy\mathrm{d}v = \int_0^1 \mathrm{d}x \int_0^{1-x} \mathrm{d}y \int_0^{1-x-y} zy\mathrm{d}z = \frac{1}{5}.$$

对三个坐标轴的转动惯量为
$$I_x = \iiint\limits_{\Omega} (z^2+y^2)y\mathrm{d}v = \int_0^1 \mathrm{d}x \int_0^{1-x} \mathrm{d}y \int_0^{1-x-y} (z^2+y^2)y\mathrm{d}z = \frac{1}{90},$$

$$I_y = \iiint\limits_{\Omega} (z^2+x^2)y\mathrm{d}v = \int_0^1 \mathrm{d}x \int_0^{1-x} \mathrm{d}y \int_0^{1-x-y} (x^2+z^2)y\mathrm{d}z = \frac{1}{180},$$

$$I_z = \iiint\limits_{\Omega} (x^2+y^2)y\mathrm{d}v = \int_0^1 \mathrm{d}x \int_0^{1-x} \mathrm{d}y \int_0^{1-x-y} (x^2+y^2)y\mathrm{d}z = \frac{1}{90},$$

对原点的转动惯量为
$$I_O = \frac{1}{2}(I_x+I_y+I_z) = \frac{1}{72}.$$

6. 计算由曲面 $z = \sqrt{x^2+y^2}$ 和 $z = 1+\sqrt{1-x^2-y^2}$ 所围成的密度为 1 的立体对 z 轴的转动惯量.

解 联立 $z = \sqrt{x^2+y^2}$ 和 $z = 1+\sqrt{1-x^2-y^2}$,得到其交线为 $z = 1, x^2+y^2 = 1$,则该区域用柱面坐标表示为
$$0 \leqslant \theta \leqslant 2\pi,\ 0 \leqslant \rho \leqslant 1,\ \rho \leqslant z \leqslant 1+\sqrt{1-\rho^2}.$$

故转动惯量
$$I_z = \iiint\limits_{\Omega} (x^2+y^2)\mathrm{d}v = \int_0^{2\pi}\mathrm{d}\theta \int_0^1 \mathrm{d}\rho \int_{\rho}^{1+\sqrt{1-\rho^2}} \rho^3 \mathrm{d}z = \frac{11}{30}\pi.$$

7. 计算均匀薄片 $x^2+y^2\leqslant R^2(z=0)$ 对 z 轴上一点 $(0,0,a)(a>0)$ 处的单位质点的引力.

解 由对称性, 引力方向指向 z 轴负半轴, 即 $F_x=F_y=0$,
$$F_z=\iint_D \frac{G\mu}{(x^2+y^2+a^2)^{\frac{3}{2}}}\mathrm{d}\sigma=\int_0^{2\pi}\mathrm{d}\theta\int_0^R \frac{G\mu\rho}{(\rho^2+a^2)^{\frac{3}{2}}}\mathrm{d}\rho=-2\pi G\mu\left(\frac{1}{a}-\frac{1}{\sqrt{a^2+R^2}}\right).$$

8. 设半径为 R 的球体具有均匀密度 ρ, 它占有空间闭区域
$$\Omega=\{(x,y,z)|x^2+y^2+z^2\leqslant R^2\},$$
求该球体对于 z 轴上一点 $(0,0,a)\,(a>R)$ 处的单位质点的引力.

解 由对称性, 引力方向指向 z 轴负半轴, 即 $F_x=F_y=0$,
$$F_z=\iiint_\Omega \frac{G\rho(z-a)}{[x^2+y^2+(z-a)^2]^{\frac{3}{2}}}\mathrm{d}v=\int_0^{2\pi}\mathrm{d}\theta\int_0^R \mathrm{d}r\int_{-\sqrt{R^2-r^2}}^{\sqrt{R^2-r^2}} \frac{G\rho r(z-a)}{[r^2+(z-a)^2]^{\frac{3}{2}}}\mathrm{d}z=\frac{4\pi R^3 G\rho}{3a^2}.$$

§9.5 含参变量的积分

一、内容提要

1. 含参变量的积分的连续性: 若函数 $f(x,y)$ 在矩形区域 $D=[a,b]\times[c,d]$ 上连续, 那么函数
$$A(x)=\int_c^d f(x,y)\mathrm{d}y$$
在区间 $[a,b]$ 上连续.

2. 含参变量的积分的可微性: 若函数 $f(x,y)$ 与其偏导数 $f_x(x,y)$ 都在矩形区域 $D=[a,b]\times[c,d]$ 上连续, 则
$$A(x)=\int_c^d f(x,y)\mathrm{d}y$$
在 $[a,b]$ 上可微分, 并且
$$A'(x)=\frac{\mathrm{d}}{\mathrm{d}x}\int_c^d f(x,y)\mathrm{d}y=\int_c^d f_x(x,y)\mathrm{d}y.$$

3. 莱布尼茨公式: 若函数 $f(x,y)$ 与其偏导数 $f_x(x,y)$ 都在矩形区域 $D=[a,b]\times[c,d]$ 上连续, $\varphi_1(x)$ 和 $\varphi_2(x)$ 是 $[a,b]$ 上的可微函数, 则
$$\varphi(x)=\int_{\varphi_1(x)}^{\varphi_2(x)} f(x,y)\mathrm{d}y$$
在 $[a,b]$ 上可微分, 并且
$$\varphi'(x)=\frac{\mathrm{d}}{\mathrm{d}x}\int_{\varphi_1(x)}^{\varphi_2(x)} f(x,y)\mathrm{d}y$$
$$=\int_{\varphi_1(x)}^{\varphi_2(x)} f_x(x,y)\mathrm{d}y+f(x,\varphi_2(x))\varphi_2'(x)-f(x,\varphi_1(x))\varphi_1'(x).$$

二、教学要求

1. 了解含参变量积分的概念.
2. 了解含参变量积分的连续性和可微性.
3. 利用莱布尼茨公式计算含参变量积分的导数.

三、习题详解

1. 计算下列极限.

(1) $\lim\limits_{x\to 0}\int_{-1}^{1}\dfrac{1}{1+x^2+y^2}\mathrm{d}y$; (2) $\lim\limits_{x\to 0}\int_{-1+x}^{1+x}\sqrt{x^2+y^2}\mathrm{d}y$.

解 (1) 由于函数 $\dfrac{1}{1+x^2+y^2}$ 在 $[-1,1]\times[-1,1]$ 上连续, 因此

$$F(x)=\int_{-1}^{1}\dfrac{1}{1+x^2+y^2}\mathrm{d}y$$

在 $[-1,1]$ 上连续, 于是

$$\lim\limits_{x\to 0}\int_{-1}^{1}\dfrac{1}{1+x^2+y^2}\mathrm{d}y=\int_{-1}^{1}\dfrac{1}{1+y^2}\mathrm{d}y=[\arctan y]_{-1}^{1}=\dfrac{\pi}{2}.$$

(2) 由于 $\sqrt{x^2+y^2}$ 在 $\mathbf{R}^2$ 上连续, $-1+x$ 和 $1+x$ 在 $\mathbf{R}$ 上连续, 因此, $\int_{-1+x}^{1+x}\sqrt{x^2+y^2}\mathrm{d}y$ 是关于 x 的连续函数, 进而

$$\lim\limits_{x\to 0}\int_{-1+x}^{1+x}\sqrt{x^2+y^2}\mathrm{d}y=\int_{-1}^{1}|y|\mathrm{d}y=1.$$

2. 求下列函数的导数.

(1) $\varphi(x)=\int_{x}^{2x}\mathrm{e}^{-xy^2}\mathrm{d}y$; (2) $\varphi(x)=\int_{0}^{x}\dfrac{\ln(1+2xy)}{y}\mathrm{d}y$.

解 (1) 根据求导公式,

$$\varphi'(x)=\int_{x}^{2x}\dfrac{\partial}{\partial x}\mathrm{e}^{-xy^2}\mathrm{d}y+2\mathrm{e}^{-x(2x)^2}-\mathrm{e}^{-x\cdot x^2}=-\int_{x}^{2x}y^2\mathrm{e}^{-xy^2}\mathrm{d}y+2\mathrm{e}^{-4x^3}-\mathrm{e}^{-x^3}.$$

(2) 根据求导公式,

$$\varphi'(x)=\int_{0}^{x}\dfrac{\partial}{\partial x}\dfrac{\ln(1+2xy)}{y}\mathrm{d}y+\dfrac{\ln(1+2x^2)}{x}=\dfrac{2\ln(1+2x^2)}{x}.$$

第 10 章　曲线积分和曲面积分

§10.1　向　量　场

一、内容提要

1. 设 D 是 $\mathbf{R}^2$ 中的一个非空子集,称映射 $F:D \to \mathbf{R}^2$ 为定义在 D 上的向量场,通常记为
$$F(x,y) = P(x,y)\boldsymbol{i} + Q(x,y)\boldsymbol{j} = (P(x,y), Q(x,y)),$$
简记为
$$F = P\boldsymbol{i} + Q\boldsymbol{j}.$$

2. 设 E 是 $\mathbf{R}^3$ 中的一个非空子集,称映射 $F:E \to \mathbf{R}^3$ 为定义在 E 上的向量场,通常记为
$$F(x,y,z) = P(x,y,z)\boldsymbol{i} + Q(x,y,z)\boldsymbol{j} + R(x,y,z)\boldsymbol{k}.$$

3. $F(x,y,z)$ 连续指的是其分量函数 P, Q, R 连续.

4. 对于一个可微的二元函数 $f(x,y)$,在每一点 (x_0,y_0) 处都有一个特殊的方向 $(f_x(x_0,y_0), f_y(x_0,y_0))$,沿着该方向的方向导数达到最大值. 我们称向量 $(f_x(x_0,y_0), f_y(x_0,y_0))$ 为函数 $f(x,y)$ 在点 (x_0,y_0) 处的**梯度**,记作 $\mathbf{grad}\, f(x_0,y_0)$ 或者 $\nabla f(x_0,y_0)$. 当 (x_0,y_0) 变动时,这个特殊的方向就形成了 $\mathbf{R}^2$ 中的一个向量场:
$$\mathbf{grad}\, f(x,y) = \nabla f(x,y) = \frac{\partial f}{\partial x}\boldsymbol{i} + \frac{\partial f}{\partial y}\boldsymbol{j}.$$
类似地,三元函数的梯度是 $\mathbf{R}^3$ 中的一个向量场,形式如下:
$$\mathbf{grad}\, f(x,y,z) = \nabla f(x,y,z) = \frac{\partial f}{\partial x}\boldsymbol{i} + \frac{\partial f}{\partial y}\boldsymbol{j} + \frac{\partial f}{\partial z}\boldsymbol{k}.$$

5. 如果 F 能表示为某个数量值函数 f 的梯度,即如果存在一个函数 f 使得 $F = \nabla f$,那么称向量场 F 是**保守场**,称 f 是 F 的**势函数**.

二、教学要求

1. 理解向量场的概念,以及向量场的表示.
2. 理解多元函数梯度的概念,并能计算梯度.
3. 理解保守场和势函数的概念.

§10.2 对弧长的曲线积分

一、内容提要

1. 设 L 为 xOy 面内的一条光滑曲线弧,函数 $f(x,y)$ 在 L 上有界. 在 L 上任意插入一点列 $M_1, M_2, \cdots, M_{n-1}$ 把 L 分成 n 个小段. 设第 i 个小段的长度为 Δs_i,又 (ξ_i, η_i) 为第 i 个小段上任意取定的一点,作乘积 $f(\xi_i, \eta_i)\Delta s_i$,并作和 $\sum_{i=1}^{n} f(\xi_i, \eta_i)\Delta s_i$. 如果当各小弧段的长度的最大值 $\lambda \to 0$ 时,该和的极限总存在,那么称此极限为函数 $f(x,y)$ 在曲线弧 L 上**对弧长的曲线积分**或**第一类曲线积分**,记作

$$\int_L f(x,y)\mathrm{d}s,$$

即

$$\int_L f(x,y)\mathrm{d}s = \lim_{\lambda \to 0} \sum_{i=1}^{n} f(\xi_i, \eta_i)\Delta s_i,$$

其中 $f(x,y)$ 叫作**被积函数**,L 叫作**积分弧段**.

2. 当 $f(x,y)$ 在光滑曲线弧 L 上连续时,$f(x,y)$ 在曲线弧 L 上对弧长的曲线积分总是存在的.

3. 对弧长的曲线积分的性质:

(1) 设 α, β 为常数,则

$$\int_L [\alpha f(x,y) + \beta g(x,y)]\mathrm{d}s = \alpha \int_L f(x,y)\mathrm{d}s + \beta \int_L g(x,y)\mathrm{d}s.$$

(2) 设 L 可分为两段光滑曲线弧 L_1 及 $L_2 (L = L_1 + L_2)$,则

$$\alpha \int_L f(x,y)\mathrm{d}s = \alpha \int_{L_1} f(x,y)\mathrm{d}s + \alpha \int_{L_2} f(x,y)\mathrm{d}s.$$

(3) 设在 L 上 $f(x,y) \leqslant g(x,y)$,则

$$\int_L f(x,y)\mathrm{d}s \leqslant \int_L g(x,y)\mathrm{d}s.$$

特别地,有

$$\left|\int_L f(x,y)\mathrm{d}s\right| \leqslant \int_L |f(x,y)|\mathrm{d}s.$$

4. 设 $f(x,y)$ 在曲线弧 L 上有定义而且连续, L 的参数方程为

$$\begin{cases} x = \varphi(t), \\ y = \psi(t), \end{cases} \alpha \leqslant t \leqslant \beta,$$

其中 $\varphi(t)$ 和 $\psi(t)$ 在 $[\alpha,\beta]$ 上具有一阶连续导数, 且 $[\varphi'(t)]^2 + [\psi'(t)]^2 \neq 0$, 则曲线积分 $\int_L f(x,y)\mathrm{d}s$ 存在, 且

$$\int_L f(x,y)\mathrm{d}s = \int_\alpha^\beta f[\varphi(t),\psi(t)]\sqrt{[\varphi'(t)]^2 + [\psi'(t)]^2}\mathrm{d}t.$$

5. 如果曲线由方程 $y = g(x), a \leqslant x \leqslant b$ 给出, 那么

$$\int_L f(x,y)\mathrm{d}s = \int_a^b f[x,g(x)]\sqrt{1+[g'(x)]^2}\mathrm{d}x.$$

类似地, 如果曲线的方程为 $x = h(y), c \leqslant y \leqslant d$, 那么有

$$\int_L f(x,y)\mathrm{d}s = \int_c^d f[h(y),y]\sqrt{1+[h'(y)]^2}\mathrm{d}y.$$

6. 对于空间曲线弧, 设 Γ 的参数方程为

$$x = \varphi(t), y = \psi(t), z = \omega(t), \quad \alpha \leqslant t \leqslant \beta,$$

则有

$$\int_\Gamma f(x,y,z)\mathrm{d}s = \int_\alpha^\beta f[\varphi(t),\psi(t),\omega(t)]\sqrt{[\varphi'(t)]^2 + [\psi'(t)]^2 + [\omega'(t)]^2}\mathrm{d}t.$$

7. 第一类曲线积分的对称性:

(1) 若 L 关于 y 轴对称, 则

(i) 若 $(x,y) \in L, f(-x,y) = -f(x,y)$, 则 $\int_L f(x,y)\mathrm{d}s = 0$;

(ii) 若 $(x,y) \in L, f(-x,y) = f(x,y)$, 则

$$\int_L f(x,y)\mathrm{d}s = 2\int_{L_1} f(x,y)\mathrm{d}s,$$

其中 L_1 是 L 上 $x \geqslant 0$ 的部分.

若 L 关于 x 轴对称, 也有类似的结论.

(2) 若 L 关于原点对称, 则

(i) 若 $(x,y) \in L, f(-x,-y) = -f(x,y)$, 则 $\int_L f(x,y)\mathrm{d}s = 0$;

(ii) 若 $(x,y) \in L, f(-x,-y) = f(x,y)$, 则

$$\int_L f(x,y)\mathrm{d}s = 2\int_{L_2} f(x,y)\mathrm{d}s,$$

其中 L_2 是 L 上 $x \geqslant 0$ 的部分.

(3) 若平面曲线 L 关于直线 $y = x$ 对称, 则有 $\int_L f(x,y)\mathrm{d}s = \int_L f(y,x)\mathrm{d}s$.

(4) 若在空间曲线 Γ 的方程中, 将 x, y 和 z 分别变成 y, z, x 后表达式不变, 则称曲线 Γ 满足轮换对称性. 此时, 成立等式

$$\int_\Gamma f(x,y,z)\mathrm{d}s = \int_\Gamma f(y,z,x)\mathrm{d}s.$$

8. 曲线形构件的质心: 设某曲线形构件占有平面曲线 L, 其线密度为 $\rho(x,y)$, 则它的质心坐标为 $(\bar{x},\bar{y})$, 其中

$$\bar{x}=\frac{1}{m}\int_L x\rho(x,y)\mathrm{d}s, \quad \bar{y}=\frac{1}{m}\int_L y\rho(x,y)\mathrm{d}s,$$

$m=\int_L \rho(x,y)\mathrm{d}s$ 是该构件的质量.

二、教学要求

1. 理解对弧长的曲线积分的概念, 能用其表示曲线形构件的质量.
2. 掌握对弧长的曲线积分的性质.
3. 掌握对弧长的曲线积分的计算方法.
4. 会利用对弧长的曲线积分的对称性化简积分.
5. 能够计算曲线形构件的质心.

三、习题详解

【A 组题】

1. 计算题.

(1) 计算 $\int_L (x^2+y^2)^n \mathrm{d}s (n \geqslant 1)$, 其中 L 为圆周 $x^2+y^2=a^2 (a>0)$ 在 $x \geqslant 0, y \geqslant 0$ 的部分.

(2) 计算 $\int_L \sqrt{y}\mathrm{d}s$, 其中 L 为抛物线 $y=x^2$ 在点 $(0,0)$ 和 $(1,1)$ 之间的弧.

(3) 计算 $\int_L y\mathrm{d}s$, 其中 L 为抛物线 $y^2=4x$ 在点 $(0,0)$ 和 $(1,2)$ 之间的那段弧.

(4) 计算 $\int_L x\mathrm{d}s$, 其中 L 是连接点 $(1,0)$ 和点 $(0,1)$ 的直线段.

(5) 计算 $\oint_L |y|\mathrm{d}s$, 其中 L 是圆周 $x^2+y^2=1$.

(6) 计算 $\oint_L \sqrt{R^2-x^2-y^2}\mathrm{d}s$, 其中 L 是圆周 $x^2+y^2=Rx, y \geqslant 0, R>0$.

(7) 计算 $\oint_L xy\mathrm{d}s$, 其中 L 是直线 $x=0, y=0, x=4, y=2$ 所围成的矩形区域的整个边界.

(8) 计算 $\int_L \frac{1}{x^2+y^2+z^2}\mathrm{d}s$, 其中 L 为空间曲线 $x=\mathrm{e}^t\cos t, y=\mathrm{e}^t\sin t, z=\mathrm{e}^t$ 相应的 t 从 0 到 2 的部分.

(9) 计算 $\int_L xyz\mathrm{d}s$, 其中 L 为折线段 OAB, O, A, B 的坐标分别为 $(0,0,0), (1,2,3), (1,4,3)$.

解 (1) 设 $x=a\cos\theta, y=a\sin\theta, 0 \leqslant \theta \leqslant \frac{\pi}{2}$, 则

$$\int_L (x^2+y^2)^n \mathrm{d}s = \int_L (a^2)^n \mathrm{d}s = \frac{\pi a}{2} \times a^{2n} = \frac{1}{2}\pi a^{2n+1}.$$

(2) $\int_L \sqrt{y}\mathrm{d}s = \int_0^1 x\sqrt{1+(2x)^2}\mathrm{d}x = \frac{1}{12}(5\sqrt{5}-1).$

(3) $\int_L y\mathrm{d}s = \int_0^2 y\sqrt{1+(\frac{y}{2})^2}\mathrm{d}y = \frac{4}{3}(2\sqrt{2}-1).$

(4) $\int_L x\mathrm{d}s = \int_0^1 x\sqrt{2}\mathrm{d}x = \frac{\sqrt{2}}{2}.$

(5) $\oint_L |y|\mathrm{d}s = 2\int_0^\pi \sin\theta\mathrm{d}\theta = 4.$

(6) L 的参数方程为

$$\begin{cases} x = \frac{R}{2} + \frac{R}{2}\cos\theta, \\ y = \frac{R}{2}\sin\theta, \end{cases} \quad 0 \leqslant \theta \leqslant \pi.$$

则

$$\mathrm{d}s = \sqrt{x'^2+y'^2}\mathrm{d}\theta = \frac{R}{2}\mathrm{d}\theta.$$

进而

$$\int_L \sqrt{R^2-x^2-y^2}\mathrm{d}s = \int_L \sqrt{R^2-Rx}\mathrm{d}s$$
$$= \int_0^\pi \sqrt{R^2-R\left(\frac{R}{2}+\frac{R}{2}\cos\theta\right)}\frac{R}{2}\mathrm{d}\theta = R^2.$$

(7) $\oint_L xy\mathrm{d}s = \int_0^2 4y\mathrm{d}y + \int_0^4 2x\mathrm{d}x = 24.$

(8) $\int_L \frac{1}{x^2+y^2+z^2}\mathrm{d}s = \int_0^2 \frac{1}{2\mathrm{e}^{2t}}\sqrt{3\mathrm{e}^{2t}}\mathrm{d}t = \frac{\sqrt{3}}{2}(1-\mathrm{e}^{-2}).$

(9) $\int_L xyz\mathrm{d}s = \int_0^1 6t^3\sqrt{14}\mathrm{d}t + \int_0^1 3(2+2t)\sqrt{4}\mathrm{d}t = \frac{3\sqrt{14}}{2}+18.$

2. 应用题.

(1) 求密度均匀的摆线 $x = a(t-\sin t), y = a(1-\cos t), 0 \leqslant t \leqslant \pi, a > 0$ 的质心.

(2) 设螺旋形弹簧一圈的方程为 $x = a\cos t, y = a\sin t, z = kt, 0 \leqslant t \leqslant 2\pi,$ 它的线密度为 $\rho(x,y,z) = x^2+y^2+z^2.$ 计算该弹簧对 z 轴的转动惯量和质心.

解 (1) 设该摆线为 Γ, 密度为 1, 在曲线上,

$$\mathrm{d}s = \sqrt{x'^2+y'^2}\mathrm{d}t = 2a\sin\frac{t}{2}\mathrm{d}t,$$

则其质量为

$$m = \int_\Gamma \mathrm{d}s = \int_0^\pi 2a\sin\frac{t}{2}\mathrm{d}t = 4a.$$

于是, 质心坐标为

$$\bar{x} = \frac{1}{m}\int_\Gamma x\mathrm{d}s = \frac{1}{4a}\int_0^\pi a(t-\sin t)\cdot 2a\sin\frac{t}{2}\mathrm{d}t = \frac{4}{3}a,$$
$$\bar{y} = \frac{1}{m}\int_\Gamma y\mathrm{d}s = \frac{1}{4a}\int_0^\pi a(1-\cos t)\cdot 2a\sin\frac{t}{2}\mathrm{d}t = \frac{4}{3}.$$

(2) 设该曲线为 Γ, 在曲线上,

$$\mathrm{d}s = \sqrt{x'^2+y'^2+z'^2}\mathrm{d}t = \sqrt{a^2+k^2}\mathrm{d}t,$$

则对 z 轴的转动惯量为
$$I_z = \int_\Gamma (x^2+y^2)(x^2+y^2+z^2)\mathrm{d}s = \int_0^{2\pi} a^2(a^2+k^2t^2)\sqrt{a^2+k^2}\mathrm{d}t$$
$$= a^2\sqrt{a^2+k^2}\left(2\pi a^2 + \frac{8}{3}\pi^3 k^2\right),$$
质量为
$$m = \int_\Gamma (x^2+y^2+z^2)\mathrm{d}s = \int_0^{2\pi}(a^2+k^2t^2)\sqrt{a^2+k^2}\mathrm{d}t$$
$$= \sqrt{a^2+k^2}\left(2\pi a^2 + \frac{8}{3}\pi^3 k^2\right).$$
因此,质心的坐标为
$$\bar{x} = \frac{1}{m}\int_\Gamma x(x^2+y^2+z^2)\mathrm{d}s = \frac{1}{m}\int_0^{2\pi} a\cos t \cdot (a^2+k^2t^2)\sqrt{a^2+k^2}\mathrm{d}t = \frac{6ak^2}{4\pi^2 k^2+3a^2},$$
$$\bar{y} = \frac{1}{m}\int_\Gamma y(x^2+y^2+z^2)\mathrm{d}s = \frac{1}{m}\int_0^{2\pi} a\sin t \cdot (a^2+k^2t^2)\sqrt{a^2+k^2}\mathrm{d}t = \frac{-6\pi ak^2}{4\pi^2 k^2+3a^2},$$
$$\bar{z} = \frac{1}{m}\int_\Gamma z(x^2+y^2+z^2)\mathrm{d}s = \frac{1}{m}\int_0^{2\pi} kt \cdot (a^2+k^2t^2)\sqrt{a^2+k^2}\mathrm{d}t = \frac{3\pi k(2\pi^2 k^2+a^2)}{4\pi^2 k^2+3a^2}.$$

【B 组题】

1. 计算下列积分.

(1) 计算 $\oint_L |y|\mathrm{d}s$,其中 L 为球面 $x^2+y^2+z^2=2$ 与平面 $x=y$ 的交线.

(2) 计算 $\oint_L (x+y)\mathrm{e}^{x^2+y^2}\mathrm{d}s$,其中 L 为圆弧 $y=\sqrt{a^2-x^2}(a>0)$ 与直线 $y=x$, $y=-x$ 所围成的扇形区域的整个边界.

(3) 计算 $\oint_L \sqrt{2y^2+z^2}\mathrm{d}s$,其中 L 为球面 $x^2+y^2+z^2=a^2(a>0)$ 与平面 $x=y$ 相交的圆周.

(4) 计算 $\oint_L xy\mathrm{d}s$,其中 L 为椭圆 $\dfrac{x^2}{a^2}+\dfrac{y^2}{b^2}=1$, $a>0$, $b>0$.

解 (1) 曲线 L 的参数方程为
$$\begin{cases} x=\cos\theta, \\ y=\cos\theta, \\ z=\sqrt{2}\sin\theta, \end{cases} \quad 其中\ 0\leqslant\theta\leqslant 2\pi.\ 因此,$$
$$\oint_L |y|\mathrm{d}s = \int_0^{2\pi}|\cos\theta|\sqrt{2}\mathrm{d}\theta = 4\sqrt{2}.$$

(2) 令 L_1 为 $y=x$, $0\leqslant x\leqslant\dfrac{\sqrt{2}a}{2}$; L_2 为扇形的圆弧,参数方程为
$$\begin{cases} x=a\cos\theta, \\ y=a\sin\theta, \end{cases} \quad \frac{\pi}{4}\leqslant\theta\leqslant\frac{3\pi}{4};$$
L_3 为直线段 $y=-x$, $-\dfrac{\sqrt{2}a}{2}\leqslant x\leqslant 0$. 因此,
$$\oint_L (x+y)\mathrm{e}^{x^2+y^2}\mathrm{d}s = \int_{L_1}(x+y)\mathrm{e}^{x^2+y^2}\mathrm{d}s + \int_{L_2}(x+y)\mathrm{e}^{x^2+y^2}\mathrm{d}s$$

$$= \int_0^{\frac{\sqrt{2}a}{2}} 2xe^{2x^2}\sqrt{2}\,dx + \int_{\frac{\pi}{4}}^{\frac{3\pi}{4}} (a\sin\theta + a\cos\theta)e^{a^2}a\,d\theta$$

$$= \frac{\sqrt{2}}{2}(e^{a^2} - 1) + \sqrt{2}a^2 e^{a^2}.$$

(3) $\oint_L \sqrt{2y^2 + z^2}\,ds = \oint_L \sqrt{x^2 + y^2 + z^2}\,ds = \oint_L a\,ds = 2\pi a^2.$

(4) 由对称性可知 $\oint_L xy\,ds = 0.$

§10.3 对坐标的曲线积分

一、内容提要

1. 设 L 为 xOy 面内从点 A 到点 B 的一条有向光滑曲线弧, 函数 $P(x,y)$ 和 $Q(x,y)$ 在弧 L 上有界. 在 L 上沿 L 的方向任意插入一点列 $M_1, M_2, \cdots, M_{n-1}$ 把 L 分成 n 个有向小弧段, 设 M_i 的坐标为 (x_i, y_i), $\Delta x_i = x_i - x_{i-1}$, $\Delta y_i = y_i - y_{i-1}$, 点 (ξ_i, η_i) 是 $\widehat{M_{i-1}M_i}$ 上任意取定的一点. 若当各小弧段长度的最大值 $\lambda \to 0$ 时, $\sum_{i=1}^{n} P(\xi_i, \eta_i)\Delta x_i$ 的极限总存在, 则称此极限为函数 $P(x,y)$ 在有向曲线弧 L 上**对坐标 x 的曲线积分**, 记作 $\int_L P(x,y)\,dx$. 类似地, 如果 $\sum_{i=1}^{n} Q(\xi_i, \eta_i)\Delta y_i$ 的极限总存在, 那么称此极限为函数 $Q(x,y)$ 在有向曲线弧 L 上**对坐标 y 的曲线积分**, 记作 $\int_L Q(x,y)\,dy$. 即

$$\int_L P(x,y)\,dx = \lim_{\lambda \to 0}\sum_{i=1}^{n} P(\xi_i, \eta_i)\Delta x_i, \quad \int_L Q(x,y)\,dy = \lim_{\lambda \to 0}\sum_{i=1}^{n} Q(\xi_i, \eta_i)\Delta y_i,$$

其中 $P(x,y)$ 和 $Q(x,y)$ 称为**被积函数**, L 称为**积分弧段**.

2. 当 $P(x,y)$ 和 $Q(x,y)$ 在有向光滑曲线弧 L 上连续时, 它们对坐标的曲线积分是存在的.

3. 对坐标的曲线积分的性质:

(1) 设 α 和 β 为常数, 则

$$\int_L [\alpha \boldsymbol{F}_1(x,y) + \beta \boldsymbol{F}_2(x,y)] \cdot d\boldsymbol{r} = \alpha \int_L \boldsymbol{F}_1(x,y) \cdot d\boldsymbol{r} + \beta \int_L \boldsymbol{F}_2(x,y) \cdot d\boldsymbol{r}.$$

(2) 若有向曲线弧 L 可分为两段光滑有向曲线弧 L_1 及 $L_2(L = L_1 + L_2)$, 则

$$\int_L \boldsymbol{F}(x,y) \cdot d\boldsymbol{r} = \int_{L_1} \boldsymbol{F}(x,y) \cdot d\boldsymbol{r} + \int_{L_2} \boldsymbol{F}(x,y) \cdot d\boldsymbol{r}.$$

(3) 设 L 是有向光滑曲线, L^- 是 L 的反向曲线弧, 则

$$\int_{L^-} \boldsymbol{F}(x,y) \cdot d\boldsymbol{r} = -\int_L \boldsymbol{F}(x,y) \cdot d\boldsymbol{r}.$$

4. 设 $P(x,y)$ 和 $Q(x,y)$ 在有向曲线弧 L 上有定义且连续，弧 L 的参数方程为
$$x = \varphi(t), \quad y = \psi(t),$$
当参数 t 单调地由 α 变到 β 时，点 $M(x,y)$ 从 L 的起点 A 沿 L 运动到终点 B，$\varphi(t)$ 和 $\psi(t)$ 在以 α 和 β 为端点的闭区间上具有一阶连续导数，且 $[\varphi'(t)]^2 + [\psi'(t)]^2 \neq 0$，则曲线积分 $\int_L P(x,y)\mathrm{d}x + Q(x,y)\mathrm{d}y$ 存在，且
$$\int_L P(x,y)\mathrm{d}x + Q(x,y)\mathrm{d}y = \int_\alpha^\beta [P(\varphi(t),\psi(t))\varphi'(t) + Q(\varphi(t),\psi(t))\psi'(t)]\mathrm{d}t.$$

5. 如果曲线由方程 $y = g(x)$，$a \leqslant x \leqslant b$ 给出，那么
$$\int_L P(x,y)\mathrm{d}x + Q(x,y)\mathrm{d}y = \int_a^b [P(x,g(x)) + Q(x,g(x))g'(x)]\mathrm{d}x.$$
这里的下限 a 对应于 L 的起点，b 对应于 L 的终点。

6. 平面曲线的两类曲线积分之间有如下联系：
$$\int_L P(x,y)\mathrm{d}x + Q(x,y)\mathrm{d}y = \int_L [P(x,y)\cos\alpha + Q(x,y)\cos\beta]\mathrm{d}s,$$
其中 α 和 β 为有向曲线弧 L 在点 (x,y) 处的切向量的方向角。

空间曲线上的两类曲线积分之间有如下联系：
$$\int_\Gamma P\mathrm{d}x + Q\mathrm{d}y + R\mathrm{d}z = \int_\Gamma (P\cos\alpha + Q\cos\beta + R\cos\gamma)\mathrm{d}s,$$
其中 α, β 和 γ 为有向曲线弧 Γ 在点 (x,y,z) 处的切向量的方向角。

7. 两类曲线积分之间的联系也可用向量的形式表达：
$$\int_\Gamma \boldsymbol{A} \cdot \mathrm{d}\boldsymbol{r} = \int_\Gamma \boldsymbol{A} \cdot \boldsymbol{\tau}\mathrm{d}s,$$
其中 $\boldsymbol{A} = (P,Q,R)$，$\boldsymbol{\tau} = (\cos\alpha, \cos\beta, \cos\gamma)$ 为有向曲线弧 Γ 在点 (x,y,z) 处的单位切向量，$\mathrm{d}\boldsymbol{r} = \boldsymbol{\tau}\mathrm{d}s$ 称为**有向曲线元**。

二、教学要求

1. 理解对坐标的曲线积分的概念，以及其在做功问题上的应用。
2. 掌握对坐标的曲线积分的性质。
3. 熟练掌握对坐标的曲线积分的计算法。
4. 能够将两类曲线积分相互转化。

三、习题详解

【A 组题】

1. 计算下列第二类曲线积分。

(1) 计算 $\int_L y\mathrm{d}x + x\mathrm{d}y$，其中 L 是圆周 $x = R\cos t, y = R\sin t, R > 0$ 上点 t 从 0 到 $\dfrac{\pi}{2}$ 的一段弧。

(2) 计算 $\oint_L y\mathrm{d}x$,其中 L 是直线 $x=0, x=4, y=0$ 和 $y=2$ 所围成的矩形区域的整个边界,方向取逆时针方向.

(3) 计算 $\int_L (x+y)\mathrm{d}x+xy\mathrm{d}y$,其中 L 为有向折线段 $y=1-|1-x|$ 上从点 $(0,0)$ 到 $(2,0)$ 的一段.

(4) 计算 $\int_L xy\mathrm{d}x+(x-y)\mathrm{d}y$,其中 L 为有向折线段 ABC,这里 A,B 和 C 分别为 $(0,0)$,$(2,0)$ 和 $(3,2)$.

(5) 计算 $\oint_L \dfrac{(x+y)\mathrm{d}x+(y-x)\mathrm{d}y}{x^2+y^2}$,其中 L 是圆周 $x^2+y^2=a^2, a>0$,方向取逆时针方向.

(6) 计算 $\oint_L (x+y)^2\mathrm{d}y$,其中 L 是圆周 $x^2+y^2=2ax, a>0$,方向取逆时针方向.

(7) 计算 $\int_L (1+2xy)\mathrm{d}x+x^2\mathrm{d}y$,其中 L 为点 $(1,0)$ 到 $(-1,0)$ 的上半椭圆圆周 $x^2+2y^2=1, y\geqslant 0$.

(8) 计算 $\int_L x\mathrm{d}x+y\mathrm{d}y+z\mathrm{d}z$,其中 L 是从点 $(1,1,1)$ 到 $(2,3,4)$ 的直线段.

(9) 计算 $\int_L (2a-y)\mathrm{d}x+\mathrm{d}y$,其中 L 是摆线 $x=a(t-\sin t), y=a(1-\cos t), 0\leqslant t\leqslant 2\pi$ 从点 $(0,0)$ 到 $(2\pi a,0)$ 的一拱.

(10) 计算 $\oint_L \mathrm{d}x-\mathrm{d}y+y\mathrm{d}z$,其中 L 为闭折线段 $ABCA$,这里 A,B 和 C 依次是 $(1,0,0)$,$(0,1,0)$ 和 $(0,0,1)$.

(11) 计算 $\int_L y\mathrm{d}x+x\mathrm{d}y+z\mathrm{d}z$,其中 L 为曲线 $x=1-\cos t, y=\sin t, z=t^3$ 相应于 t 从 0 到 π 的一段弧.

解 (1) $\int_L y\mathrm{d}x+x\mathrm{d}y = \int_0^{\frac{\pi}{2}} [(R\sin t)(-R\sin t)+(R\cos t)(R\cos t)]\mathrm{d}t = 0.$

(2) 设 $L_1:\begin{cases} x=4, \\ y=y, \end{cases} 0\leqslant y\leqslant 2$ 和 $L_2:\begin{cases} x=x, \\ y=2, \end{cases} 0\leqslant x\leqslant 4.$ 因此,

$$\oint_L y\mathrm{d}x = -\int_0^4 2\mathrm{d}x = -8.$$

(3) 折线包括两个线段 $L_1:y=x, 0\leqslant x\leqslant 1$ 和 $L_2:y=2-x, 1\leqslant x\leqslant 2$,因此,

$$\int_L (x+y)\mathrm{d}x+xy\mathrm{d}y = \int_0^1 (2x+x^2)\mathrm{d}x + \int_1^2 [2+x(x-2)]\mathrm{d}x = \frac{8}{3}.$$

(4) 从点 $(0,0)$ 到 $(2,0)$ 的方程为 $L_1:\begin{cases} x=x, \\ y=0, \end{cases} 0\leqslant x\leqslant 2$,从点 $(2,0)$ 到 $(3,2)$ 的方程为 $L_2:y=2x-4, 2\leqslant x\leqslant 3.$ 因此,

$$\int_L xy\mathrm{d}x+(x-y)\mathrm{d}y = \int_2^3 [x(2x-4)+(x-2x+4)\cdot 2]\mathrm{d}x = \frac{17}{3}.$$

(5) 由于在 L 上 $x^2+y^2=a^2$,因此,

原式 $= \dfrac{1}{a^2}\oint_L (x+y)\mathrm{d}x+(y-x)\mathrm{d}y$

$$= \frac{1}{a^2}\oint_0^{2\pi}[(a\cos\theta+a\sin\theta)(-a\sin\theta)+(a\sin\theta-a\cos\theta)a\cos\theta]\mathrm{d}\theta=-2\pi.$$

(6) 由于在 L 上 $x^2+y^2=2ax$, 因此,
$$\oint_L(x+y)^2\mathrm{d}y=\oint_L(2ax+2xy)\mathrm{d}y$$
$$=2\int_0^{2\pi}[a(a+a\cos\theta)+(a+a\cos\theta)a\sin\theta]\mathrm{d}(a\sin\theta)$$
$$=2a^3\int_0^{2\pi}[\cos\theta+\cos^2\theta+\sin\theta\cos\theta+\sin\theta\cos^2\theta]\mathrm{d}\theta=2a^3\pi.$$

(7) 根据椭圆的参数方程, $x=\cos\theta, y=\frac{\sqrt{2}}{2}\sin\theta, 0\leqslant\theta\leqslant\pi$, 得
$$原式=\int_L(1+2xy)\mathrm{d}x+x^2\mathrm{d}y$$
$$=\int_0^{\pi}[-(1+2\cos\theta\frac{\sqrt{2}}{2}\sin\theta)\sin\theta+\cos^2\theta\frac{\sqrt{2}}{2}\cos\theta]\mathrm{d}\theta=-2.$$

(8) 该直线的参数方程为 $x=1+t, y=1+2t, z=1+3t, 0\leqslant t\leqslant 1$. 因此,
$$\int_L x\mathrm{d}x+y\mathrm{d}y+z\mathrm{d}z=\int_0^1[(1+t)+2(1+2t)+3(1+3t)]\mathrm{d}t=13.$$

(9) 根据参数方程,
$$\int_L(2a-y)\mathrm{d}x+\mathrm{d}y=\int_0^{2\pi}[(2a-a+a\cos t)a(1-\cos t)+a\sin t]\mathrm{d}t$$
$$=\int_0^{2\pi}[a^2\sin^2 t+a\sin t]\mathrm{d}t=\pi a^2.$$

(10) 令 L_1 为从点 $(1,0,0)$ 到 $(0,1,0)$ 的线段, 参数方程为 $\begin{cases}x=1-t,\\y=t,\\z=0.\end{cases}$ L_2 为从点 $(0,1,0)$ 到 $(0,0,1)$ 的线段, 参数方程为 $\begin{cases}x=0,\\y=1-t,\\z=t.\end{cases}$ L_3 为从点 $(0,0,1)$ 到 $(1,0,0)$ 的线段, 参数方程为 $\begin{cases}x=t,\\y=0,\\z=1-t.\end{cases}$ 因此,
$$\oint_L\mathrm{d}x-\mathrm{d}y+y\mathrm{d}z=\int_{L_1}\mathrm{d}x-\mathrm{d}y+y\mathrm{d}z+\int_{L_2}\mathrm{d}x-\mathrm{d}y+y\mathrm{d}z+\int_{L_3}\mathrm{d}x-\mathrm{d}y+y\mathrm{d}z=\frac{1}{2}.$$

(11) $\int_L y\mathrm{d}x+x\mathrm{d}y+z\mathrm{d}z=\int_0^{\pi}[\sin^2 t+(1-\cos t)\cos t+t^3\cdot 3t^2]\mathrm{d}t=\frac{\pi^6}{2}.$

2. 求 $\int_L -y\mathrm{d}x+x\mathrm{d}y$, 其中 L 是

(1) 圆周 $y = \sqrt{1-x^2}$ 从点 $A(1,0)$ 到点 $B(0,1)$ 的一段弧；

(2) 直线段 AB；

(3) 有向折线 AOB，点 $O(0,0)$.

解 (1) 已知弧的参数方程为 $x = \cos\theta, y = \sin\theta, 0 \leqslant \theta \leqslant \dfrac{\pi}{2}$. 因此，
$$\int_L -y\mathrm{d}x + x\mathrm{d}y = \int_0^{\frac{\pi}{2}} (-\sin\theta)\mathrm{d}(\cos\theta) + \cos\theta\mathrm{d}(\sin\theta) = \int_0^{\frac{\pi}{2}} \mathrm{d}\theta = \frac{\pi}{2}.$$

(2) 直线段 AB 的参数方程为 $x = x, y = 1-x, 0 \leqslant x \leqslant 1$. 因此，
$$\int_L -y\mathrm{d}x + x\mathrm{d}y = -\int_0^1 [(x-1) - x]\mathrm{d}x = \int_0^1 \mathrm{d}x = 1.$$

(3) $\int_L -y\mathrm{d}x + x\mathrm{d}y = \int_{L_1} -y\mathrm{d}x + x\mathrm{d}y + \int_{L_2} -y\mathrm{d}x + x\mathrm{d}y = 0.$

3. 把第二类曲线积分 $\int_L P(x,y)\mathrm{d}x + Q(x,y)\mathrm{d}y$ 化为第一类曲线积分，其中 L 是

(1) 在 xOy 面内沿直线从点 $O(0,0)$ 到点 $A(1,1)$ 的一条线段；

(2) 沿抛物线 $y = x^2$ 从点 $O(0,0)$ 到点 $A(1,1)$ 的一段弧；

(3) 沿上半圆周 $x^2 + y^2 = 2x$ 从点 $O(0,0)$ 到点 $A(1,1)$ 的一段弧.

解 (1) 从点 O 到点 A 的直线上每点的单位切向量为 $\left(\dfrac{1}{\sqrt{2}}, \dfrac{1}{\sqrt{2}}\right)$，故第二类曲线积分
$$\int_L P(x,y)\mathrm{d}x + Q(x,y)\mathrm{d}y = \int_L \frac{P+Q}{\sqrt{2}}\mathrm{d}s.$$

(2) 沿抛物线 $y = x^2$ 从点 $O(0,0)$ 到点 $A(1,1)$ 在每一点处的单位切向量为
$$\left(\frac{1}{1+4x^2}, \frac{2x}{1+4x^2}\right),$$
第二类曲线积分
$$\int_L P(x,y)\mathrm{d}x + Q(x,y)\mathrm{d}y = \int_L \frac{P+2xQ}{1+4x^2}\mathrm{d}s.$$

(3) 沿上半圆周 $x^2 + y^2 = 2x$ 从点 $O(0,0)$ 到点 $A(1,1)$ 的单位切向量为
$$\left(\frac{y}{\sqrt{(1-x)^2 + y^2}}, \frac{1-x}{\sqrt{(1-x)^2 + y^2}}\right).$$
因此，第二类曲线积分
$$\int_L P(x,y)\mathrm{d}x + Q(x,y)\mathrm{d}y = \int_L \frac{Py + Q(1-x)}{\sqrt{(1-x)^2 + y^2}}\mathrm{d}s.$$

4. 求质点在力场 $\boldsymbol{F}(x,y) = x^2\boldsymbol{i} + xy\boldsymbol{j}$ 的作用下沿圆周 $x^2 + y^2 = 4$ 按逆时针方向移动一周所做的功.

解 沿圆周 $x^2 + y^2 = 4$ 按逆时针方向在每一点处的切向量为
$$\left(-\frac{y}{\sqrt{x^2+y^2}}, \frac{x}{\sqrt{x^2+y^2}}\right).$$
因此，所做的功可以用第二类曲线积分表示：
$$\int_L P(x,y)\mathrm{d}x + Q(x,y)\mathrm{d}y = \int_L \frac{-Py + Qx}{\sqrt{x^2+y^2}}\mathrm{d}s = 0.$$

【B 组题】

1. 计算下列曲线积分.

(1) $\oint_L (y^2-z^2)dx + (z^2-x^2)dy + (x^2-y^2)dz$, 其中 L 是球面 $x^2+y^2+z^2=1$ 在第一卦限部分的边界曲线, 其方向按曲线依次经过 xOy 平面部分, yOz 平面部分, zOx 平面部分.

(2) 已知曲线 Γ 的方程为 $z=\sqrt{2-x^2-y^2}$, $z=x$, 起点为 $(0,\sqrt{2},0)$, 终点为 $(0,-\sqrt{2},0)$, 计算曲线积分 $\int_\Gamma (y+z)dx + (z^2-x^2+y)dy + x^2y^2 dz$.

解 (1) 在 xOy 平面部分, yOz 平面部分, zOx 平面部分的曲线参数方程分别为

$$L_1: \begin{cases} x=\cos\theta, \\ y=\sin\theta, \\ z=0, \end{cases} \quad L_2: \begin{cases} y=\cos\theta, \\ z=\sin\theta, \\ x=0, \end{cases} \quad L_3: \begin{cases} z=\cos\theta, \\ x=\sin\theta, \\ y=0. \end{cases}$$

所以

$$\oint_L (y^2-z^2)dx + (z^2-x^2)dy + (x^2-y^2)dz = \int_{L_1} (y^2-z^2)dx + (z^2-x^2)dy + (x^2-y^2)dz +$$
$$\int_{L_2} (y^2-z^2)dx + (z^2-x^2)dy + (x^2-y^2)dz +$$
$$\int_{L_3} (y^2-z^2)dx + (z^2-x^2)dy + (x^2-y^2)dz$$
$$= -\frac{4}{3} - \frac{4}{3} - \frac{4}{3} = -4.$$

(2) 空间曲线 Γ 的方程为 $\begin{cases} x^2 + \dfrac{y^2}{2} = 1, \\ z = x. \end{cases}$ 它的参数方程可以表示为

$$\Gamma: \begin{cases} x=\cos\theta, \\ y=\sqrt{2}\sin\theta, \\ z=\cos\theta, \end{cases} \quad \frac{\pi}{2} \leqslant \theta \leqslant \frac{3\pi}{2}.$$

因此,

$$\int_\Gamma (y+z)dx + (z^2-x^2+y)dy + x^2y^2 dz$$
$$= \int_\Gamma (y+z)dx + ydy + x^2y^2 dz$$
$$= \int_{\frac{\pi}{2}}^{\frac{3\pi}{2}} [-\sin\theta(\sqrt{2}\sin\theta + \cos\theta) + 2\sin\theta\cos\theta - 2\cos^2\theta\sin^3\theta]d\theta$$
$$= -\frac{\sqrt{2}\pi}{2}.$$

§10.4 格林公式及其应用

一、内容提要

1. 两个端点之间任意两点不重合的曲线称为**简单曲线**. 终点与起点重合的曲线称为**闭曲线**. 除两个端点重合外, 其他点总是相异的曲线称为简单闭曲线.

2. 设 D 为平面区域, 如果 D 内任一闭曲线所围部分都属于 D, 那么称 D 为平面**单连通区域**, 否则称为**复连通区域**.

3. 格林公式: 设 L 是平面上一条正向的、分段光滑的简单闭曲线, D 是 L 所围成的平面闭区域, $P(x,y)$ 及 $Q(x,y)$ 在 D 上具有一阶连续偏导数, 则有

$$\iint_D \left(\frac{\partial Q}{\partial x} - \frac{\partial P}{\partial y}\right) dx dy = \oint_L P(x,y) dx + Q(x,y) dy.$$

4. 闭曲线 L 围成的区域 D 的面积

$$A = \oint_L x dy = -\oint_L y dx = \frac{1}{2} \oint_L x dy - y dx.$$

5. 若 $\boldsymbol{F}(x,y) = P(x,y)\boldsymbol{i} + Q(x,y)\boldsymbol{j}$ 是平面区域 D 上的一个向量场, $P(x,y)$ 和 $Q(x,y)$ 在区域 D 内具有一阶连续偏导数. 如果对于 D 内任意两个点 A 和 B, 以及 D 内从点 A 到点 B 的任意两条曲线 L_1 和 L_2, 都有

$$\int_{L_1} \boldsymbol{F}(x,y) \cdot d\boldsymbol{r} = \int_{L_2} \boldsymbol{F}(x,y) \cdot d\boldsymbol{r},$$

即

$$\int_{L_1} P(x,y) dx + Q(x,y) dy = \int_{L_2} P(x,y) dx + Q(x,y) dy,$$

那么称曲线积分 $\int_L P(x,y) dx + Q(x,y) dy$ 在区域 D 内与路径无关, 否则称与路径有关.

6. 曲线积分与路径无关的充要条件:

(1) 曲线积分 $\int_L P(x,y) dx + Q(x,y) dy$ 在区域 D 内与路径无关的充分必要条件是 $P(x,y)dx + Q(x,y)dy$ 沿 D 内任意一条闭曲线的曲线积分都是 0.

(2) 设区域 D 是一个单连通区域, 函数 $P(x,y)$ 和 $Q(x,y)$ 在区域 G 内具有一阶连续偏导数, 则曲线积分 $\int_L P(x,y) dx + Q(x,y) dy$ 在 D 内与路径无关的充分必要条件是 $\frac{\partial Q}{\partial x} = \frac{\partial P}{\partial y}$ 在 G 内成立.

7. 设区域 G 是一个单连通区域, 函数 $P(x,y)$ 和 $Q(x,y)$ 在 G 内具有一阶连续偏导数, 则 $P(x,y)dx + Q(x,y)dy$ 在 D 内是某个二元函数的全微分的充分必要条件是 $\frac{\partial Q}{\partial x} = \frac{\partial P}{\partial y}$.

8. 如果函数 $P(x,y)$ 和 $Q(x,y)$ 是某个函数 $u(x,y)$ 的全微分, 则
$$u(x,y) = \int_{x_0}^{x} P(x,y_0)\mathrm{d}x + \int_{y_0}^{y} Q(x,y)\mathrm{d}y.$$
或者
$$u(x,y) = \int_{x_0}^{x} P(x,y)\mathrm{d}x + \int_{y_0}^{y} Q(x_0,y)\mathrm{d}y.$$

二、教学要求

1. 理解简单曲线、闭曲线、单连通、复连通等的概念.
2. 熟练掌握格林公式, 能够利用格林公式计算曲线积分和区域面积.
3. 熟练掌握曲线积分与路径无关的充要条件.
4. 掌握 $P(x,y)\mathrm{d}x + Q(x,y)\mathrm{d}y$ 在 D 内是某个二元函数的全微分的充要条件, 并能求出该函数.

三、习题详解

【A 组题】

1. 若曲线积分 $\int_{L}\dfrac{x\mathrm{d}x - ay\mathrm{d}y}{x^2+y^2-1}$ 在区域 $D = \{(x,y)|x^2+y^2 < 1\}$ 内与路径无关, 则 $a = $ _____.

解 $a = -1$. 设 $P = \dfrac{x}{x^2+y^2-1}, Q = \dfrac{-ay}{x^2+y^2-1}$. 令 $P_y = Q_x$ 可得 $a = -1$.

2. 证明下列曲线积分在整个 xOy 面内与路径无关, 并计算积分值.

(1) $\int_{L} y\mathrm{d}x + (x+2y)\mathrm{d}y$, 其中 L 为上半圆周 $(x-1)^2 + (y-1)^2 = 1$ 上从点 $(0,1)$ 到 $(2,1)$ 的一段弧;

(2) $\int_{L} \dfrac{y^2}{1+x^2}\mathrm{d}x + 2y\arctan x\mathrm{d}y$, 其中 L 为曲线 $x = t^2, y = 2t$ 上从点 $(0,0)$ 到 $(1,2)$ 的一段弧;

(3) $\int_{L} (1 - y\mathrm{e}^{-x})\mathrm{d}x + \mathrm{e}^{-x}\mathrm{d}y$, 其中 L 为从点 $(0,1)$ 到 $(1,2)$ 的任意一段弧.

解 (1) 经计算 $P_y = 1 = Q_x$, 因此该曲线积分在 D 内与路径无关. 因此,
$$\int_{L} y\mathrm{d}x + (x+2y)\mathrm{d}y = \int_{(0,1)}^{(2,1)} y\mathrm{d}x + (x+2y)\mathrm{d}y = \int_{0}^{2}\mathrm{d}x = 2.$$

(2) 经计算 $P_y = \dfrac{2y}{1+x^2} = Q_x$, 因此该曲线积分在 D 内与路径无关. 因此,
$$\int_{L} \dfrac{y^2}{1+x^2}\mathrm{d}x + 2y\arctan x\mathrm{d}y$$
$$= \int_{(0,0)}^{(1,2)} \dfrac{y^2}{1+x^2}\mathrm{d}x + 2y\arctan x\mathrm{d}y$$
$$= \int_{(0,0)}^{(1,0)} \dfrac{y^2}{1+x^2}\mathrm{d}x + 2y\arctan x\mathrm{d}y + \int_{(1,0)}^{(1,2)} \dfrac{y^2}{1+x^2}\mathrm{d}x + 2y\arctan x\mathrm{d}y$$

$$= \int_0^2 2y\arctan 1 dy = \pi.$$

(3) 经计算 $P_y = -e^{-x} = Q_x$, 因此该曲线积分在 D 内与路径无关. 因此,

$$\int_L (1-ye^{-x})dx + e^{-x}dy = \int_{(0,1)}^{(1,2)} (1-ye^{-x})dx + e^{-x}dy$$
$$= \int_0^1 (1-e^{-x})dx + \int_1^2 e^{-1}dy = 2e^{-1}.$$

3. 利用格林公式, 计算下列曲线积分, 其中参数 $a, b > 0$.

(1) $\oint_L e^y dx + 2xe^y dy$, 其中 L 为直线 $x=0, x=1, y=0, y=1$ 围成的正方形闭区域的整个边界曲线, L 的方向为逆时针方向;

(2) $\oint_L (y+e^{\sqrt{x}})dx + (2x+\cos y^2)dy$, 其中 L 为抛物线 $y=x^2$ 和 $x=y^2$ 围成的平面有界闭区域的整个边界曲线, L 的方向为逆时针方向;

(3) $\oint_L xe^{-2x}dx + (x^4+2x^2y^2)dy$, 其中 L 为 $x^2+y^2=1$ 和 $x^2+y^2=4$ 围成的圆环区域的整个正向边界曲线;

(4) $\int_L (1-\cos y)dx - x(y-\sin y)dy$, 其中 L 为正弦曲线 $y=\sin x$ 上从 $(0,0)$ 到 $(\pi,0)$ 的一段弧;

(5) $\int_L (1+e^x)dx + (x+e^y)dy$, 其中 L 为上半椭圆 $\dfrac{x^2}{a^2} + \dfrac{y^2}{b^2} = 1 \ (y \geqslant 0)$ 上从 $(-a,0)$ 到 $(a,0)$ 的一段弧;

(6) $\int_L (e^x \sin y - my)dx + (e^x \cos y - mx)dy$, 其中 m 为常数, L 为圆周 $x^2+y^2=ax$ 上从点 $(a,0)$ 到点 $(0,0)$ 的一段弧.

解 (1) 经计算, $Q_x - P_y = e^y$. 由格林公式,

$$\oint_L e^y dx + 2xe^y dy = \iint_D e^y dxdy = \int_0^1 dx \int_0^1 e^y dy = e-1.$$

(2) 经计算, $Q_x - P_y = 1$. 由格林公式,

$$\oint_L (y+e^{\sqrt{x}})dx + (2x+\cos y^2)dy = \iint_D dxdy = \int_0^1 dx \int_{x^2}^{\sqrt{x}} dy = \frac{1}{3}.$$

(3) 经计算, $Q_x - P_y = 4x^3 + 4xy^2$. 由格林公式,

$$\oint_L e^y dx + 2xe^y dy = \iint_D (4x^3+4xy^2)dxdy.$$

注意到该二重积分的积分区域关于 y 轴对称, 被积函数关于 x 是奇函数, 因此, 积分为 0.

(4) 设 L_1 是从点 $(0,0)$ 到点 $(\pi,0)$ 的直线段, L_1 方程为 $x=x, y=0, 0 \leqslant x \leqslant \pi$. 容易算得

$$\int_{L_1} (1-\cos y)dx - x(y-\sin y)dy = 0.$$

设 L^- 和 L_1 围成的闭区域为 D, 由格林公式,

$$\int_L (1-\cos y)dx - x(y-\sin y)dy = -\oint_{L^-+L_1} (1-\cos y)dx - x(y-\sin y)dy$$

$$= \iint\limits_{D} y\mathrm{d}x\mathrm{d}y = \int_0^\pi \mathrm{d}x \int_0^{\sin x} y\mathrm{d}y = \frac{\pi}{4}.$$

(5) 设 L_1 是从点 $(-a,0)$ 到点 $(a,0)$ 的直线段,L_1 的方程为 $x=x, y=0, -a \leqslant x \leqslant a$, 则
$$\int_{L_1}(1+\mathrm{e}^x)\mathrm{d}x+(x+\mathrm{e}^y)\mathrm{d}y = \int_{-a}^{a}(1+\mathrm{e}^x)\mathrm{d}x = 2a+\mathrm{e}^a-\mathrm{e}^{-a}.$$
设 L^- 和 L_1 围成的闭区域为 D, 由格林公式以及椭圆的面积公式,
$$\oint_{L^-+L_1}(1+\mathrm{e}^x)\mathrm{d}x+(x+\mathrm{e}^y)\mathrm{d}y = \iint\limits_{D} \mathrm{d}x\mathrm{d}y = \frac{\pi ab}{2}.$$
因此,
$$\oint_{L}(1+\mathrm{e}^x)\mathrm{d}x+(x+\mathrm{e}^y)\mathrm{d}y = -\frac{\pi ab}{2}+2a+\mathrm{e}^a-\mathrm{e}^{-a}.$$

(6) 设 L_1 是从点 $(0,0)$ 到点 $(a,0)$ 的直线段,参数方程为 $x=x, y=0, 0 \leqslant x \leqslant a$. 容易计算,
$$\int_{L_1}(\mathrm{e}^x\sin y-my)\mathrm{d}x+(\mathrm{e}^x\cos y-mx)\mathrm{d}y = 0.$$
设 L 和 L_1 围成的闭区域为 D, 由格林公式,
$$\int_{L}(\mathrm{e}^x\sin y-my)\mathrm{d}x+(\mathrm{e}^x\cos y-mx)\mathrm{d}y$$
$$=\int_{L+L_1}(\mathrm{e}^x\sin y-my)\mathrm{d}x+(\mathrm{e}^x\cos y-mx)\mathrm{d}y$$
$$=\iint\limits_{D} 0\mathrm{d}x\mathrm{d}y = 0.$$

4. 验证下列 $P\mathrm{d}x+Q\mathrm{d}y$ 在整个 xOy 面内是某一函数 $u(x,y)$ 的全微分,并求函数 $u(x,y)$.

(1) $(2x+\mathrm{e}^y)\mathrm{d}x+(x\mathrm{e}^y-2y)\mathrm{d}y$;

(2) $(3x^2y+8xy^2)\mathrm{d}x+(x^3+8x^2y+12y\mathrm{e}^y)\mathrm{d}y$;

(3) $(2x\cos y+y^2\cos x)\mathrm{d}x+(2y\sin x-x^2\sin y)\mathrm{d}y$.

解 (1) 经计算, $Q_x = \mathrm{e}^y = P_y$, 因此, $P\mathrm{d}x+Q\mathrm{d}y$ 在整个 xOy 面内是某一函数 $u(x,y)$ 的全微分,且有
$$u(x,y) = \int_{(0,0)}^{(x,y)}(2x+\mathrm{e}^y)\mathrm{d}x+(x\mathrm{e}^y-2y)\mathrm{d}y$$
$$= \int_{(0,0)}^{(x,0)}(2x+\mathrm{e}^y)\mathrm{d}x+(x\mathrm{e}^y-2y)\mathrm{d}y + \int_{(x,0)}^{(x,y)}(2x+\mathrm{e}^y)\mathrm{d}x+(x\mathrm{e}^y-2y)\mathrm{d}y$$
$$= \int_0^x(2x+1)\mathrm{d}x + \int_0^y(x\mathrm{e}^y-2y)\mathrm{d}y = x^2-y^2+x\mathrm{e}^y.$$

(2) 经计算, $Q_x = 3x^2+16xy = P_y$, 因此, $P\mathrm{d}x+Q\mathrm{d}y$ 在整个 xOy 面内是某一函数 $u(x,y)$ 的全微分,且有
$$u(x,y) = \int_{(0,0)}^{(x,y)}(3x^2y+8xy^2)\mathrm{d}x+(x^3+8x^2y+12y\mathrm{e}^y)\mathrm{d}y$$

$$= \int_{(0,0)}^{(x,0)} (3x^2y+8xy^2)dx + (x^3+8x^2y+12ye^y)dy +$$
$$\int_{(x,0)}^{(x,y)} (3x^2y+8xy^2)dx + (x^3+8x^2y+12ye^y)dy$$
$$= \int_0^y (x^3+8x^2y+12ye^y)dy = x^3y+4x^2y^2+12e^y(y-1).$$

(3) 经计算，$Q_x = 2y\cos x - 2x\sin y = P_y$，因此，$Pdx + Qdy$ 在整个 xOy 面内是某一函数 $u(x,y)$ 的全微分，且有
$$u(x,y) = \int_{(0,0)}^{(x,y)} (2x\cos y + y^2\cos x)dx + (2y\sin x - x^2\sin y)dy$$
$$= \int_{(0,0)}^{(x,0)} (2x\cos y + y^2\cos x)dx + (2y\sin x - x^2\sin y)dy +$$
$$\int_{(x,0)}^{(x,y)} (2x\cos y + y^2\cos x)dx + (2y\sin x - x^2\sin y)dy$$
$$= \int_0^x 2xdx + \int_0^y (2y\sin x - x^2\sin y)dy = y^2\sin x + x^2\cos y.$$

5. 证明题.

已知平面区域 $D = [0,\pi] \times [0,\pi]$，$L$ 为 D 的正向边界. 试证:

(1) $\oint_L xe^{\sin y}dy - ye^{-\sin x}dx = \oint_L xe^{-\sin y}dy - ye^{\sin x}dx$;

(2) $\oint_L xe^{\sin y}dx - ye^{-\sin x}dy \geq 2\pi^2$.

证 (1) 利用格林公式，
$$\oint_L xe^{\sin y}dy - ye^{-\sin x}dx = \iint_D [e^{\sin y} + e^{-\sin x}]dxdy,$$
$$\oint_L xe^{-\sin y}dy - ye^{\sin x}dx = \iint_D [e^{-\sin y} + e^{\sin x}]dxdy.$$

由于 D 关于 $y=x$ 对称，所以上述式子中的二重积分相等，因此结论成立.

(2) 由区域 D 的对称性，有等式
$$\iint_D e^{\sin y}dxdy = \iint_D e^{\sin x}dxdy.$$

利用格林公式，
$$\oint_L xe^{\sin y}dy - ye^{-\sin x}dx = \iint_D [e^{\sin y} + e^{-\sin x}]dxdy = \iint_D [e^{\sin x} + e^{-\sin x}]dxdy$$
$$\geq \iint_D 2dxdy = 2\pi^2.$$

【B 组题】

1. 计算下列曲线积分.

(1) $\int_L 3x^2y\mathrm{d}x+(x^3+x-2y)\mathrm{d}y$, 其中 L 为点 $(0,0)$ 沿上半圆周 $x^2+y^2=2x$ 到点 $(2,0)$, 再沿圆周 $x^2+y^2=4$ 逆时针到点 $(0,2)$ 的一段弧;

(2) $\int_L (x^2-y)\mathrm{d}x-x\mathrm{d}y$, 其中 L 为上半圆周 $y=\sqrt{2x-x^2}$ 上从点 $(0,0)$ 到 $(1,1)$ 的一段弧;

(3) $\int_L \left(\ln\frac{y}{x}-1\right)\mathrm{d}x+\frac{x}{y}\mathrm{d}y$, 其中 L 是第一象限内点 $(1,1)$ 到 $(3,3\mathrm{e})$ 的任意一段弧;

(4) $\int_L (2xy+3x\sin x)\mathrm{d}x+(x^2-y\mathrm{e}^y)\mathrm{d}y$, 其中 L 为摆线

$$\begin{cases} x=t-\sin t, \\ y=1-\cos t \end{cases}$$

上从点 $(0,0)$ 到 $(\pi,2)$ 的一段弧.

解 (1) 设 L_1 是从点 $(0,0)$ 到点 $(0,2)$ 的直线段, L_1 的方程为 $x=0, y=y, 0\leqslant y\leqslant 2$. 因此,

$$\int_{L_1} 3x^2y\mathrm{d}x+(x^3+x-2y)\mathrm{d}y=\int_0^2 -2y\mathrm{d}y=-4.$$

设 L 与 L_1^- 围成的区域为 D, 该区域的面积为 $\frac{\pi}{2}$. 由格林公式,

$$\int_{L+L_1^-} 3x^2y\mathrm{d}x+(x^3+x-2y)\mathrm{d}y=\iint_D \mathrm{d}x\mathrm{d}y=\frac{\pi}{2}.$$

因此,

$$\int_L 3x^2y\mathrm{d}x+(x^3+x-2y)\mathrm{d}y=\frac{\pi}{2}-4.$$

(2) 令 $P(x,y)=x^2-y, Q(x,y)=-x$. 设 L_1 是从点 $(0,0)$ 到 $(1,0)$ 的直线段, L_1 的方程为 $x=x, y=0, 0\leqslant x\leqslant 1$. 因此,

$$\int_{L_1} (x^2-y)\mathrm{d}x-x\mathrm{d}y=\int_0^1 x^2\mathrm{d}x=\frac{1}{3}.$$

设 L_2 是从点 $(1,0)$ 到 $(1,1)$ 的直线段, L_2 的方程为 $x=1, y=y, 0\leqslant y\leqslant 1$. 因此,

$$\int_{L_2} (x^2-y)\mathrm{d}x-x\mathrm{d}y=\int_0^1 -1\mathrm{d}y=-1.$$

设 L_1, L_2 和 L^- 围成的区域为 D, 由格林公式,

$$\int_{L_1+L_2+L^-} P(x,y)\mathrm{d}x+Q(x,y)\mathrm{d}y=\iint_D 0\mathrm{d}x\mathrm{d}y=0.$$

因此,

$$\int_L (x^2-y)\mathrm{d}x-x\mathrm{d}y=-\frac{2}{3}.$$

(3) 令 $P(x,y)=\ln\frac{y}{x}-1, Q(x,y)=\frac{x}{y}$, 则 $P_y=Q_x=\frac{1}{y}$. 因此积分与路径无关, 所以

$$\int_L \left(\ln\frac{y}{x}-1\right)\mathrm{d}x+\frac{x}{y}\mathrm{d}y$$

$$=\int_{(1,1)}^{(3,1)} \left(\ln\frac{y}{x}-1\right)\mathrm{d}x+\frac{x}{y}\mathrm{d}y+\int_{(3,1)}^{(3,3\mathrm{e})} \left(\ln\frac{y}{x}-1\right)\mathrm{d}x+\frac{x}{y}\mathrm{d}y$$

$$=\int_1^3\left(\ln\frac{1}{x}-1\right)\mathrm{d}x+\int_1^{3\mathrm{e}}\frac{3}{y}\mathrm{d}y=3.$$

(4) 令 $P(x,y)=2xy+3x\sin x, Q(x,y)=(x^2-y\mathrm{e}^y)$，因为 $P_y=Q_x=2x$，所以积分与路径无关. 故

$$\int_L(2xy+3x\sin x)\mathrm{d}x+(x^2-y\mathrm{e}^y)\mathrm{d}y$$

$$=\int_{(0,0)}^{(\pi,2)}(2xy+3x\sin x)\mathrm{d}x+(x^2-y\mathrm{e}^y)\mathrm{d}y$$

$$=\int_{(0,0)}^{(\pi,0)}(2xy+3x\sin x)\mathrm{d}x+(x^2-y\mathrm{e}^y)\mathrm{d}y+\int_{(\pi,0)}^{(\pi,2)}(2xy+3x\sin x)\mathrm{d}x+(x^2-y\mathrm{e}^y)\mathrm{d}y$$

$$=\int_0^\pi 3x\sin x\mathrm{d}x+\int_0^2(\pi^2-y\mathrm{e}^y)\mathrm{d}y=3\pi+2\pi^2-\mathrm{e}^2-1.$$

2. 计算题.

(1) 计算曲线积分 $\oint_L\dfrac{y\mathrm{d}x-x\mathrm{d}y}{2(x^2+y^2)}$，其中 L 为圆周 $(x-1)^2+y^2=2$，L 的方向为逆时针方向.

(2) 计算曲线积分 $\oint_L\dfrac{x\mathrm{d}y-y\mathrm{d}x}{4x^2+y^2}$，其中 L 为圆周 $(x-1)^2+y^2=R^2$，$R>1$，L 的方向为逆时针方向.

解 (1) 令 $P(x,y)=\dfrac{y}{2(x^2+y^2)}, Q(x,y)=\dfrac{-x}{2(x^2+y^2)}$. 计算得

$$Q_x=P_y=\frac{2(x^2-y^2)}{4(x^2+y^2)^2}.$$

由于原点 $(0,0)$ 位于圆周 L 所围区域的内部，不能直接应用格林公式，所以取 $a>0$ 使得 $L_1: x^2+y^2=a^2$ 位于 L 的内部，方向取顺时针方向.

$$\oint_L\frac{y\mathrm{d}x-x\mathrm{d}y}{2(x^2+y^2)}=\oint_{L+L_1}\frac{y\mathrm{d}x-x\mathrm{d}y}{2(x^2+y^2)}-\oint_{L_1}\frac{y\mathrm{d}x-x\mathrm{d}y}{2(x^2+y^2)}$$

$$=\iint_D 0\mathrm{d}x\mathrm{d}y+\oint_{L_1^-}\frac{y\mathrm{d}x-x\mathrm{d}y}{2(x^2+y^2)}$$

$$=\frac{1}{2a^2}\oint_{L_1^-}y\mathrm{d}x-x\mathrm{d}y=\frac{1}{2a^2}\iint_{D'}(-2)\mathrm{d}x\mathrm{d}y=-\pi.$$

(2) 令 $P(x,y)=\dfrac{-y}{4x^2+y^2}, Q(x,y)=\dfrac{x}{4x^2+y^2}$，计算得

$$Q_x=P_y=\frac{y^2-4x^2}{(4x^2+y^2)^2}.$$

由于原点 $(0,0)$ 位于圆周 L 所围区域的内部，不能直接应用格林公式，所以取 $a>0$ 使得 $L_1: 4x^2+y^2=a^2$ 位于 L 的内部，方向取顺时针方向.

$$\oint_L\frac{x\mathrm{d}y-y\mathrm{d}x}{4x^2+y^2}=\oint_{L+L_1}\frac{x\mathrm{d}y-y\mathrm{d}x}{4x^2+y^2}-\oint_{L_1}\frac{x\mathrm{d}y-y\mathrm{d}x}{4x^2+y^2}$$

$$=\iint_D 0\mathrm{d}x\mathrm{d}y+\oint_{L_1^-}\frac{x\mathrm{d}y-y\mathrm{d}x}{4x^2+y^2}$$

$$=\frac{1}{a^2}\oint_{L_1^-}x\mathrm{d}y-y\mathrm{d}x=\frac{1}{a^2}\iint_{D'}2\mathrm{d}x\mathrm{d}y=\pi.$$

3. 设函数 $\varphi(y)$ 具有连续导数, 对于围绕原点的任一分段光滑的简单闭曲线 L, 曲线积分

$$\oint_L \frac{\varphi(y)dx + 2xydy}{2x^2+y^4}$$

的值恒为同一常数.

(1) 证明: 对于右半平面 $x > 0$ 内任意分段光滑的简单闭曲线 C, 有

$$\oint_C \frac{\varphi(y)dx + 2xydy}{2x^2+y^4} = 0.$$

(2) 求 $\varphi(y)$ 的表达式.

(1) **证** 设 C 为平面 $x > 0$ 上任一分段光滑闭曲线, 在 C 上任取两点 M, N 作绕原点的封闭曲线 $\overrightarrow{MQNRM}$, 同时得到另一条绕原点的封闭曲线 $\overrightarrow{MQNPM}$. 由已知可得

$$\oint_{\overrightarrow{MQNRM}} \frac{\varphi(y)dx + 2xydy}{2x^2+y^4} - \oint_{\overrightarrow{MQNPM}} \frac{\varphi(y)dx + 2xydy}{2x^2+y^4} = 0,$$

$$\int_{\overrightarrow{MQ}} + \int_{\overrightarrow{NRM}} - \left(\int_{\overrightarrow{MQN}} + \int_{\overrightarrow{NPM}} \right) = 0.$$

所以

$$\int_{\overrightarrow{NRM}} - \int_{\overrightarrow{NPM}} = \int_{\overrightarrow{NRM}} + \int_{\overrightarrow{MPN}} = \oint_C \frac{\varphi(y)dx + 2xydy}{2x^2+y^4} = 0.$$

(2) **解** 令 $P(x,y) = \frac{\varphi(y)}{2x^2+y^4}, Q(x,y) = \frac{2xy}{2x^2+y^4}$. 由 (1) 题结论可知函数 $P(x,y)$ 和 $Q(x,y)$ 在平面 $x > 0$ 内满足 $P_y = Q_x$, 即

$$p_y = \frac{2x^2\varphi'(y) + \varphi'(y)y^4 - 4\varphi(y)y^3}{(2x^2+y^4)^2} = Q_x = \frac{2y^5 - 4x^2y}{(2x^2+y^4)^2}.$$

比较式子两端 x 的系数, 可得

$$\begin{cases} \varphi'(y) = -2y, \\ \varphi'(y)y - 4\varphi(y) = 2y^2, \end{cases}$$

解得 $\varphi(y) = -y^2$.

§10.5 对面积的曲面积分

一、内容提要

1. 设曲面 Σ 是光滑的, 函数 $f(x,y,z)$ 在 Σ 上有界. 把 Σ 任意分成 n 小块曲面 ΔS_i (ΔS_i 表示第 i 块小曲面, 同时也代表第 i 小块曲面的面积), 设 (ξ_i, η_i, ζ_i) 是 ΔS_i 上任意取定的一点, 作乘积 $f(\xi_i, \eta_i, \zeta_i)\Delta S_i$, 并作和 $\sum_{i=1}^{n} f(\xi_i, \eta_i, \zeta_i)\Delta S_i$. 如果当各小块曲面的直径的最大值 $\lambda \to 0$

时, 该和的极限总存在, 就称此极限为函数 $f(x,y,z)$ 在曲面 Σ 上**对面积的曲面积分**或**第一类曲面积分**, 记作 $\iint\limits_{\Sigma} f(x,y,z)\mathrm{d}S$, 即

$$\iint\limits_{\Sigma} f(x,y,z)\mathrm{d}S = \lim_{\lambda \to 0}\sum_{i=1}^{n} f(\xi_i,\eta_i,\zeta_i)\Delta S_i,$$

其中 $f(x,y,z)$ 叫作**被积函数**, Σ 叫作**积分曲面**.

2. 当 $f(x,y,z)$ 在光滑曲面 Σ 上连续时, $f(x,y,z)$ 对面积的曲面积分是存在的.

3. 面密度为连续函数 $\mu(x,y,z)$ 的光滑曲面 Σ 的质量 M 可表示为

$$M = \iint\limits_{\Sigma} \mu(x,y,z)\mathrm{d}S.$$

4. 设 Σ 可分成两片光滑曲面 Σ_1 及 Σ_2（记作 $\Sigma = \Sigma_1 + \Sigma_2$）, 规定

$$\iint\limits_{\Sigma} f(x,y,z)\mathrm{d}S = \iint\limits_{\Sigma_1} f(x,y,z)\mathrm{d}S + \iint\limits_{\Sigma_2} f(x,y,z)\mathrm{d}S.$$

5. 设积分曲面方程为 $z = z(x,y)$, Σ 在 xOy 面上的投影区域为 D_{xy}, 函数 $z = z(x,y)$ 在 D_{xy} 上具有连续偏导数, 被积函数 $f(x,y,z)$ 在 Σ 上连续, 则有

$$\iint\limits_{\Sigma} f(x,y,z)\mathrm{d}S = \iint\limits_{D_{xy}} f(x,y,z(x,y))\sqrt{1 + z_x^2(x,y) + z_y^2(x,y)}\mathrm{d}x\mathrm{d}y.$$

6. 第一类曲面积分的对称性: 假设曲面 Σ 关于 xOy 面对称, Σ_1 为 $z \geq 0$ 的部分, $f(x,y,z)$ 在 Σ 上连续.

(1) 若在 Σ 上有 $f(x,y,-z) = f(x,y,z)$, 则

$$\iint\limits_{\Sigma} f(x,y,z)\mathrm{d}S = 2\iint\limits_{\Sigma_1} f(x,y,z)\mathrm{d}S;$$

(2) 若在 Σ 上有 $f(x,y,-z) = -f(x,y,z)$, 则

$$\iint\limits_{\Sigma} f(x,y,z)\mathrm{d}S = 0.$$

(3) 假设积分曲面 Σ 关于 x,y,z 具有轮换对称性, $f(x,y,z)$ 在 Σ 上连续, 则

$$\iint\limits_{\Sigma} f(x,y,z)\mathrm{d}S = \iint\limits_{\Sigma} f(y,z,x)\mathrm{d}S = \iint\limits_{\Sigma} f(z,x,y)\mathrm{d}S.$$

二、教学要求

1. 了解对面积的曲面积分的概念、曲面积分存在的充分条件, 以及曲面积分的简单性质.

2. 熟练掌握对面积的曲面积分的计算法.

3. 能够利用区域的对称性和函数奇偶性化简曲面积分.

三、习题详解

【A 组题】

1. 选择题.

(1) 设 $\Sigma: x^2+y^2+z^2=a^2\ (z\geqslant 0)$，$\Sigma_1$ 是 Σ 在第一卦限的部分, 则有 ( ).

A. $\iint\limits_{\Sigma} x\mathrm{d}S=4\iint\limits_{\Sigma_1} x\mathrm{d}S$ \qquad B. $\iint\limits_{\Sigma} y\mathrm{d}S=4\iint\limits_{\Sigma_1} y\mathrm{d}S$

C. $\iint\limits_{\Sigma} z\mathrm{d}S=4\iint\limits_{\Sigma_1} z\mathrm{d}S$ \qquad D. $\iint\limits_{\Sigma} xyz\mathrm{d}S=4\iint\limits_{\Sigma_1} xyz\mathrm{d}S$

(2) 设 Σ 为球面 $x^2+y^2+z^2=R^2$，则 $I=\oiint\limits_{\Sigma}(x^2+y^2+z^2)\mathrm{d}S=($).

A. $4\pi R^4$ \qquad B. $2\pi R^2$

C. $4R^4$ \qquad D. $4\pi R^2$

解 (1) C. 根据对称性, 被积函数关于 x 和 y 都是偶函数时, 4 倍关系成立.

(2) A. 在 Σ 上, 被积函数为常数 R^2, 积分曲面的面积为 $4\pi R^2$.

2. 求下列积分.

(1) $I=\iint\limits_{\Sigma} y^2\mathrm{d}S$, 其中 Σ 为平面 $x+y+z=1$ 在第一卦限的部分.

(2) $I=\iint\limits_{\Sigma}\left(2x+\dfrac{4y}{3}+z\right)\mathrm{d}S$, 其中 Σ 为平面 $\dfrac{x}{2}+\dfrac{y}{3}+\dfrac{z}{4}=1$ 在第一卦限的部分.

(3) $I=\iint\limits_{\Sigma}(x^2z+y^2z)\mathrm{d}S$, 其中 Σ 为上半球面 $z=\sqrt{4-x^2-y^2}$.

(4) $I=\iint\limits_{\Sigma}(x^2+y^2+z^2)\mathrm{d}S$, 其中 Σ 为圆锥面 $z=\sqrt{x^2+y^2}$ 被平面 $z=1$ 截取的有限部分.

(5) $I=\iint\limits_{\Sigma}(x^2+y^2+z^2)\mathrm{d}S$, 其中 Σ 为圆柱面 $x^2+y^2=9$ 被平面 $z=0, z=2$ 截取的有限部分.

(6) $I=\oiint\limits_{\Sigma}(x^2+y^2)\mathrm{d}S$, 其中 Σ 为圆锥面 $z=\sqrt{x^2+y^2}$ 和平面 $z=1$ 所围闭区域的整个边界.

解 (1) Σ 在 xOy 平面上的投影 $\Sigma_{xy}=\{(x,y)|0\leqslant x\leqslant 1, 0\leqslant y\leqslant 1-x\}$, 因此,
$$I=\iint\limits_{\Sigma} y^2\mathrm{d}S=\iint\limits_{\Sigma_{xy}} y^2\sqrt{3}\mathrm{d}x\mathrm{d}y$$
$$=\sqrt{3}\int_0^1\mathrm{d}x\int_0^{1-x} y^2\mathrm{d}y=\dfrac{\sqrt{3}}{12}.$$

(2) 经计算
$$\mathrm{d}S=\sqrt{1+z_x^2+z_y^2}\mathrm{d}x\mathrm{d}y=\dfrac{\sqrt{61}}{3}\mathrm{d}x\mathrm{d}y,$$

且 Σ 在 xOy 平面上的投影

$$\Sigma_{xy} = \left\{(x,y) \mid 0 \leqslant x \leqslant 2, 0 \leqslant y \leqslant 3 - \frac{3x}{2}\right\}.$$

因此,

$$I = \iint\limits_{\Sigma}\left(2x + \frac{4y}{3} + z\right)\mathrm{d}S = 4\iint\limits_{\Sigma}\left(\frac{x}{2} + \frac{y}{3} + \frac{z}{4}\right)\mathrm{d}S = 4\iint\limits_{\Sigma}\mathrm{d}S$$

$$= 4\iint\limits_{\Sigma_{xy}}\frac{\sqrt{61}}{3}\mathrm{d}x\mathrm{d}y = 4\sqrt{61}.$$

(3) Σ 在 xOy 平面上的投影

$$\Sigma_{xy} = \{(x,y) \mid x^2 + y^2 \leqslant 4\},$$

且

$$\mathrm{d}S = \sqrt{1 + z_x^2 + z_y^2}\mathrm{d}x\mathrm{d}y = \frac{2}{\sqrt{4 - x^2 - y^2}}\mathrm{d}x\mathrm{d}y,$$

因此,

$$\iint\limits_{\Sigma}(x^2z + y^2z)\mathrm{d}S = \iint\limits_{\Sigma_{xy}}(x^2 + y^2)(\sqrt{4 - x^2 - y^2})\frac{2}{\sqrt{4 - x^2 - y^2}}\mathrm{d}x\mathrm{d}y$$

$$= 2\int_0^{2\pi}\int_0^2 \rho^3 \mathrm{d}\rho = 16\pi.$$

(4) Σ 在 xOy 平面上的投影

$$\Sigma_{xy} = \{(x,y) \mid x^2 + y^2 \leqslant 1\},$$

且

$$\mathrm{d}S = \sqrt{1 + z_x^2 + z_y^2}\mathrm{d}x\mathrm{d}y = \sqrt{2}\mathrm{d}x\mathrm{d}y,$$

因此,

$$\iint\limits_{\Sigma}(x^2 + y^2 + z^2)\mathrm{d}S = 2\iint\limits_{\Sigma}(x^2 + y^2)\mathrm{d}S = 2\iint\limits_{\Sigma_{xy}}(x^2 + y^2)\sqrt{2}\mathrm{d}x\mathrm{d}y$$

$$= 2\sqrt{2}\int_0^{2\pi}\int_0^1 \rho^3 \mathrm{d}\rho = \sqrt{2}\pi.$$

(5) Σ 在 xOz 平面上的投影

$$\Sigma_{xz} = \{(x,y) \mid 0 \leqslant x \leqslant 3, 0 \leqslant z \leqslant 2\},$$

且

$$\mathrm{d}S = \sqrt{1 + y_x^2 + y_z^2}\mathrm{d}z\mathrm{d}x = \frac{3}{\sqrt{9 - x^2}}\mathrm{d}z\mathrm{d}x,$$

因此,

$$\iint\limits_{\Sigma}(x^2 + y^2 + z^2)\mathrm{d}S = 4\iint\limits_{\Sigma_1}(9 + z^2)\mathrm{d}S = 4\iint\limits_{(\Sigma_1)_{xz}}(9 + z^2)\frac{3}{\sqrt{9 - x^2}}\mathrm{d}z\mathrm{d}x$$

$$= 12\int_0^3 dx \int_0^2 \frac{9+z^2}{\sqrt{9-x^2}}dz = 124\pi.$$

(6) 设 $\Sigma = \Sigma_1 + \Sigma_2$, Σ_1 的方程 $z = \sqrt{x^2+y^2}$, Σ_2 的方程 $z=1$. 由第 (4) 题,

$$\iint_{\Sigma_1}(x^2+y^2)dS = \frac{\sqrt{2}\pi}{2}.$$

在 Σ_2 上,

$$\iint_{\Sigma_2}(x^2+y^2)dS = \iint_D(x^2+y^2)dxdy = \int_0^{2\pi}d\theta\int_0^1\rho^2\rho d\rho = \frac{\pi}{2}.$$

因此,

$$\oiint_{\Sigma}(x^2+y^2)dS = \frac{\sqrt{2}\pi}{2} + \frac{\pi}{2}.$$

3. 求面密度为常数的均匀半球 $x^2+y^2+z^2 = a^2$, $z \geqslant 0$ 的质心, 其中 $a > 0$.

解 设质心坐标为 $(\overline{x},\overline{y},\overline{z})$, 该半球面记作 Σ. 由对称性可知, $\overline{x} = \overline{y} = 0$.

为计算 $\overline{z}$, 需要 Σ 在 xOy 平面上的投影

$$\Sigma_{xy} = \{(x,y)|x^2+y^2 \leqslant a\}$$

和

$$dS = \sqrt{1+z_x^2+z_y^2}dxdy = \frac{a}{\sqrt{a^2-x^2-y^2}}dxdy.$$

由质心坐标的计算公式,

$$\overline{z} = \frac{\iint_\Sigma z dS}{\iint_\Sigma dS} = \frac{\iint_{\Sigma_{xy}}\sqrt{a^2-x^2-y^2}\cdot\frac{a}{\sqrt{a^2-x^2-y^2}}dxdy}{2\pi a^2} = \frac{a\cdot\pi a^2}{2\pi a^2} = \frac{a}{2}.$$

因此, 该均匀半球的质心为 $\left(0,0,\frac{a}{2}\right)$.

【B 组题】

1. 填空题.

(1) 设 $\Sigma: |x|+|y|+|z| = 1$, 则有 $\oiint_{\Sigma}(x+|y|)dS = $ _____.

(2) 设 $\Omega_1: x^2+y^2+z^2 \leqslant 4$, $\Omega_2: (x-1)^2+y^2 \leqslant 1$, $\Omega = \Omega_1 \bigcap \Omega_2$, Σ 为 Ω 的外边界, 则第一类曲面积分 $\oiint_{\Sigma}(z^2\sqrt{x^2+y^2}+x+y)zdS = $ _____.

解 (1) Σ 关于三个坐标平面都对称, 设 Σ 在第一卦限的部分为 Σ_1, 由对称性,

$$\oiint_\Sigma x dS = 0, \quad \oiint_{\Sigma_1}xdS = \oiint_{\Sigma_1}ydS = \oiint_{\Sigma_1}zdS.$$

因此,

$$\oiint_\Sigma |y|dS = \frac{8}{3}\oiint_{\Sigma_1}(x+y+z)dS = \frac{8\sqrt{3}}{3}\oiint_D dxdy = \frac{4}{3}\sqrt{3}.$$

(2) 注意到 Ω 关于 xOy 平面对称,被积函数关于 z 是奇函数,因此,该积分为 0.

2. 求下列积分.

(1) $I = \oiint\limits_{\Sigma} x^2 dS$,其中 Σ 为曲面 $x^2+y^2+z^2=a^2$, $a>0$.

(2) $I = \iint\limits_{\Sigma}(x+y+z)dS$,其中 Σ 为平面 $y+z=5$ 被柱面 $x^2+y^2=25$ 所截的部分.

(3) $I = \iint\limits_{\Sigma}(x^3+y^3+z^3)dS$,其中 Σ 为曲面 $z=\sqrt{a^2-x^2-y^2}$, $a>0$.

(4) $I = \iint\limits_{\Sigma}(x^2+y^2)dS$,其中 Σ 为曲面 $x^2+y^2+z^2=4$.

解 (1) 利用积分的对称性,
$$\iint\limits_{\Sigma} x^2 dS = \iint\limits_{\Sigma} y^2 dS = \iint\limits_{\Sigma} z^2 dS.$$

因此,
$$I = \oiint\limits_{\Sigma} x^2 dS = \frac{1}{3}\oiint\limits_{\Sigma}(x^2+y^2+z^2)dS = \frac{a^2}{3}\oiint\limits_{\Sigma} dS = \frac{4\pi a^4}{3}.$$

(2) 注意到在 Σ 上 $y+z=5$, Σ 在 xOy 平面上的投影为
$$\Sigma_{xy} = \{(x,y)|x^2+y^2 \leqslant 25\}.$$

因此,
$$\iint\limits_{\Sigma}(x+y+z)dS = \iint\limits_{\Sigma}(5+x)dS = \iint\limits_{\Sigma_{xy}}(5+x)\sqrt{2}dxdy$$
$$= 5\iint\limits_{\Sigma_{xy}}\sqrt{2}dxdy = 125\sqrt{2}\pi.$$

(3) Σ 在 xOy 平面上的投影为
$$\Sigma_{xy} = \{(x,y)|x^2+y^2 \leqslant a^2\},$$
$$dS = \sqrt{1+z_x^2+z_y^2}dxdy = \frac{a}{\sqrt{a^2-x^2-y^2}}dxdy,$$

因此,
$$I = \iint\limits_{\Sigma}(x^3+y^3+z^3)dS = \iint\limits_{\Sigma} z^3 dS$$
$$= \iint\limits_{\Sigma_{xy}}(\sqrt{a^2-x^2-y^2})^3 \frac{a}{\sqrt{a^2-x^2-y^2}}dxdy$$
$$= a\iint\limits_{\Sigma_{xy}}(a^2-x^2-y^2)dxdy = \frac{\pi a^5}{2}.$$

(4) 利用积分的对称性,
$$\iint\limits_{\Sigma} x^2 dS = \iint\limits_{\Sigma} y^2 dS = \iint\limits_{\Sigma} z^2 dS.$$

因此,
$$I = \iint\limits_{\Sigma}(x^2+y^2)\mathrm{d}S = \frac{2}{3}\iint\limits_{\Sigma}(x^2+y^2+z^2)\mathrm{d}S = \frac{8}{3}\iint\limits_{\Sigma}\mathrm{d}S$$
$$= \frac{8}{3}\times 4\pi \times 4 = \frac{128\pi}{3}.$$

§10.6 对坐标的曲面积分

一、内容提要

1. 我们可以通过曲面上法向量的指向来定出曲面的侧. 这种取定了法向量即选定了侧的曲面, 就称为**有向曲面**.

2. 设 Σ 是光滑的有向曲面, 函数 $R(x,y,z)$ 在 Σ 上有界. 把曲面 Σ 分成 n 小块 ΔS_i (ΔS_i 同时也代表第 i 小块曲面的面积), Σ 在 xOy 面上的投影为 $(\Delta S_i)_{xy}$, (ξ_i, η_i, ζ_i) 是 ΔS_i 上任意取定的一点, 如果当各小块曲面的直径的最大值 $\lambda \to 0$ 时, 极限
$$\sum_{i=1}^{n} R(\xi_i, \eta_i, \zeta_i)(\Delta S_i)_{xy}$$
总存在, 就称此极限为函数 $R(x,y,z)$ 在有向曲面 Σ 上**对坐标 x, y 的曲面积分**, 记作 $\iint\limits_{\Sigma} R(x,y,z)\mathrm{d}x\mathrm{d}y$, 即
$$\iint\limits_{\Sigma} R(x,y,z)\mathrm{d}x\mathrm{d}y = \lim_{\lambda \to 0}\sum_{i=1}^{n} R(\xi_i, \eta_i, \zeta_i)(\Delta S_i)_{xy},$$
其中 $R(x,y,z)$ 叫作**被积函数**, Σ 叫作**积分曲面**.

3. 当 $P(x,y,z)$, $Q(x,y,z)$ 和 $R(x,y,z)$ 在有向光滑曲面 Σ 上连续时, 对坐标的曲面积分总是存在的.

4. 如果 Σ 是分片光滑的有向曲面, 我们规定函数在 Σ 上对坐标的曲面积分等于函数在各片光滑曲面上对坐标的曲面积分之和.

5. 对坐标的曲面积分具有的性质:

(1) 如果把 Σ 分成 Σ_1 和 Σ_2, 则
$$\iint\limits_{\Sigma} P\mathrm{d}y\mathrm{d}z + Q\mathrm{d}z\mathrm{d}x + R\mathrm{d}x\mathrm{d}y$$
$$= \iint\limits_{\Sigma_1} P\mathrm{d}y\mathrm{d}z + Q\mathrm{d}z\mathrm{d}x + R\mathrm{d}x\mathrm{d}y + \iint\limits_{\Sigma_2} P\mathrm{d}y\mathrm{d}z + Q\mathrm{d}z\mathrm{d}x + R\mathrm{d}x\mathrm{d}y.$$

(2) 设 Σ 是有向曲面，Σ^- 表示与 Σ 取相反侧的有向曲面，则

$$\iint\limits_{\Sigma^-} P(x,y,z)\mathrm{d}y\mathrm{d}z = -\iint\limits_{\Sigma} P(x,y,z)\mathrm{d}y\mathrm{d}z,$$

$$\iint\limits_{\Sigma^-} Q(x,y,z)\mathrm{d}z\mathrm{d}x = -\iint\limits_{\Sigma} Q(x,y,z)\mathrm{d}z\mathrm{d}x,$$

$$\iint\limits_{\Sigma^-} R(x,y,z)\mathrm{d}x\mathrm{d}y = -\iint\limits_{\Sigma} R(x,y,z)\mathrm{d}x\mathrm{d}y.$$

上式表示，当积分曲面改为相反侧时，对坐标的曲面积分要改变符号．

6. 设积分曲面 Σ 是由方程 $z=f(x,y)$ 所给出的曲面上侧，Σ 在 xOy 面上的投影区域为 D_{xy}，函数 $z=f(x,y)$ 在 D_{xy} 上具有一阶连续偏导数，被积函数 $R(x,y,z)$ 在 Σ 上连续，则有

$$\iint\limits_{\Sigma} R(x,y,z)\mathrm{d}x\mathrm{d}y = \iint\limits_{D_{xy}} R(x,y,f(x,y))\mathrm{d}x\mathrm{d}y.$$

类似地，如果 Σ 由 $x=f(y,z)$ 给出，则有

$$\iint\limits_{\Sigma} P(x,y,z)\mathrm{d}y\mathrm{d}z = \pm\iint\limits_{D_{yz}} P(f(y,z),y,z)\mathrm{d}y\mathrm{d}z.$$

如果 Σ 由 $y=f(z,x)$ 给出，则有

$$\iint\limits_{\Sigma} Q(x,y,z)\mathrm{d}z\mathrm{d}x = \pm\iint\limits_{D_{zx}} Q(x,f(z,x),z)\mathrm{d}z\mathrm{d}x.$$

7. 两类曲面积分之间的联系：设有向曲面 Σ 由方程 $z=z(x,y)$ 给出，Σ 在 xOy 面上的投影区域为 D_{xy}，函数 $z=z(x,y)$ 在 D_{xy} 上具有一阶连续偏导数，$R(x,y,z)$ 在 Σ 上连续，则

$$\iint\limits_{\Sigma} P\mathrm{d}y\mathrm{d}z + Q\mathrm{d}z\mathrm{d}x + R\mathrm{d}x\mathrm{d}y = \iint\limits_{\Sigma} (P\cos\alpha + Q\cos\beta + R\cos\gamma)\mathrm{d}S,$$

其中 $\cos\alpha,\cos\beta$ 和 $\cos\gamma$ 是有向曲面 σ 在点 (x,y,z) 处的法向量的方向余弦．也可写作

$$\iint\limits_{\Sigma} \boldsymbol{A}\cdot\mathrm{d}\boldsymbol{S} = \iint\limits_{\Sigma} \boldsymbol{A}\cdot\boldsymbol{n}\mathrm{d}S,$$

其中 $\boldsymbol{A}=(P,Q,R)$，$\boldsymbol{n}=(\cos\alpha,\cos\beta,\cos\gamma)$ 为有向曲面 Σ 在点 (x,y,z) 处的单位法向量，$\mathrm{d}\boldsymbol{S}=(\mathrm{d}y\mathrm{d}z,\mathrm{d}z\mathrm{d}x,\mathrm{d}x\mathrm{d}y)$ 称为**有向曲面元**．

8. 合一法：第二类曲面积分可以写作

$$\iint\limits_{\Sigma} P\mathrm{d}y\mathrm{d}z + Q\mathrm{d}z\mathrm{d}x + R\mathrm{d}x\mathrm{d}y = \iint\limits_{\Sigma} \left(P\cdot\frac{\cos\alpha}{\cos\gamma} + Q\cdot\frac{\cos\beta}{\cos\gamma} + R\right)\mathrm{d}x\mathrm{d}y.$$

二、教学要求

1. 了解对坐标的曲面积分的概念，能够用曲面积分表示流量．
2. 掌握曲面积分存在的必要条件，以及曲面积分的性质．
3. 熟练掌握计算曲面积分的方法．
4. 掌握两类曲面积分之间的关系，能将两者相互转化．

三、习题详解

【A 组题】

1. 计算下列积分.

(1) $\iint\limits_{\Sigma} x\mathrm{d}y\mathrm{d}z + y\mathrm{d}z\mathrm{d}x + z\mathrm{d}x\mathrm{d}y$,其中 Σ 是圆柱面 $x^2+y^2=1$ 被平面 $z=0$ 和平面 $z=3$ 所截得的在第一卦限部分的前侧.

(2) $\iint\limits_{\Sigma} (x^2+y^2)\mathrm{d}z\mathrm{d}x + z\mathrm{d}x\mathrm{d}y$,其中 Σ 是圆锥面 $z=\sqrt{x^2+y^2}$ 在 $x \geqslant 0, y \geqslant 0$ 和 $z \leqslant 1$ 那一部分的下侧.

(3) $\iint\limits_{\Sigma} xze^y\mathrm{d}y\mathrm{d}z - xze^y\mathrm{d}z\mathrm{d}x + z\mathrm{d}x\mathrm{d}y$,其中 Σ 是平面 $x+y+z=1$ 在第一卦限部分的上侧.

(4) $\iint\limits_{\Sigma} x^2\mathrm{d}y\mathrm{d}z + xy\mathrm{d}z\mathrm{d}x + xz\mathrm{d}x\mathrm{d}y$,其中 Σ 是平面 $3x+2y+z=6$ 在第一卦限部分的上侧.

(5) $\iint\limits_{\Sigma} x\mathrm{d}y\mathrm{d}z + y\mathrm{d}z\mathrm{d}x + z\mathrm{d}x\mathrm{d}y$,其中 Σ 是曲面 $z=x^2+y^2$,$0 \leqslant z \leqslant 1$ 在第一卦限部分的上侧.

(6) $\iint\limits_{\Sigma} [f(x,y,z)+x]\mathrm{d}y\mathrm{d}z + [2f(x,y,z)+y]\mathrm{d}z\mathrm{d}x + [f(x,y,z)+z]\mathrm{d}x\mathrm{d}y$,其中 $f(x,y,z)$ 是连续函数,Σ 是平面 $x-y+z=1$ 在第四卦限部分的上侧.

解 (1) 该曲面在 xOy 平面的投影为曲线,故 $\iint\limits_{\Sigma} z\mathrm{d}x\mathrm{d}y = 0$. 因此,

$$\iint\limits_{\Sigma} x\mathrm{d}y\mathrm{d}z + y\mathrm{d}z\mathrm{d}x + z\mathrm{d}x\mathrm{d}y = \iint\limits_{\Sigma} x\mathrm{d}y\mathrm{d}z + y\mathrm{d}z\mathrm{d}x = \iint\limits_{\Sigma_{yz}} \sqrt{1-y^2}\mathrm{d}y\mathrm{d}z + \iint\limits_{\Sigma_{xz}} \sqrt{1-x^2}\mathrm{d}z\mathrm{d}x$$

$$= \int_0^1 \mathrm{d}y \int_0^3 \sqrt{1-y^2}\mathrm{d}z + \int_0^1 \mathrm{d}x \int_0^3 \sqrt{1-x^2}\mathrm{d}z = \frac{3\pi}{2}.$$

(2) 圆锥面 $z=\sqrt{x^2+y^2}$ 下侧的法向量为 $(2x, 2y, -2z)$,因此,

$$\iint\limits_{\Sigma} (x^2+y^2)\mathrm{d}z\mathrm{d}x + z\mathrm{d}x\mathrm{d}y = \iint\limits_{\Sigma} \left[(x^2+y^2)\frac{\cos\beta}{\cos\gamma} + z\right]\mathrm{d}x\mathrm{d}y$$

$$= \iint\limits_{\Sigma} [(x^2+y^2)(-\frac{y}{z}) + z]\mathrm{d}x\mathrm{d}y$$

$$= -\frac{1}{4} + \frac{\pi}{6}.$$

(3) 平面 $x+y+z=1$ 上侧的法向量为 $(1,1,1)$,因此,

$$\iint\limits_{\Sigma} xze^y\mathrm{d}y\mathrm{d}z - xze^y\mathrm{d}z\mathrm{d}x + z\mathrm{d}x\mathrm{d}y = \iint\limits_{\Sigma} [xze^y\frac{\cos\alpha}{\cos\gamma} - xze^y\frac{\cos\beta}{\cos\gamma} + z]\mathrm{d}x\mathrm{d}y$$

$$= \iint\limits_{\Sigma} [xze^y - xze^y + z]\mathrm{d}x\mathrm{d}y = \frac{1}{6}.$$

(4) 平面 $3x+2y+z=6$ 上侧的法向量为 $(3,2,1)$，因此，

$$\iint_\Sigma x^2 \mathrm{d}y\mathrm{d}z + xy\mathrm{d}z\mathrm{d}x + xz\mathrm{d}x\mathrm{d}y = \iint_\Sigma [x^2 \frac{\cos\alpha}{\cos\gamma} + xy\frac{\cos\beta}{\cos\gamma} + xz]\mathrm{d}x\mathrm{d}y$$

$$= \iint_\Sigma [3x^2 + 2xy + xz]\mathrm{d}x\mathrm{d}y = 12.$$

(5) 曲面 $z=x^2+y^2$ 下侧的法向量为 $(2x,2y,-1)$，因此，

$$\iint_\Sigma x\mathrm{d}y\mathrm{d}z + y\mathrm{d}z\mathrm{d}x + z\mathrm{d}x\mathrm{d}y = \iint_\Sigma [x\frac{\cos\alpha}{\cos\gamma} + y\frac{\cos\beta}{\cos\gamma} + z]\mathrm{d}x\mathrm{d}y$$

$$= \iint_\Sigma [z - 2x^2 - 2y^2]\mathrm{d}x\mathrm{d}y = -\frac{\pi}{8}.$$

(6) 平面 $x-y+z=1$ 上侧的法向量为 $(1,-1,1)$，因此，

$$原式 = \iint_\Sigma [(f+x)\frac{\cos\alpha}{\cos\gamma} + (2f+y)\frac{\cos\beta}{\cos\gamma} + (f+z)]\mathrm{d}x\mathrm{d}y$$

$$= \iint_\Sigma [(f+x) - (2f+y) + (f+z)]\mathrm{d}x\mathrm{d}y = \frac{1}{2}.$$

2. 把第二类曲面积分

$$\iint_\Sigma P(x,y,z)\mathrm{d}y\mathrm{d}z + Q(x,y,z)\mathrm{d}z\mathrm{d}x + R(x,y,z)\mathrm{d}x\mathrm{d}y$$

化为第一类曲面积分，其中：

(1) Σ 是平面 $3x+2y+2\sqrt{3}z=6$ 在第一卦限部分的上侧；

(2) Σ 是抛物面 $z=8-(x^2+y^2)$ 在 xOy 面上方部分的上侧.

解 (1) 平面 $3x+2y+2\sqrt{3}z=6$ 上侧的单位法向量为 $\left(\frac{3}{5}, \frac{2}{5}, \frac{2\sqrt{3}}{5}\right)$，所以，

$$\iint_\Sigma P(x,y,z)\mathrm{d}y\mathrm{d}z + Q(x,y,z)\mathrm{d}z\mathrm{d}x + R(x,y,z)\mathrm{d}x\mathrm{d}y$$

$$= \iint_\Sigma \left[P(x,y,z)\frac{3}{5} + Q(x,y,z)\frac{2}{5} + R(x,y,z)\frac{2\sqrt{3}}{5}\right]\mathrm{d}S.$$

(2) 抛物面 $z=8-(x^2+y^2)$ 上侧的单位法向量为 $\frac{1}{\sqrt{1+4x^2+4y^2}}(2x,2y,1)$，所以，

$$\iint_\Sigma P(x,y,z)\mathrm{d}y\mathrm{d}z + Q(x,y,z)\mathrm{d}z\mathrm{d}x + R(x,y,z)\mathrm{d}x\mathrm{d}y$$

$$= \iint_\Sigma \left[\frac{2xP(x,y,z)}{\sqrt{1+4x^2+4y^2}} + \frac{2yQ(x,y,z)}{\sqrt{1+4x^2+4y^2}} + \frac{R(x,y,z)}{\sqrt{1+4x^2+4y^2}}\right]\mathrm{d}S.$$

【B 组题】

1. 设 Σ 为 $x^2+y^2+z^2=1$ 的外侧，则 $\oiint_\Sigma x\mathrm{d}y\mathrm{d}z + \cos y\mathrm{d}z\mathrm{d}x + \mathrm{d}x\mathrm{d}y = $ _____.

解 $\dfrac{4\pi}{3}$. Σ 的单位法向量为 (x,y,z), 则

$$\oiint_{\Sigma} x\mathrm{d}y\mathrm{d}z + \cos y\mathrm{d}z\mathrm{d}x + \mathrm{d}x\mathrm{d}y = \oiint_{\Sigma}(x^2 + y\cos y + z)\mathrm{d}S.$$

根据曲面积分的对称性,

$$\oiint_{\Sigma} y\cos y\mathrm{d}S = \oiint_{\Sigma} z\mathrm{d}S = 0, \quad \oiint_{\Sigma} x^2\mathrm{d}S = 2\oiint_{\Sigma_1} x^2\mathrm{d}S,$$

$$\oiint_{\Sigma_1} x^2\mathrm{d}S = \oiint_{\Sigma_1} y^2\mathrm{d}S = \oiint_{\Sigma_1} z^2\mathrm{d}S,$$

其中 Σ_1 是上半球面. 因此,

$$\text{原式} = 2\oiint_{\Sigma_1} x^2\mathrm{d}S = \dfrac{2}{3}\oiint_{\Sigma_1}(x^2+y^2+z^2)\mathrm{d}S = \dfrac{2}{3}\oiint_{\Sigma_1}\mathrm{d}S = \dfrac{4}{3}\pi.$$

2. 求下列积分.

(1) $\oiint_{\Sigma} z^2\mathrm{d}x\mathrm{d}y$, 其中 Σ 是球面 $x^2+y^2+(z-a)^2 = a^2$ 的外侧.

(2) $\oiint_{\Sigma} xy\mathrm{d}y\mathrm{d}z + yz\mathrm{d}z\mathrm{d}x + xz\mathrm{d}x\mathrm{d}y$, 其中 Σ 是平面 $x=0, y=0, z=0$ 和 $x+y+z=1$ 所围成的空间闭区域的整个边界曲面的外侧.

解 (1) 设 Σ_1 表示上半球面, 方向取外侧; Σ_2 为下半球面, 方向取外侧. 所以

$$\oiint_{\Sigma} z^2\mathrm{d}x\mathrm{d}y = \iint_{\Sigma_1} z^2\mathrm{d}x\mathrm{d}y + \iint_{\Sigma_2} z^2\mathrm{d}x\mathrm{d}y$$

$$= \iint_{(\Sigma_1)_{xy}} (a+\sqrt{a^2-x^2-y^2})^2\mathrm{d}x\mathrm{d}y - \iint_{(\Sigma_2)_{xy}} (a-\sqrt{a^2-x^2-y^2})^2\mathrm{d}x\mathrm{d}y$$

$$= 4a\iint_{(\Sigma_1)_{xy}} \sqrt{a^2-x^2-y^2}\mathrm{d}x\mathrm{d}y$$

$$= 4a\int_0^{2\pi}\mathrm{d}\theta\int_0^a \sqrt{a^2-\rho^2}\rho\mathrm{d}\rho = \dfrac{8\pi a^4}{3}.$$

(2) 设 $\Sigma = \Sigma_1 + \Sigma_2 + \Sigma_3 + \Sigma_4$, 其中 Σ_1, Σ_2 和 Σ_3 分别在 xOy 平面, yOz 平面, xOz 平面上, Σ_4 在 $x+y+z=1$ 上. 在 Σ_1 上, $z=0$, 且 Σ_1 在 yOz 平面的投影面积为 0, 所以

$$\iint_{\Sigma_1} xy\mathrm{d}y\mathrm{d}z + yz\mathrm{d}z\mathrm{d}x + xz\mathrm{d}x\mathrm{d}y = 0.$$

同理,

$$\iint_{\Sigma_2} xy\mathrm{d}y\mathrm{d}z + yz\mathrm{d}z\mathrm{d}x + xz\mathrm{d}x\mathrm{d}y = 0, \iint_{\Sigma_3} xy\mathrm{d}y\mathrm{d}z + yz\mathrm{d}z\mathrm{d}x + xz\mathrm{d}x\mathrm{d}y = 0.$$

再根据对称性,

$$\iint_{\Sigma_4} xy\mathrm{d}y\mathrm{d}z = \iint_{\Sigma_4} yz\mathrm{d}z\mathrm{d}x = \iint_{\Sigma_4} xz\mathrm{d}x\mathrm{d}y.$$

$$\oiint_{\Sigma} xy\,dydz + yz\,dzdx + xz\,dxdy = 3\iint_{\Sigma_4} xz\,dxdy = 3\iint_{\Sigma_4} x(1-x-y)\,dxdy$$
$$= 3\int_0^1 dx \int_0^{1-x} x(1-x-y)\,dy = \frac{1}{8}.$$

§10.7 高斯公式、通量和散度

一、内容提要

1. **高斯公式**：设空间闭区域 Ω 是由分片光滑的闭曲面 Ω 所围成，函数 $P(x,y,z)$，$Q(x,y,z)$ 和 $R(x,y,z)$ 在 Ω 上具有一阶连续偏导数，则有

$$\iiint_{\Omega}\left(\frac{\partial P}{\partial x} + \frac{\partial Q}{\partial y} + \frac{\partial R}{\partial z}\right)dv = \oiint_{\Sigma} P\,dydz + Q\,dzdx + R\,dxdy,$$

或者

$$\iiint_{\Omega}\left(\frac{\partial P}{\partial x} + \frac{\partial Q}{\partial y} + \frac{\partial R}{\partial z}\right)dv = \oiint_{\Sigma}(P\cos\alpha + Q\cos\beta + R\cos\gamma)dS.$$

这里 Σ 是 Ω 的整个边界曲面的外侧，$\cos\alpha$, $\cos\beta$, $\cos\gamma$ 是 (x,y,z) 点处的法向量的方向余弦.

2. **沿任意闭曲面的曲面积分为零的条件**：设 G 是空间二维单连通区域，$P(x,y,z)$，$Q(x,y,z)$ 和 $R(x,y,z)$ 在 G 内具有一阶连续偏导数，则曲面积分

$$\iint_{\Sigma} P\,dydz + Q\,dzdx + R\,dxdy$$

在 G 内与曲面 Σ 无关而只取决于 Σ 的边界曲线 (或沿 G 内任意闭曲面的曲面积分为零) 的充要条件是

$$\frac{\partial P}{\partial x} + \frac{\partial Q}{\partial y} + \frac{\partial R}{\partial z} = 0$$

在 G 内恒成立.

3. 设某向量场由

$$\boldsymbol{v}(x,y,z) = P(x,y,z)\boldsymbol{i} + Q(x,y,z)\boldsymbol{j} + R(x,y,z)\boldsymbol{k}$$

给出，$P(x,y,z)$，$Q(x,y,z)$ 和 $R(x,y,z)$ 具有一阶连续偏导数，则向量 $\boldsymbol{v}$ 在点 M 的**散度**记作

$$\operatorname{div}\boldsymbol{v} = \left(\frac{\partial P}{\partial x} + \frac{\partial Q}{\partial y} + \frac{\partial R}{\partial z}\right)\bigg|_{(x,y,z)}.$$

设 Σ 是场中一片有向曲面，$\boldsymbol{n}$ 是在点 (x,y,z) 处的单位法向量，则 $\oiint_{\Sigma}\boldsymbol{v}\cdot\boldsymbol{n}\,dS$ 叫作向量场通过曲面向着指定侧的**通量** (或**流量**).

二、教学要求

1. 熟练掌握利用高斯公式求曲面积分或者三重积分的方法.
2. 掌握沿任意闭曲面的曲面积分为零的条件.
3. 理解散度和流量的概念,并能够用它们去理解高斯公式.

三、习题详解

【A 组题】

1. 计算下列积分.

(1) $\oiint\limits_{\Sigma} x\mathrm{d}y\mathrm{d}z + y\mathrm{d}z\mathrm{d}x + z\mathrm{d}x\mathrm{d}y$,其中 Σ 是介于 $z=0$ 和 $z=3$ 之间的圆柱体 $x^2+y^2\leqslant 9$ 的整个表面的外侧.

(2) $\iint\limits_{\Sigma} x\mathrm{d}y\mathrm{d}z + 2y\mathrm{d}z\mathrm{d}x + 3(z-1)\mathrm{d}x\mathrm{d}y$,其中 Σ 是圆锥面 $z=\sqrt{x^2+y^2}, 0\leqslant z\leqslant 1$ 那一部分的下侧.

(3) $\oiint\limits_{\Sigma} x\mathrm{d}y\mathrm{d}z + y\mathrm{d}z\mathrm{d}x + z\mathrm{d}x\mathrm{d}y$,其中 Ω 是锥面 $z=\sqrt{x^2+y^2}$ 和半球面 $z=\sqrt{R^2-x^2-y^2}$ 围成的空间区域,Σ 是 Ω 的边界的外侧.

(4) $\iint\limits_{\Sigma} xy\mathrm{d}y\mathrm{d}z + x\mathrm{d}z\mathrm{d}x + x^2\mathrm{d}x\mathrm{d}y$,其中 Σ 是曲面 $z=\sqrt{4-x^2-y^2}$ 的上侧.

(5) $\iint\limits_{\Sigma} x^3\mathrm{d}y\mathrm{d}z + 2xz^2\mathrm{d}z\mathrm{d}x + 3y^2z\mathrm{d}x\mathrm{d}y$,其中 Σ 是抛物面 $z=4-x^2-y^2$ 被平面 $z=0$ 所截下的有限部分的下侧.

(6) $\iint\limits_{\Sigma} (x-1)^3\mathrm{d}y\mathrm{d}z + (y-1)^3\mathrm{d}z\mathrm{d}x + (z-1)\mathrm{d}x\mathrm{d}y$,其中 Σ 是曲面 $z=x^2+y^2, 0\leqslant z\leqslant 1$ 的上侧.

解 (1) 该圆柱体的体积为 27π. 根据高斯公式,
$$\oiint\limits_{\Sigma} x\mathrm{d}y\mathrm{d}z + y\mathrm{d}z\mathrm{d}x + z\mathrm{d}x\mathrm{d}y = 3\iiint\limits_{\Omega} \mathrm{d}v = 81\pi.$$

(2) 设 Σ_1 表示 $z=1$ 的被圆锥面所截部分的上侧,则 Σ 和 Σ_1 围成空间区域 Ω. 根据高斯公式,
$$\iint\limits_{\Sigma} x\mathrm{d}y\mathrm{d}z + 2y\mathrm{d}z\mathrm{d}x + 3(z-1)\mathrm{d}x\mathrm{d}y = \iint\limits_{\Sigma+\Sigma_1} x\mathrm{d}y\mathrm{d}z + 2y\mathrm{d}z\mathrm{d}x + 3(z-1)\mathrm{d}x\mathrm{d}y -$$
$$\iint\limits_{\Sigma_1} x\mathrm{d}y\mathrm{d}z + 2y\mathrm{d}z\mathrm{d}x + 3(z-1)\mathrm{d}x\mathrm{d}y$$
$$= 6\iiint\limits_{\Omega} \mathrm{d}v - 0 = 2\pi.$$

(3) 区域 Ω 可用球面坐标表示：
$$0 \leqslant \varphi \leqslant \frac{\pi}{4}, 0 \leqslant \theta \leqslant 2\pi, 0 \leqslant \rho \leqslant R.$$

因此，
$$\oiint_{\Sigma} x\mathrm{d}y\mathrm{d}z + y\mathrm{d}z\mathrm{d}x + z\mathrm{d}x\mathrm{d}y = 3\iiint_{\Omega} \mathrm{d}v = 3\int_0^{\frac{\pi}{4}} \mathrm{d}\varphi \int_0^{2\pi} \mathrm{d}\theta \int_0^R \rho^2 \sin\varphi \mathrm{d}\rho$$
$$= (2-\sqrt{2})\pi R^3.$$

(4) 设 Σ_1 表示 $z=0$ 的被球面所截部分的下侧.
$$\iint_{\Sigma} xy\mathrm{d}y\mathrm{d}z + x\mathrm{d}z\mathrm{d}x + x^2\mathrm{d}x\mathrm{d}y$$
$$= \oiint_{\Sigma+\Sigma_1} xy\mathrm{d}y\mathrm{d}z + x\mathrm{d}z\mathrm{d}x + x^2\mathrm{d}x\mathrm{d}y - \iint_{\Sigma_1} xy\mathrm{d}y\mathrm{d}z + x\mathrm{d}z\mathrm{d}x + x^2\mathrm{d}x\mathrm{d}y$$
$$= \iiint_{\Omega} y\mathrm{d}v + \iint_{D} x^2\mathrm{d}x\mathrm{d}y = 8\pi.$$

(5) 设 Σ_1 表示 $z=0$ 的被抛物面所截部分的下侧，Σ^- 和 Σ_1 围成的空间区域为 Ω. Ω 可以用柱面坐标表示：
$$0 \leqslant \theta \leqslant 2\pi, 0 \leqslant \rho \leqslant 2, 0 \leqslant z \leqslant 4-\rho^2.$$

容易计算，
$$\iint_{\Sigma_1} x^3\mathrm{d}y\mathrm{d}z + 2xz^2\mathrm{d}z\mathrm{d}x + 3y^2z\mathrm{d}x\mathrm{d}y = 0.$$

由高斯公式，
$$\oiint_{\Sigma^-+\Sigma_1} x^3\mathrm{d}y\mathrm{d}z + 2xz^2\mathrm{d}z\mathrm{d}x + 3y^2z\mathrm{d}x\mathrm{d}y = \iiint_{\Omega}(3x^2+3y^2)\mathrm{d}v$$
$$= \int_0^{2\pi} \mathrm{d}\theta \int_0^2 \mathrm{d}\rho \int_0^{4-\rho^2} \rho \cdot 3\rho^2 \mathrm{d}z = 32\pi.$$

因此，
$$\oiint_{\Sigma} x^3\mathrm{d}y\mathrm{d}z + 2xz^2\mathrm{d}z\mathrm{d}x + 3y^2z\mathrm{d}x\mathrm{d}y = -32\pi.$$

(6) 设 Σ_1 表示 $z=1$ 的被抛物面所截部分的上侧，Σ^- 和 Σ_1 围成的空间区域为 Ω. Ω 可以用柱面坐标表示：
$$0 \leqslant \theta \leqslant 2\pi,\ 0 \leqslant \rho \leqslant \sqrt{z},\ 0 \leqslant z \leqslant 1.$$

容易计算，
$$\iint_{\Sigma_1} (x-1)^3\mathrm{d}y\mathrm{d}z + (y-1)^3\mathrm{d}z\mathrm{d}x + (z-1)\mathrm{d}x\mathrm{d}y = 0.$$

由对称性，
$$\iiint_\Omega x\mathrm{d}v = \iiint_\Omega y\mathrm{d}v = 0.$$

再由高斯公式，
$$原式 = \iiint_\Omega (3x^2 + 3y^2 - 6x - 6y + 7)\mathrm{d}v = \iiint_\Omega (3x^2 + 3y^2 + 7)\mathrm{d}v$$
$$= \int_0^1 \mathrm{d}z \int_0^{2\pi} \mathrm{d}\theta \int_0^{\sqrt{z}} \rho(3\rho^2 + 7)\mathrm{d}\rho = 4\pi.$$

因此，
$$\oiint_\Sigma x^3 \mathrm{d}y\mathrm{d}z + 2xz^2 \mathrm{d}z\mathrm{d}x + 3y^2 z\mathrm{d}x\mathrm{d}y = -4\pi.$$

【B 组题】

1. 计算下列积分．

(1) $\oiint_\Sigma xy\mathrm{d}y\mathrm{d}z + yz\mathrm{d}z\mathrm{d}x + xz\mathrm{d}x\mathrm{d}y$，其中 Σ 是平面 $x = 0, y = 0, z = 0$ 和 $x + y + z = 1$ 所围的空间闭区域的边界的外侧．

(2) $\oiint_\Sigma -y^2 \mathrm{d}z\mathrm{d}x + (z+1)\mathrm{d}x\mathrm{d}y$，其中 Σ 是柱面 $x^2 + y^2 = 4$，平面 $z = 0$ 和 $x + z = 2$ 所围的空间闭区域的边界的外侧．

(3) $\oiint_\Sigma \dfrac{z}{\sqrt{x^2 + y^2}} \mathrm{d}x\mathrm{d}y$，其中 Σ 是锥面 $z = \sqrt{x^2 + y^2}$ 和平面 $z = 1, z = 2$ 所围的空间闭区域的边界的外侧．

(4) $\oiint_\Sigma z^2 \mathrm{d}x\mathrm{d}y$，其中 Σ 是球面 $x^2 + y^2 + (z-a)^2 = a^2 (a > 0)$ 的外侧．

(5) $\oiint_\Sigma x^2 \mathrm{d}y\mathrm{d}z + y^2 \mathrm{d}z\mathrm{d}x + z^2 \mathrm{d}x\mathrm{d}y$，其中 Σ 是球面 $(x-a)^2 + (y-b)^2 + (z-c)^2 = R^2 (R > 0)$ 的外侧．

解 (1) 设 Σ 围成的空间区域为 Ω，则 Ω 可以表示为
$$0 \leqslant x \leqslant 1,\ 0 \leqslant y \leqslant 1-x,\ 0 \leqslant z \leqslant 1-x-y.$$

由对称性可知
$$\iiint_\Omega x\mathrm{d}v = \iiint_\Omega y\mathrm{d}v = \iiint_\Omega z\mathrm{d}v.$$

由高斯公式，
$$\oiint_\Sigma xy\mathrm{d}y\mathrm{d}z + yz\mathrm{d}z\mathrm{d}x + xz\mathrm{d}x\mathrm{d}y = \iiint_\Omega (x + y + z)\mathrm{d}v = 3\iiint_\Omega x\mathrm{d}v$$
$$= 3\int_0^1 \mathrm{d}x \int_0^{1-x} \mathrm{d}y \int_0^{1-x-y} x\mathrm{d}z = \dfrac{1}{8}.$$

(2) 设 Σ 围成的空间区域为 Ω，则 Ω 可以表示为

$$0 \leqslant \theta \leqslant 2\pi,\ 0 \leqslant \rho \leqslant 2,\ 0 \leqslant z \leqslant 2 - \rho\cos\theta.$$

由高斯公式，

$$\oiint_{\Sigma} -y^2 \mathrm{d}z\mathrm{d}x + (z+1)\mathrm{d}x\mathrm{d}y = \iiint_{\Omega}(1-2y)\mathrm{d}v$$

$$= \int_0^{2\pi} \mathrm{d}\theta \int_0^2 \mathrm{d}\rho \int_0^{2-\rho\cos\theta} \rho(1-2\rho\sin\theta)\mathrm{d}z = 8\pi.$$

(3) 设 Σ 围成的空间区域为 Ω，则 Ω 可以表示为

$$0 \leqslant \theta \leqslant 2\pi,\ 0 \leqslant \rho \leqslant z,\ 1 \leqslant z \leqslant 2.$$

由高斯公式，

$$\oiint_{\Sigma} \frac{z}{\sqrt{x^2+y^2}} \mathrm{d}x\mathrm{d}y = \iiint_{\Omega} \frac{1}{\sqrt{x^2+y^2}} \mathrm{d}v = \int_1^2 \mathrm{d}z \int_0^{2\pi} \mathrm{d}\theta \int_0^z \mathrm{d}\rho = 3\pi.$$

(4) 设 Σ 围成的空间区域为 Ω，则 Ω 可以用球面坐标表示为

$$0 \leqslant \theta \leqslant 2\pi,\ 0 \leqslant \varphi \leqslant \frac{\pi}{2},\ 0 \leqslant \rho \leqslant 2a\cos\varphi.$$

由高斯公式，

$$\oiint_{\Sigma} z^2 \mathrm{d}x\mathrm{d}y = \iiint_{\Omega} 2z\mathrm{d}v = \int_0^{2\pi} \mathrm{d}\theta \int_0^{\frac{\pi}{2}} \mathrm{d}\varphi \int_0^{2a\cos\varphi} \rho^2 \sin\varphi \cdot 2\rho\cos\varphi \mathrm{d}\rho = \frac{8\pi a^4}{3}.$$

(5) 设 Σ 围成的空间区域为 Ω，则 Ω 可以用球面坐标表示为

$$x = a + \rho\sin\varphi\cos\theta,\ y = b + \rho\sin\varphi\sin\theta,\ z = c + \rho\cos\varphi,$$

其中

$$0 \leqslant \theta \leqslant 2\pi,\ 0 \leqslant \varphi \leqslant \pi,\ 0 \leqslant \rho \leqslant R.$$

由高斯公式，

$$原式 = \iiint_{\Omega} 2(x+y+z)\mathrm{d}v$$

$$= \int_0^{2\pi} \mathrm{d}\theta \int_0^{\pi} \mathrm{d}\varphi \int_0^R 2\rho^2 \sin\varphi (a + \rho\sin\varphi\cos\theta + b + \rho\sin\varphi\sin\theta + c + \rho\cos\varphi)\mathrm{d}\rho$$

$$= \int_0^{2\pi} \mathrm{d}\theta \int_0^{\pi} \mathrm{d}\varphi \int_0^R 2\rho^2 \sin\varphi (a+b+c+\rho\cos\varphi)\mathrm{d}\rho$$

$$= \frac{8}{3}\pi R^3 (a+b+c) + \frac{1}{2}\pi R^4.$$

§10.8 斯托克斯公式、环流量与旋度

一、内容提要

1. 斯托克斯公式: 设 Γ 为分段光滑的空间有向闭曲线, Σ 是以 Γ 为边界的分片光滑的有向曲面, Γ 的正向与 Σ 的侧符合右手规则, 函数 $P(x,y,z)$, $Q(x,y,z)$ 和 $R(x,y,z)$ 在曲面 Σ (连同边界 Γ) 上具有一阶连续偏导数, 则有

$$\iint_{\Sigma}\left(\frac{\partial R}{\partial y}-\frac{\partial Q}{\partial z}\right)\mathrm{d}y\mathrm{d}z+\left(\frac{\partial P}{\partial z}-\frac{\partial R}{\partial x}\right)\mathrm{d}z\mathrm{d}x+\left(\frac{\partial Q}{\partial x}-\frac{\partial P}{\partial y}\right)\mathrm{d}x\mathrm{d}y$$
$$=\oint_{\Gamma}P\mathrm{d}x+Q\mathrm{d}y+R\mathrm{d}z.$$

2. 斯托克斯公式的另一形式:

$$\iint_{\Sigma}\begin{vmatrix}\cos\alpha & \cos\beta & \cos\gamma \\ \dfrac{\partial}{\partial x} & \dfrac{\partial}{\partial y} & \dfrac{\partial}{\partial z} \\ P & Q & R\end{vmatrix}\mathrm{d}S=\oint_{\Gamma}P\mathrm{d}x+Q\mathrm{d}y+R\mathrm{d}z,$$

其中 $\boldsymbol{n}=(\cos\alpha,\cos\beta,\cos\gamma)$ 是有向曲面 Σ 在点 (x,y,z) 处的单位法向量.

如果积分曲面 Σ 可以表示为 $z=z(x,y)$, 那么斯托克斯公式可以写为

$$\iint_{\Sigma}\begin{vmatrix}\dfrac{\cos\alpha}{\cos\gamma} & \dfrac{\cos\beta}{\cos\gamma} & 1 \\ \dfrac{\partial}{\partial x} & \dfrac{\partial}{\partial y} & \dfrac{\partial}{\partial z} \\ P & Q & R\end{vmatrix}\mathrm{d}x\mathrm{d}y=\oint_{\Gamma}P\mathrm{d}x+Q\mathrm{d}y+R\mathrm{d}z.$$

3. 空间曲线积分与路径无关的条件: 设空间区域 G 是一维单连通区域, 函数 $P(x,y,z)$, $Q(x,y,z)$ 和 $R(x,y,z)$ 在 G 内具有一阶连续偏导数, 则空间曲线积分 $\oint_{\Gamma}P\mathrm{d}x+Q\mathrm{d}y+R\mathrm{d}z$ 在 G 内与路径无关 (或沿 G 内任意闭曲线的曲线积分为零) 的充分必要条件是

$$\frac{\partial R}{\partial y}=\frac{\partial Q}{\partial z},\frac{\partial P}{\partial z}=\frac{\partial R}{\partial x},\frac{\partial Q}{\partial x}=\frac{\partial P}{\partial y}$$

在 G 内恒成立.

4. 设区域 G 是空间一维单连通区域, 函数 $P(x,y,z)$, $Q(x,y,z)$ 和 $R(x,y,z)$ 在 G 内具有一阶连续偏导数, 则表达式 $P\mathrm{d}x+Q\mathrm{d}y+R\mathrm{d}z$ 在 G 内成为某一函数 $u(x,y,z)$ 的全微分的充分必要条件是等式

$$\frac{\partial R}{\partial y}=\frac{\partial Q}{\partial z},\frac{\partial P}{\partial z}=\frac{\partial R}{\partial x},\frac{\partial Q}{\partial x}=\frac{\partial P}{\partial y}$$

在 G 内恒成立; 此时该函数 (不计一常数之差) 可用下式给出:
$$u(x,y,z) = \int_{(x_0,y_0,z_0)}^{(x,y,z)} P\mathrm{d}x + Q\mathrm{d}y + R\mathrm{d}z,$$
或
$$u(x,y,z) = \int_{x_0}^{x} P(x,y_0,z_0)\mathrm{d}x + \int_{y_0}^{y} Q(x,y,z_0)\mathrm{d}y + \int_{z_0}^{z} R(x,y,z)\mathrm{d}z,$$
其中 $M_0(x_0,y_0,z_0)$ 为 G 内某一定点, 点 $M(x,y,z) \in G$.

5. 设有向量场
$$\boldsymbol{A}(x,y,z) = P(x,y,z)\boldsymbol{i} + Q(x,y,z)\boldsymbol{j} + R(x,y,z)\boldsymbol{k},$$
在坐标轴上的投影分别为
$$\frac{\partial R}{\partial y} - \frac{\partial Q}{\partial z}, \frac{\partial P}{\partial z} - \frac{\partial R}{\partial x}, \frac{\partial Q}{\partial x} - \frac{\partial P}{\partial y}$$
的向量叫作向量场 $\boldsymbol{A}$ 的**旋度**, 记作 $\mathbf{rot}\,\boldsymbol{A}$, 即
$$\mathbf{rot}\,\boldsymbol{A} = \left(\frac{\partial R}{\partial y} - \frac{\partial Q}{\partial z}\right)\boldsymbol{i} + \left(\frac{\partial P}{\partial z} - \frac{\partial R}{\partial x}\right)\boldsymbol{j} + \left(\frac{\partial Q}{\partial x} - \frac{\partial P}{\partial y}\right)\boldsymbol{k},$$
也可写成向量的形式
$$\iint_{\Sigma} \mathbf{rot}\,\boldsymbol{A} \cdot \boldsymbol{n}\,\mathrm{d}S = \oint_{\Gamma} \boldsymbol{A} \cdot \boldsymbol{\tau}\,\mathrm{d}s.$$

6. 沿有向闭曲线 Γ 的曲线积分
$$\oint_{\Gamma} (P\cos\lambda + Q\cos\mu + R\cos\nu)\mathrm{d}s = \oint_{\Gamma} \boldsymbol{A} \cdot \boldsymbol{\tau}\,\mathrm{d}s$$
叫作向量场 $\boldsymbol{A}$ 沿有向闭曲线 Γ 的**环流量**.

7. 斯托克斯公式可叙述为: 向量场 $\boldsymbol{A}$ 沿有向闭曲线 Γ 的环流量等于向量场 $\boldsymbol{A}$ 的旋度场通过 Γ 所张的曲面 Σ 的通量, 这里 Γ 的正向与 Σ 的侧应符合右手规则.

8. 向量微分算子 ∇ 的定义为
$$\nabla = \frac{\partial}{\partial x}\boldsymbol{i} + \frac{\partial}{\partial y}\boldsymbol{j} + \frac{\partial}{\partial z}\boldsymbol{k},$$
又称为 ∇(Nabla) 算子或者哈密顿 (Hamilton) 算子. 运用微分算子, 我们有

(1) 设 $u = u(x,y,z)$, 则
$$\nabla u = \frac{\partial u}{\partial x}\boldsymbol{i} + \frac{\partial u}{\partial y}\boldsymbol{j} + \frac{\partial u}{\partial z}\boldsymbol{k} = \mathbf{grad}\,u;$$
$$\nabla^2 u = \nabla(\nabla u) = \nabla(\mathbf{grad}\,u) = \frac{\partial^2 u}{\partial x^2} + \frac{\partial^2 u}{\partial y^2} + \frac{\partial^2 u}{\partial z^2} = \Delta u.$$

(2) 设有向量场 $\boldsymbol{A}(x,y,z) = P(x,y,z)\boldsymbol{i} + Q(x,y,z)\boldsymbol{j} + R(x,y,z)\boldsymbol{k}$, 则
$$\nabla \cdot \boldsymbol{A} = \left(\frac{\partial}{\partial x}\boldsymbol{i} + \frac{\partial}{\partial y}\boldsymbol{j} + \frac{\partial}{\partial z}\boldsymbol{k}\right) \cdot (P\boldsymbol{i} + Q\boldsymbol{j} + R\boldsymbol{k})$$
$$= \frac{\partial P}{\partial x} + \frac{\partial Q}{\partial y} + \frac{\partial R}{\partial z} = \mathrm{div}\,\boldsymbol{A};$$
$$\nabla \times \boldsymbol{A} = \begin{vmatrix} \boldsymbol{i} & \boldsymbol{j} & \boldsymbol{k} \\ \dfrac{\partial}{\partial x} & \dfrac{\partial}{\partial y} & \dfrac{\partial}{\partial z} \\ P & Q & R \end{vmatrix} = \mathbf{rot}\,\boldsymbol{A}.$$

二、教学要求

1. 熟练掌握斯托克斯公式,并能用于计算曲线积分.

2. 掌握空间曲线积分与路径无关的条件.

3. 掌握式 $P\mathrm{d}x+Q\mathrm{d}y+R\mathrm{d}z$ 在 G 内成为某一函数 $u(x,y,z)$ 的全微分的充分必要条件,并能求出该函数.

4. 理解旋度和环流量的概念,并能用之解释斯托克斯公式.

5. 了解向量微分算子 ∇ 及其性质.

三、习题详解

【A 组题】

1. 计算下列曲线积分.

(1) $\oint_{\Gamma}(x+y^2)\mathrm{d}x+(y+z^2)\mathrm{d}y+(z+x^2)\mathrm{d}z$,其中 Γ 是平面 $x+y+z=1$ 在第一卦限部分的整个边界曲线,从 z 轴正向看去 Γ 为逆时针方向.

(2) $\oint_{\Gamma} y\mathrm{d}x+2xz\mathrm{d}y+\mathrm{e}^{xy}\mathrm{d}z$,其中 Γ 是圆柱面 $x^2+y^2=16$ 与平面 $z=5$ 的交线,从 z 轴正向看去 Γ 为逆时针方向.

(3) $\oint_{\Gamma}(y-z)\mathrm{d}x+(z-x)\mathrm{d}y+(x-y)\mathrm{d}z$,其中 Γ 是圆柱面 $x^2+y^2=a^2$ 与平面 $\dfrac{x}{a}+\dfrac{z}{b}=1\,(a>0,b>0)$ 的交线,从 z 轴正向看去 Γ 为逆时针方向.

(4) $\oint_{\Gamma} xz\mathrm{d}x+x\mathrm{d}y+\dfrac{y^2}{2}\mathrm{d}z$,其中 Γ 是柱面 $x^2+y^2=1$ 与平面 $z=x+y$ 的交线,从 z 轴正向看去 Γ 为逆时针方向.

(5) $\oint_{\Gamma} y\mathrm{d}x+z\mathrm{d}y+x\mathrm{d}z$,其中 Γ 是球面 $x^2+y^2+z^2=R^2$ 与平面 $x+z=R$ 的交线,从 z 轴正向看去 Γ 为逆时针方向.

解 (1) 设 Σ 是平面 $x+y+z=1$ 在第一卦限的部分,其上的单位法向量为 $\dfrac{\sqrt{3}}{3}(1,1,1)$,$\mathrm{d}S=\sqrt{3}\mathrm{d}x\mathrm{d}y$,$\Sigma$ 在 xOy 平面的投影为面积是 $\dfrac{1}{2}$ 的三角形. 由斯托克斯公式,

$$\oint_{\Gamma}(x+y^2)\mathrm{d}x+(y+z^2)\mathrm{d}y+(z+x^2)\mathrm{d}z=-\iint_{\Sigma}2z\mathrm{d}y\mathrm{d}z+2x\mathrm{d}z\mathrm{d}x+2y\mathrm{d}x\mathrm{d}y$$

$$=-\iint_{\Sigma}\dfrac{2\sqrt{3}}{3}(x+y+z)\mathrm{d}S$$

$$=-\iint_{\Sigma_{xy}}2\mathrm{d}x\mathrm{d}y=-1.$$

(2) 设 Σ 是平面 $z=5$ 在 $x^2+y^2\leqslant 16$ 之内的部分,其上的单位法向量为 $(0,0,1)$,

$dS = dxdy$，Σ 在 xOy 平面的投影是 $x^2 + y^2 \leqslant 16$. 由斯托克斯公式,

$$\oint_\Gamma ydx + 2xzdy + e^{xy}dz = \iint_\Sigma (R_y - Q_z)dydz + (P_z - R_x)dzdx + (2z-1)dxdy$$

$$= \iint_\Sigma (2z-1)dS = \iint_{\Sigma_{xy}} 9dxdy = 144\pi.$$

(3) 设 Σ 是平面 $\dfrac{x}{a} + \dfrac{z}{b} = 1$ 在 $x^2 + y^2 \leqslant a^2$ 之内的部分，其上的单位法向量为 $\dfrac{1}{\sqrt{a^2+b^2}}(b,0,a)$，$dS = \dfrac{\sqrt{a^2+b^2}}{a}dxdy$，$\Sigma$ 在 xOy 平面的投影是 $x^2 + y^2 \leqslant a^2$. 由斯托克斯公式,

$$\oint_\Gamma (y-z)dx + (z-x)dy + (x-y)dz = -2\iint_\Sigma dydz + dzdx + dxdy$$

$$= -2\iint_\Sigma \dfrac{a+b}{\sqrt{a^2+b^2}}dS$$

$$= -2\iint_{\Sigma_{xy}} \dfrac{a+b}{a}dxdy = -2\pi a(a+b).$$

(4) 设 Σ 是平面 $z = x + y$ 在 $x^2 + y^2 \leqslant 1$ 之内的部分，其上的单位法向量为 $\dfrac{1}{\sqrt{3}}(-1,-1,1)$，$dS = \sqrt{3}dxdy$，$\Sigma$ 在 xOy 平面的投影是 $x^2 + y^2 \leqslant 1$. 由斯托克斯公式,

$$\oint_\Gamma xzdx + xdy + \dfrac{y^2}{2}dz = \iint_\Sigma ydydz + xdzdx + dxdy$$

$$= \iint_\Sigma \dfrac{1}{\sqrt{3}}(1-x-y)dS$$

$$= \iint_{\Sigma_{xy}} (1-x-y)dxdy = \pi.$$

(5) 设 Σ 是平面 $x + z = R$ 在 $x^2 + y^2 + z^2 \leqslant R^2$ 之内的部分，其上的单位法向量为 $\dfrac{1}{\sqrt{2}}(1,0,1)$，$dS = \sqrt{2}dxdy$，$\Sigma$ 在 xOy 平面的投影是椭圆 $\left(x - \dfrac{1}{2}R\right)^2 + \dfrac{y^2}{2} = 1$，该椭圆的面积是 $\dfrac{\sqrt{2}}{4}\pi R^2$. 由斯托克斯公式,

$$\oint_\Gamma ydx + zdy + xdz = \iint_\Sigma -dydz - dzdx - dxdy$$

$$= -\iint_\Sigma \sqrt{2}dS = \iint_{\Sigma_{xy}} -2dxdy = -\dfrac{\sqrt{2}}{2}\pi R^2.$$

2. 求旋度和环流量.

(1) 已知向量 $\boldsymbol{A} = (y^2 + z^2, z^2 + x^2, x^2 + y^2)$，求 $\text{rot}\boldsymbol{A}$.

(2) 已知向量 $\boldsymbol{A} = (x^2yz, xy^2z, xyz^2)$，求 $\text{rot}\boldsymbol{A}$.

(3) 流速 $\boldsymbol{A}=(-y,x,c)$, 其中 c 为常数, 求沿曲线 $\Gamma: x^2+y^2=1, z=0$ 的环流量, 从 z 轴正向看去 Γ 为逆时针方向.

解 (1) $\operatorname{rot}\boldsymbol{A}=(2y-2z, 2z-2x, 2x-2y)$.

(2) $\operatorname{rot}\boldsymbol{A}=(xz^2-xy^2, x^2y-yz^2, y^2z-x^2z)$.

(3) Γ 的参数方程为 $x=\cos\theta, y=\sin\theta, z=0, 0\leqslant\theta\leqslant 2\pi$. 因此所求环流量为

$$\oint_\Gamma -y\mathrm{d}x+x\mathrm{d}y+c\mathrm{d}z=\int_0^{2\pi}(\sin^2\theta+\cos^2\theta)\mathrm{d}\theta=2\pi.$$

【B 组题】

1. 求下列积分.

(1) $\oint_\Gamma y^2\mathrm{d}x+z^2\mathrm{d}y+x^2\mathrm{d}z$, 其中 Γ 是球面 $x^2+y^2+z^2=1$ 与柱面 $x^2+y^2=x(z\geqslant 0)$ 的交线, 从 z 轴正向看去 Γ 为逆时针方向.

(2) $\oint_\Gamma (y+z)\mathrm{d}x+(z^2-x^2+y)\mathrm{d}y+x^2y^2\mathrm{d}z$, 其中 Γ 的方程为 $z=\sqrt{2-x^2-y^2}, z=x$, 起点为 $A(0,\sqrt{2},0)$, 终点是 $B(0,-\sqrt{2},0)$.

解 (1) 设 Σ 是球面 $x^2+y^2+z^2=1$ 在 $x^2+y^2=x(z\geqslant 0)$ 之内的部分, 其上的单位法向量为 (x,y,z), $\mathrm{d}S=\dfrac{\mathrm{d}x\mathrm{d}y}{\sqrt{1-x^2-y^2}}$, Σ 在 xOy 平面的投影是圆 $x^2+y^2=x$. 注意到该区域关于 x 轴对称, 关于 y 是奇函数的二元函数积分为 0. 由斯托克斯公式,

$$\begin{aligned}\oint_\Gamma y^2\mathrm{d}x+z^2\mathrm{d}y+x^2\mathrm{d}z&=\iint_\Sigma -2z\mathrm{d}y\mathrm{d}z-2x\mathrm{d}z\mathrm{d}x-2y\mathrm{d}x\mathrm{d}y=\iint_\Sigma(-2xz-2xy-2yz)\mathrm{d}S\\ &=\iint_{\Sigma_{xy}}\frac{-2(x+y)\sqrt{1-x^2-y^2}-2xy}{\sqrt{1-x^2-y^2}}\mathrm{d}x\mathrm{d}y\\ &=\iint_{\Sigma_{xy}}-2x\mathrm{d}x\mathrm{d}y=\int_0^\pi\mathrm{d}\theta\int_0^{\cos\theta}-2\rho^2\cos\theta\mathrm{d}\rho=-\frac{\pi}{4}.\end{aligned}$$

(2) Γ 的投影曲线为 $x^2+\dfrac{y^2}{2}=1, z=0$. 因此, Γ 的参数方程可以表示为

$$x=\cos\theta,\ y=\sqrt{2}\sin\theta,\ z=\cos\theta,\ \frac{\pi}{2}\leqslant\theta\leqslant\frac{3\pi}{2}.$$

于是,

$$\begin{aligned}\oint_\Gamma (y+z)\mathrm{d}x+(z^2-x^2+y)\mathrm{d}y+x^2y^2\mathrm{d}z&=\int_{\frac{\pi}{2}}^{\frac{3\pi}{2}}\left(-\sqrt{2}\sin^2\theta+\frac{1}{2}\sin 2\theta-2\cos^2\theta\sin^3\theta\right)\mathrm{d}\theta\\ &=-\frac{\sqrt{2}}{2}\pi.\end{aligned}$$

第 11 章 无穷级数

§11.1 常数项级数的概念和性质

一、内容提要

1. 收敛级数的概念:

(1) 将数列 $\{u_n\}$ 的所有项依次相加所得到的无穷项的和式

$$u_1+u_2+u_3+\cdots+u_n+\cdots$$

称为 (**常数项**) **级数**, 简记为 $\sum\limits_{n=1}^{\infty}u_n$. 数列 $\{u_n\}$ 的前 n 项和 S_n, 称为级数 $\sum\limits_{n=1}^{\infty}u_n$ 的**部分和**.

(2) 如果极限 $\lim\limits_{n\to\infty}S_n$ 存在且等于 S, 那么我们就说**级数** $\sum\limits_{n=1}^{\infty}u_n$ **收敛于** S, 并称 S 为级数 $\sum\limits_{n=1}^{\infty}u_n$ 的**和**, 即

$$\sum_{n=1}^{\infty}u_n=S.$$

若极限 $\lim\limits_{n\to\infty}S_n$ 不存在, 则级数 $\sum\limits_{n=1}^{\infty}u_n$ **发散**.

(3) 当级数收敛时, 有 $\lim\limits_{n\to\infty}S_n=S$. 由极限和无穷小的关系, S_n 与 S 之间的差值 $R_n=S-S_n$ 是无穷小, 即 $\lim\limits_{n\to\infty}R_n=0$. 我们称 R_n 为级数的**余项**.

(4) 级数收敛的必要条件: 如果级数 $\sum\limits_{n=1}^{\infty}u_n$ 收敛, 那么它的一般项 u_n 趋于零, 即 $\lim\limits_{n\to\infty}u_n=0$.

2. 收敛级数的基本性质:

(1) 若级数 $\sum\limits_{n=1}^{\infty}u_n$ 收敛于 S, 即 $S=\sum\limits_{n=1}^{\infty}u_n$, 则各项乘以常数 c 所得级数 $\sum\limits_{n=1}^{\infty}cu_n$ 也收敛, 且其和为 cS.

(2) 设级数 $\sum\limits_{n=1}^{\infty}u_n$ 收敛于 S, $\sum\limits_{n=1}^{\infty}v_n$ 收敛于 T, 则级数 $\sum\limits_{n=1}^{\infty}(u_n\pm v_n)$ 也收敛, 其和为 $S\pm T$.

(3) 在级数前面加上、去掉或者改变有限项, 不会影响级数的敛散性.

(4) 收敛级数加括弧后所成的级数仍收敛, 且其和不变.

二、教学要求

1. 理解常数项级数收敛、发散及和的概念.
2. 掌握收敛级数的基本性质.
3. 掌握几何级数收敛与发散的条件, 并会用级数收敛的定义求简单级数的和.
4. 知道调和级数 $\sum_{n=1}^{\infty} \dfrac{1}{n}$ 是发散的.

三、习题详解

【A 组题】

1. 选择填空题.

(1) 若 $\lim\limits_{n\to\infty} u_n = 0$, 则级数 $\sum\limits_{n=0}^{\infty} u_n$ ( ).

   A. 一定收敛   B. 一定发散

   C. 可能收敛也可能发散   D. 部分和有界

(2) 若级数 $\sum\limits_{n=0}^{\infty} u_n$ 收敛, $\sum\limits_{n=0}^{\infty} v_n$ 发散, 则 $\sum\limits_{n=0}^{\infty}(u_n + v_n)$ ( ).

   A. 一定收敛   B. 一定发散

   C. 可能收敛也可能发散   D. 一般项极限为零

(3) 已知级数 $\sum\limits_{n=0}^{\infty} u_n$ 收敛, 则下列级数中收敛的是 ( ).

   A. $\sum\limits_{n=0}^{\infty}(u_n + 100)$ B. $\sum\limits_{n=0}^{\infty} 100 u_n$

   C. $\sum\limits_{n=0}^{\infty}(u_n - 100)$ D. $\sum\limits_{n=0}^{\infty} u_n^{100}$

(4) 已知级数 $\sum\limits_{n=1}^{\infty}(-1)^{n-1} u_n = 2$, $\sum\limits_{n=1}^{\infty} u_{2n-1} = 5$, 则 $\sum\limits_{n=1}^{\infty} u_n$ 收敛于 _____.

解 (1)C. (2)B. (3)B.

(4) 记 $S_1 = \sum\limits_{n=1}^{\infty}(-1)^{n-1} u_n$, $S_2 = \sum\limits_{n=1}^{\infty} u_n$, $S_3 = \sum\limits_{n=1}^{\infty} u_{2n-1}$, 则 $S_3 = \dfrac{S_1 + S_2}{2} = 3$, 所以 $\sum\limits_{n=1}^{\infty} u_n = 2S_3 - S_1 = 8$.

2. 判定下列级数的敛散性.

(1) $\dfrac{1}{1 \cdot 3} + \dfrac{1}{3 \cdot 5} + \cdots + \dfrac{1}{(2n-1) \cdot (2n+1)} + \cdots$;

(2) $\dfrac{3}{2} + \dfrac{3^2}{2^2} + \cdots + \dfrac{3^n}{2^n} + \cdots$;

(3) $-\dfrac{2}{3} + \dfrac{2^2}{3^2} - \dfrac{2^3}{3^3} + \cdots + (-1)^n \dfrac{2^n}{3^n} + \cdots$;

(4) $\dfrac{1}{3} + \dfrac{1}{\sqrt{3}} + \dfrac{1}{\sqrt[3]{3}} + \cdots + \dfrac{1}{\sqrt[n]{3}} + \cdots$;

(5) $\left(\dfrac{1}{3}-\dfrac{2}{5}\right)+\left(\dfrac{1}{3^2}-\dfrac{2^2}{5^2}\right)+\cdots+\left(\dfrac{1}{3^n}-\dfrac{2^n}{5^n}\right)+\cdots$;

(6) $\sum\limits_{n=1}^{\infty}(\sqrt{n+1}-\sqrt{n})$.

解 (1) 记 $S_n=\dfrac{1}{1\cdot 3}+\dfrac{1}{3\cdot 5}+\cdots+\dfrac{1}{(2n-1)\cdot(2n+1)}$，则有
$$S_n=\dfrac{1}{2}\left(1-\dfrac{1}{3}+\dfrac{1}{3}-\dfrac{1}{5}+\cdots+\dfrac{1}{2n-1}-\dfrac{1}{2n+1}\right)=\dfrac{1}{2}\left(1-\dfrac{1}{2n+1}\right),$$

所以 $\lim\limits_{n\to\infty}S_n=\dfrac{1}{2}$，因此级数收敛.

(2) 因为 $\lim\limits_{n\to\infty}\dfrac{3^n}{2^n}=\infty$，所以级数发散.

(3) 记 $S_n=-\dfrac{2}{3}+\dfrac{2^2}{3^2}-\dfrac{2^3}{3^3}+\cdots+(-1)^n\dfrac{2^n}{3^n}$，则有
$$S_n=\dfrac{-\dfrac{2}{3}\left[1-\left(-\dfrac{2}{3}\right)^n\right]}{1-\left(-\dfrac{2}{3}\right)}=-\dfrac{2}{5}\left[1-\left(-\dfrac{2}{3}\right)^n\right],$$

所以 $\lim\limits_{n\to\infty}S_n=-\dfrac{2}{5}$，因此级数收敛.

(4) 因为 $\lim\limits_{n\to\infty}\dfrac{1}{\sqrt[n]{3}}=1$，所以级数发散.

(5) 记 $S_n=\left(\dfrac{1}{3}-\dfrac{2}{5}\right)+\left(\dfrac{1}{3^2}-\dfrac{2^2}{5^2}\right)+\cdots+\left(\dfrac{1}{3^n}-\dfrac{2^n}{5^n}\right)$，则有
$$S_n=\left(\dfrac{1}{3}+\dfrac{1}{3^2}+\cdots+\dfrac{1}{3^n}\right)-\left(\dfrac{2}{5}+\dfrac{2^2}{5^2}+\cdots+\dfrac{2^n}{5^n}\right)=\dfrac{1}{2}\left(1-\dfrac{1}{3^n}\right)-\dfrac{2}{3}\left(1-\dfrac{2^n}{5^n}\right),$$

所以 $\lim\limits_{n\to\infty}S_n=-\dfrac{1}{6}$，因此级数收敛.

(6) 记 $S_n=\sum\limits_{k=1}^{n}(\sqrt{k+1}-\sqrt{k})$，则有
$$S_n=\sqrt{n+1}-1,$$

所以 $\lim\limits_{n\to\infty}S_n=\infty$，因此级数发散.

【B 组题】

1. 选择题.

(1) 设 $a_n>0, n=1,2,3,\cdots$，若 $\sum\limits_{n=1}^{\infty}a_n$ 发散，$\sum\limits_{n=1}^{\infty}(-1)^{n-1}a_n$ 收敛，则下列结论正确的是（　）.

A. 若 $\sum\limits_{n=1}^{\infty}a_{2n-1}$ 收敛，则 $\sum\limits_{n=1}^{\infty}a_{2n}$ 发散

B. 若 $\sum\limits_{n=1}^{\infty}a_{2n}$ 收敛，则 $\sum\limits_{n=1}^{\infty}a_{2n-1}$ 发散

C. $\sum\limits_{n=1}^{\infty}(a_{2n-1}+a_{2n})$ 收敛

D. $\sum\limits_{n=1}^{\infty}(a_{2n-1}-a_{2n})$ 收敛

(2) 设 $\{u_n\}$ 是数列,则下列命题正确的是 (   ).

A. 若 $\sum\limits_{n=1}^{\infty} u_n$ 收敛,则 $\sum\limits_{n=1}^{\infty}(u_{2n-1}+u_{2n})$ 收敛

B. 若 $\sum\limits_{n=1}^{\infty}(u_{2n-1}+u_{2n})$ 收敛,则 $\sum\limits_{n=1}^{\infty} u_n$ 收敛

C. 若 $\sum\limits_{n=1}^{\infty} u_n$ 收敛,则 $\sum\limits_{n=1}^{\infty}(u_{2n-1}-u_{2n})$ 收敛

D. 若 $\sum\limits_{n=1}^{\infty}(u_{2n-1}-u_{2n})$ 收敛,则 $\sum\limits_{n=1}^{\infty} u_n$ 收敛

解 (1) D; (2) A.

2. 判定下列级数的敛散性,说明理由.

(1) $\sum\limits_{n=1}^{\infty}\left(\dfrac{1}{2^n}-\dfrac{1}{n}\right)$;   (2) $\sum\limits_{n=1}^{\infty}\dfrac{3^n-2^n}{3^n+2^n}$.

解 (1) 因为 $\sum\limits_{n=1}^{\infty}\dfrac{1}{2^n}$ 收敛, $\sum\limits_{n=1}^{\infty}\dfrac{1}{n}$ 发散,所以 $\sum\limits_{n=1}^{\infty}\left(\dfrac{1}{2^n}-\dfrac{1}{n}\right)$ 发散.

(2) 因为 $\lim\limits_{n\to\infty}\dfrac{3^n-2^n}{3^n+2^n}=1$,所以 $\sum\limits_{n=1}^{\infty}\dfrac{3^n-2^n}{3^n+2^n}$ 发散.

§11.2 正项级数的审敛法

一、内容提要

1. 正项级数的比较审敛法:

(1) 正项级数 $\sum\limits_{n=1}^{\infty} u_n$ 收敛的充分必要条件是它的部分和数列 $\{S_n\}$ 有上界 (或有界).

(2) 比较审敛法: 设 $\sum\limits_{n=1}^{\infty} u_n$ 是正项级数,且 $u_n \leqslant v_n$, $n=1,2,3,\cdots$.

(i) 如果 $\sum\limits_{n=1}^{\infty} v_n$ 收敛,那么 $\sum\limits_{n=1}^{\infty} u_n$ 也收敛.

(ii) 如果 $\sum\limits_{n=1}^{\infty} u_n$ 发散,那么 $\sum\limits_{n=1}^{\infty} v_n$ 也发散.

(3) 设 $\sum\limits_{n=1}^{\infty} u_n$ 和 $\sum\limits_{n=1}^{\infty} v_n$ 是正项级数,且存在 $N\in\mathbf{N}^*$ 和 $k>0$,使得当 $n>N$ 时, $u_n\leqslant kv_n$,则

(i) 如果 $\sum\limits_{n=1}^{\infty} v_n$ 收敛,那么 $\sum\limits_{n=1}^{\infty} u_n$ 也收敛.

(ii) 如果 $\sum\limits_{n=1}^{\infty} u_n$ 发散,那么 $\sum\limits_{n=1}^{\infty} v_n$ 也发散.

(4) 比较审敛法的极限形式: 设 $\sum\limits_{n=1}^{\infty} u_n$ 和 $\sum\limits_{n=1}^{\infty} v_n$ 是两正项级数, $\lim\limits_{n\to\infty}\dfrac{u_n}{v_n}=l$,则

(i) 当 $0 \leqslant l < +\infty$ 且级数 $\sum_{n=1}^{\infty} v_n$ 收敛时, 级数 $\sum_{n=1}^{\infty} u_n$ 也收敛.

(ii) 当 $0 < l \leqslant +\infty$ 且级数 $\sum_{n=1}^{\infty} v_n$ 发散时, 级数 $\sum_{n=1}^{\infty} u_n$ 也发散.

2. 正项级数的比值审敛法、根值审敛法:

(1) 比值审敛法: 设 $\sum_{n=1}^{\infty} u_n$ 是正项级数, $\lim_{n \to \infty} \frac{u_{n+1}}{u_n} = \rho$, 那么

(i) 当 $0 \leqslant \rho < 1$ 时, 级数 $\sum_{n=1}^{\infty} u_n$ 收敛;

(ii) 当 $\rho > 1$ 时, 级数 $\sum_{n=1}^{\infty} u_n$ 发散;

(iii) 当 $\rho = 1$ 时, 级数 $\sum_{n=1}^{\infty} u_n$ 可能收敛, 也可能发散, 需利用其他方法判定.

(2) 根值审敛法: 设 $\sum_{n=1}^{\infty} u_n$ 是正项级数, $\lim_{n \to \infty} \sqrt[n]{u_n} = \rho$, 那么

(i) 当 $0 \leqslant \rho < 1$ 时, 级数 $\sum_{n=1}^{\infty} u_n$ 收敛;

(ii) 当 $\rho > 1$ 时, 级数 $\sum_{n=1}^{\infty} u_n$ 发散;

(iii) 当 $\rho = 1$ 时, 级数 $\sum_{n=1}^{\infty} u_n$ 可能收敛, 也可能发散, 需利用其他方法判定.

二、教学要求

1. 掌握正项级数的比较审敛法.

2. 掌握正项级数的比值审敛法与根值审敛法.

3. 掌握 $p-$ 级数的敛散性条件, 并会以几何级数与 $p-$ 级数为基本参照级数利用比较审敛法判别某些正项级数的敛散性.

三、习题详解

【A 组题】

1. 判定下列级数的敛散性.

(1) $1 + \frac{1}{3} + \frac{1}{5} + \cdots + \frac{1}{2n-1} + \cdots$;

(2) $\frac{1}{2 \times 5} + \frac{1}{3 \times 6} + \cdots + \frac{1}{(n+1)(n+4)} + \cdots$;

(3) $1 + \frac{2+1}{2^2+1} + \frac{3+1}{3^2+1} + \cdots + \frac{n+1}{n^2+1} + \cdots$;

(4) $\sin \frac{\pi}{2} + \sin \frac{\pi}{2^2} + \cdots + \sin \frac{\pi}{2^n} + \cdots$;

(5) $\sum_{n=1}^{\infty} \left(\frac{1+n}{1+n^2} \right)^2$.

解 (1) 因为 $\sum_{n=1}^{\infty}\dfrac{1}{n}$ 发散, 且 $\lim\limits_{n\to\infty}\dfrac{\dfrac{1}{2n-1}}{\dfrac{1}{n}}=\dfrac{1}{2}$, 所以原级数发散.

(2) 因为 $\sum_{n=1}^{\infty}\dfrac{1}{n^2}$ 收敛, 且 $\lim\limits_{n\to\infty}\dfrac{\dfrac{1}{(n+1)(n+4)}}{\dfrac{1}{n^2}}=1$, 所以原级数收敛.

(3) 因为 $\sum_{n=1}^{\infty}\dfrac{1}{n}$ 发散, 且 $\lim\limits_{n\to\infty}\dfrac{\dfrac{n+1}{n^2+1}}{\dfrac{1}{n}}=1$, 所以原级数发散.

(4) 因为 $\sum_{n=1}^{\infty}\dfrac{1}{2^n}$ 收敛, 且 $\lim\limits_{n\to\infty}\dfrac{\sin\dfrac{\pi}{2^n}}{\dfrac{1}{2^n}}=\pi$, 所以原级数收敛.

(5) 因为 $\sum_{n=1}^{\infty}\dfrac{1}{n^2}$ 收敛, 且 $\lim\limits_{n\to\infty}\dfrac{\left(\dfrac{1+n}{1+n^2}\right)^2}{\dfrac{1}{n^2}}=1$, 所以原级数收敛.

2. 判定下列级数的敛散性.

(1) $\sum_{n=1}^{\infty}\dfrac{n^2}{3^n}$; (2) $\sum_{n=1}^{\infty}n\left(\dfrac{3}{4}\right)^n$;

(3) $\sum_{n=1}^{\infty}\dfrac{2^n\cdot n!}{n^n}$; (4) $\sum_{n=1}^{\infty}\dfrac{1}{[\ln(n+1)]^n}$;

(5) $\sum_{n=1}^{\infty}\left(\dfrac{n}{3n-1}\right)^{2n-1}$; (6) $\sum_{n=1}^{\infty}\dfrac{1}{3^n}\left(1+\dfrac{1}{n}\right)^{n^2}$;

(7) $\sum_{n=1}^{\infty}2^n\sin\dfrac{\pi}{3^n}$; (8) $\sum_{n=1}^{\infty}\dfrac{1}{n^p}\sin\dfrac{\pi}{n}$;

(9) $\sum_{n=1}^{\infty}\left(1+\dfrac{1}{n}\right)^{n^2}$; (10) $\sum_{n=1}^{\infty}\dfrac{1}{(n-1)!}$.

解 (1) 因为 $\lim\limits_{n\to\infty}\dfrac{u_{n+1}}{u_n}=\lim\limits_{n\to\infty}\dfrac{\dfrac{(n+1)^2}{3^{n+1}}}{\dfrac{n^2}{3^n}}=\dfrac{1}{3}$, 所以原级数收敛.

(2) 因为 $\lim\limits_{n\to\infty}\dfrac{u_{n+1}}{u_n}=\lim\limits_{n\to\infty}\dfrac{(n+1)\left(\dfrac{3}{4}\right)^{n+1}}{n\left(\dfrac{3}{4}\right)^n}=\dfrac{3}{4}$, 所以原级数收敛.

(3) 因为 $\lim\limits_{n\to\infty}\dfrac{u_{n+1}}{u_n}=\lim\limits_{n\to\infty}2\left(\dfrac{n}{1+n}\right)^n=\dfrac{2}{e}$, 所以原级数收敛.

(4) 因为 $\lim\limits_{n\to\infty}\sqrt[n]{u_n}=\lim\limits_{n\to\infty}\dfrac{1}{\ln(n+1)}=0$, 所以原级数收敛.

(5) 因为 $\lim\limits_{n\to\infty}\sqrt[n]{u_n}=\lim\limits_{n\to\infty}\left(\dfrac{n}{3n-1}\right)^{2-\frac{1}{n}}=\dfrac{1}{9}$, 所以原级数收敛.

(6) 因为 $\lim\limits_{n\to\infty}\sqrt[n]{u_n}=\lim\limits_{n\to\infty}\dfrac{1}{3}\left(1+\dfrac{1}{n}\right)^n=\dfrac{e}{3}$, 所以原级数收敛.

(7) 因为 $\sum_{n=1}^{\infty}\left(\frac{2}{3}\right)^n$ 收敛，且 $\lim_{n\to\infty}\frac{2^n\sin\frac{\pi}{3^n}}{\left(\frac{2}{3}\right)^n}=\pi$，所以原级数收敛.

(8) 因为 $\lim_{n\to\infty}\frac{\frac{1}{n^p}\sin\frac{\pi}{n}}{\frac{1}{n^{p+1}}}=\pi$，所以原级数当 $p>0$ 时收敛，当 $p\leqslant 0$ 时发散.

(9) 因为 $\lim_{n\to\infty}\sqrt[n]{u_n}=\lim_{n\to\infty}\left(1+\frac{1}{n}\right)^n=\mathrm{e}$，所以原级数发散.

(10) 因为 $0<\frac{1}{(n-1)!}<\left(\frac{1}{2}\right)^{n-2}$，$n=1,2,3,\cdots$，所以原级数收敛.

3. 证明题.

(1) 设正项级数 $\sum_{n=1}^{\infty}u_n$ 和 $\sum_{n=1}^{\infty}v_n$ 都收敛，证明级数 $\sum_{n=1}^{\infty}u_n v_n$ 收敛.

(2) 设正项级数 $\sum_{n=1}^{\infty}u_n$ 和 $\sum_{n=1}^{\infty}v_n$ 都收敛，证明级数 $\sum_{n=1}^{\infty}(u_n+v_n)^2$ 收敛.

证 (1) 因为正项级数 $\sum_{n=1}^{\infty}u_n$ 收敛，所以存在 $n_0\in\mathbf{N}^*$，当 $n>n_0$ 时 $0\leqslant u_n<1$，即有 $0\leqslant u_n^2<u_n$，因此 $\sum_{n=1}^{\infty}u_n^2$ 收敛. 同理可得 $\sum_{n=1}^{\infty}v_n^2$ 收敛，因此有 $\sum_{n=1}^{\infty}(u_n^2+v_n^2)$ 收敛. 又因为 $0\leqslant u_n v_n<\frac{1}{2}(u_n^2+v_n^2)$，所以级数 $\sum_{n=1}^{\infty}u_n v_n$ 收敛.

(2) 由第 (1) 题知 $\sum_{n=1}^{\infty}(u_n^2+v_n^2)$ 和 $\sum_{n=1}^{\infty}u_n v_n$ 收敛，而
$$(u_n+v_n)^2=u_n^2+v_n^2+2u_n v_n,$$
所以级数 $\sum_{n=1}^{\infty}(u_n+v_n)^2$ 收敛.

【B 组题】

1. 判定下列级数的敛散性.

(1) $\sum_{n=1}^{\infty}\frac{1}{1+a^n}$，$a>0$；　　(2) $\sum_{n=2}^{\infty}\frac{\sqrt{n+2}-\sqrt{n-2}}{n^\alpha}$.

解 (1) 当 $0<a\leqslant 1$ 时，$\frac{1}{1+a^n}\geqslant\frac{1}{2}\nrightarrow 0(n\to\infty)$，因此 $\sum_{n=1}^{\infty}\frac{1}{1+a^n}$ 发散；当 $a>1$ 时，$0<\frac{1}{1+a^n}<\frac{1}{a^n}$，因此 $\sum_{n=1}^{\infty}\frac{1}{1+a^n}$ 收敛.

(2) 因为 $\frac{\sqrt{n+2}-\sqrt{n-2}}{n^\alpha}=\frac{4}{n^\alpha(\sqrt{n+2}+\sqrt{n-2})}\sim\frac{2}{n^{\alpha+\frac{1}{2}}}$ $(n\to\infty)$，所以当 $\alpha>\frac{1}{2}$ 时收敛，当 $\alpha\leqslant\frac{1}{2}$ 时发散.

2. 判定下列级数的敛散性.

(1) $\sum_{n=1}^{\infty} \frac{3^n}{n \cdot 2^n}$;   (2) $\sum_{n=1}^{\infty} \frac{1}{n\sqrt[n]{n}}$;

(3) $\sum_{n=1}^{\infty} \left(\frac{1}{n} - \sin\frac{1}{n}\right)$;   (4) $\sum_{n=2}^{\infty} \frac{1}{\ln^{10} n}$;

(5) $\sum_{n=1}^{\infty} n \tan \frac{\pi}{2^{n+1}}$;   (6) $\sum_{n=1}^{\infty} \frac{(n+1)!}{n^{n+1}}$.

解 (1) 因为 $\lim_{n\to\infty} \sqrt[n]{u_n} = \lim_{n\to\infty} \frac{3}{2 \cdot \sqrt[n]{n}} = \frac{3}{2}$, 所以原级数发散.

(2) 因为 $\lim_{n\to\infty} \frac{\frac{1}{n\sqrt[n]{n}}}{\frac{1}{n}} = 1$, 所以原级数发散.

(3) 因为 $\sin \frac{1}{n} \sim \frac{1}{n} - \frac{1}{6} \cdot \frac{1}{n^3} \ (n \to \infty)$, 所以 $\frac{1}{n} - \sin\frac{1}{n} \sim \frac{1}{6} \cdot \frac{1}{n^3} \ (n \to \infty)$, 因此原级数收敛.

(4) 因为 $\lim_{n\to\infty} \frac{\frac{1}{\ln^{10} n}}{\frac{1}{n}} = \infty$, 所以原级数发散.

(5) 因为 $\tan \frac{\pi}{2^{n+1}} \sim \frac{\pi}{2^{n+1}} \ (n \to \infty)$, 所以 $n\tan\frac{\pi}{2^{n+1}} \sim \frac{\pi \cdot n}{2^{n+1}} \ (n \to \infty)$, 所以原级数收敛.

(6) 因为 $\lim_{n\to\infty} \frac{u_{n+1}}{u_n} = \lim_{n\to\infty} \frac{n+2}{n+1} \left(\frac{n}{n+1}\right)^{n+1} = \frac{1}{e}$, 所以原级数收敛.

3. 判定下列级数的敛散性.

(1) $\sum_{n=1}^{\infty} \frac{a^n}{(1+a)(1+a^2)\cdots(1+a^n)}, a \geq 0$.

(2) 设 $\lim_{n\to\infty} n^\alpha [\ln(1+n) - \ln n] u_n = 3, \alpha > 0$, 判定正项级数 $\sum_{n=1}^{\infty} u_n$ 的敛散性.

解 (1) 因为 $\frac{u_{n+1}}{u_n} = \frac{a}{1+a^{n+1}}$, 无论 a 怎样取值, 都有 $\lim_{n\to\infty} \frac{u_{n+1}}{u_n} < 1$, 所以原级数收敛.

(2) 因为 $\ln(n+1) - \ln n = \ln\left(1 + \frac{1}{n}\right) \sim \frac{1}{n} \ (n \to \infty)$, 所以 $n^\alpha [\ln(1+n) - \ln n] \sim n^{\alpha-1} \ (n \to \infty)$, 因此由题设知 $u_n \sim 3n^{1-\alpha} \ (n \to \infty)$, 所以当 $\alpha > 2$ 时 $\sum_{n=1}^{\infty} u_n$ 收敛, 其他情况 $\sum_{n=1}^{\infty} u_n$ 发散.

§11.3 任意项级数的审敛法

一、内容提要

1. 交错级数及其审敛法:

(1) 若级数的正负项交错出现, 即形如 $u_1 - u_2 + u_3 - u_4 + \cdots + (-1)^{n-1} u_n + \cdots$ (或者 $-u_1 + u_2 - u_3 + \cdots + (-1)^n u_n + \cdots$), 其中 $u_n \geq 0$, 则称该级数为**交错级数**.

(2) **莱布尼兹判别法**: 如果交错级数 $\sum_{n=1}^{\infty}(-1)^{n-1}u_n$ 满足

(i) 数列 $\{u_n\}$ 单调递减即 $u_{n+1}\leqslant u_n$;

(ii) u_n 是无穷小即 $\lim_{n\to\infty}u_n=0$,

那么, 该交错级数收敛, 且它的和 $S\leqslant u_1$, 余项 $|R_n|\leqslant u_{n+1}$.

2. 绝对收敛与条件收敛:

(1) 若级数 $\sum_{n=1}^{\infty}|u_n|$ 收敛, 则称级数 $\sum_{n=1}^{\infty}u_n$ **绝对收敛**; 若级数 $\sum_{n=1}^{\infty}|u_n|$ 发散且 $\sum_{n=1}^{\infty}u_n$ 收敛, 则称 $\sum_{n=1}^{\infty}u_n$ **条件收敛**.

(2) 如果级数 $\sum_{n=1}^{\infty}u_n$ 绝对收敛, 那么级数 $\sum_{n=1}^{\infty}u_n$ 一定收敛.

二、教学要求

1. 掌握交错级数的莱布尼兹判别法.
2. 掌握绝对收敛和条件收敛的概念.

三、习题详解

【A 组题】

1. 用莱布尼兹判别法判定下列级数收敛.

(1) $\sum_{n=1}^{\infty}\dfrac{(-1)^{n-1}}{\sqrt{n}}$;   (2) $\sum_{n=1}^{\infty}(-1)^{n-1}\dfrac{n}{3^n}$;

(3) $\sum_{n=1}^{\infty}\dfrac{(-1)^n}{n-\ln n}$;   (4) $\sum_{n=1}^{\infty}(-1)^{n-1}\dfrac{\ln(1+n)}{1+n}$.

解 (1) 因为 $\left\{\dfrac{1}{\sqrt{n}}\right\}$ 单调减少, 且 $\lim_{n\to\infty}\dfrac{1}{\sqrt{n}}=0$, 所以 $\sum_{n=1}^{\infty}\dfrac{(-1)^{n-1}}{\sqrt{n}}$ 收敛.

(2) 因为 $\dfrac{u_{n+1}}{u_n}=\dfrac{n+1}{3n}<1$ $(n=1,2,\cdots)$, 即 $\left\{\dfrac{n}{3^n}\right\}$ 单调减少, 且 $\lim_{n\to\infty}\dfrac{n}{3^n}=0$, 所以 $\sum_{n=1}^{\infty}(-1)^{n-1}\dfrac{n}{3^n}$ 收敛.

(3) 考虑函数 $f(x)=x-\ln x, x\geqslant 1$, 因为 $f'(x)=1-\dfrac{1}{x}\geqslant 0$, 所以 $f(x)$ 在 $[1,+\infty)$ 上单调增加, 所以 $\left\{\dfrac{1}{n-\ln n}\right\}$ 单调减少, 且 $\lim_{n\to\infty}\dfrac{1}{n-\ln n}=0$, 所以 $\sum_{n=1}^{\infty}\dfrac{(-1)^n}{n-\ln n}$ 收敛.

(4) 考虑函数 $f(x)=\dfrac{\ln(1+x)}{1+x}, x\geqslant 2$, 因为
$$f'(x)=\dfrac{1-\ln(1+x)}{(1+x)^2}<0,\ x\geqslant 2,$$
所以 $\left\{\dfrac{\ln(1+n)}{1+n}\right\}$ 从第二项开始单调减少, 且 $\lim_{n\to\infty}\dfrac{\ln(1+n)}{1+n}=0$, 所以该级数收敛.

2. 判定下列级数是否收敛, 若收敛判定是条件收敛还是绝对收敛.

(1) $\sum_{n=2}^{\infty} \frac{(-1)^{n-1}}{n\ln n}$;
(2) $\sum_{n=1}^{\infty} (-1)^n \frac{\ln n}{n}$;

(3) $\sum_{n=1}^{\infty} (-1)^{n-1} \ln\left(\frac{n+1}{n}\right)$;
(4) $\sum_{n=1}^{\infty} (-1)^n (\sqrt{n+1} - \sqrt{n})$;

(5) $\sum_{n=1}^{\infty} (-1)^n \frac{(n+1)!}{n^{n+1}}$;
(6) $\sum_{n=1}^{\infty} (-1)^{n-1} \frac{\sin\frac{\pi}{n+1}}{\pi^{n+1}}$;

(7) $\sum_{n=1}^{\infty} (-1)^n \frac{n-1}{n}$;
(8) $\sum_{n=1}^{\infty} (-1)^n \left(1 - \cos\frac{\pi}{n^2}\right)$;

(9) $\sum_{n=1}^{\infty} (-1)^{n-1} \frac{2^{n^2}}{n!}$.

解 (1) 首先, $\left\{\frac{1}{n\ln n}\right\}$ 单调减少且趋于 0, 所以 $\sum_{n=2}^{\infty} \frac{(-1)^{n-1}}{n\ln n}$ 收敛.

其次, 对于 $n \geq 2$, 都有 $\frac{1}{n\ln n} \geq \int_n^{n+1} \frac{1}{x\ln x} dx$, 而 $\int_2^{+\infty} \frac{1}{x\ln x} dx = +\infty$, 所以 $\sum_{n=2}^{\infty} \frac{1}{n\ln n}$ 发散.

综上, 原级数条件收敛.

(2) 首先, $\left\{\frac{\ln n}{n}\right\}$ 从 $n \geq 3$ 开始单调减少且趋于 0, 所以级数收敛.

其次, 对于 $n \geq 3$, 都有 $\frac{\ln n}{n} \geq \int_n^{n+1} \frac{\ln x}{x} dx$, 而 $\int_3^{+\infty} \frac{\ln x}{x} dx = +\infty$, 所以 $\sum_{n=1}^{\infty} \frac{\ln n}{n}$ 发散.

综上, 原级数条件收敛.

(3) 首先, $\left\{\ln\left(\frac{n+1}{n}\right)\right\}$ 单调减少且趋于 0, 所以级数收敛.

其次, $\ln\left(\frac{n+1}{n}\right) \sim \frac{1}{n} \ (n \to \infty)$, 因为 $\sum_{n=1}^{\infty} \frac{1}{n}$ 发散, 所以 $\sum_{n=1}^{\infty} \ln\left(\frac{n+1}{n}\right)$ 发散.

综上, 原级数条件收敛.

(4) 首先, $\{\sqrt{n+1} - \sqrt{n}\}$ 单调减少且趋于 0, 所以级数收敛. 其次,
$$\sqrt{n+1} - \sqrt{n} = \frac{1}{\sqrt{n} + \sqrt{n+1}} \sim \frac{1}{2\sqrt{n}} \ (n \to \infty),$$

因为 $\sum_{n=1}^{\infty} \frac{1}{\sqrt{n}}$ 发散, 所以 $\sum_{n=1}^{\infty} (\sqrt{n+1} - \sqrt{n})$ 发散.

综上, 原级数条件收敛.

(5) 因为 $\lim_{n\to\infty} \frac{u_{n+1}}{u_n} = \lim_{n\to\infty} \frac{n+2}{n+1} \cdot \left(\frac{n}{n+1}\right)^n = \frac{1}{e}$, 所以 $\sum_{n=1}^{\infty} \frac{(n+1)!}{n^{n+1}}$ 收敛, 即原级数绝对收敛.

(6) 因为 $\left|(-1)^{n-1} \frac{\sin\frac{\pi}{n+1}}{\pi^{n+1}}\right| \leq \frac{1}{\pi^{n+1}}$, 而 $\sum_{n=1}^{\infty} \frac{1}{\pi^{n+1}}$ 收敛, 所以原级数绝对收敛.

(7) 因为 $\lim_{n\to\infty} (-1)^n \frac{n-1}{n} \neq 0$, 所以级数发散.

(8) 因为 $\left|(-1)^n \left(1 - \cos\frac{\pi}{n^2}\right)\right| \sim \frac{\pi^2}{2n^4} \ (n \to \infty)$, 而 $\sum_{n=1}^{\infty} \frac{\pi}{2n^2}$ 收敛, 所以原级数绝对收敛.

(9) 因为 $\lim_{n\to\infty} \frac{u_{n+1}}{u_n} = \lim_{n\to\infty} \frac{2^{2n+1}}{n+1} = \infty$, 所以级数发散.

3. 选择题.

(1) 设 $u_n = (-1)^n \ln\left(1 + \dfrac{1}{\sqrt{n}}\right)$, 那么下列说法正确的是 ( ).

A. $\sum\limits_{n=1}^{\infty} u_n$ 和 $\sum\limits_{n=1}^{\infty} u_n^2$ 都收敛   B. $\sum\limits_{n=1}^{\infty} u_n$ 和 $\sum\limits_{n=1}^{\infty} u_n^2$ 都发散

C. $\sum\limits_{n=1}^{\infty} u_n$ 收敛且 $\sum\limits_{n=1}^{\infty} u_n^2$ 发散   D. $\sum\limits_{n=1}^{\infty} u_n$ 发散且 $\sum\limits_{n=1}^{\infty} u_n^2$ 收敛

(2) 设 $a_n > 0$, 级数 $\sum\limits_{n=1}^{\infty} a_n$ 收敛, $\lambda \in \left(0, \dfrac{\pi}{2}\right)$, 则级数 $\sum\limits_{n=1}^{\infty} (-1)^n \left(n \tan \dfrac{\lambda}{n}\right) a_n$ 的敛散性为 ( ).

A. 绝对收敛   B. 发散

C. 条件收敛   D. 收敛性与 λ 有关

解 (1) 首先, $\left\{\ln\left(1 + \dfrac{1}{\sqrt{n}}\right)\right\}$ 单调减少趋于 0, 因此 $\sum\limits_{n=1}^{\infty} u_n$ 收敛. 其次,

$$u_n^2 = \ln^2\left(1 + \dfrac{1}{\sqrt{n}}\right) \sim \dfrac{1}{n}, \ n \to \infty,$$

而 $\sum\limits_{n=1}^{\infty} \dfrac{1}{n}$ 发散, 因此 $\sum\limits_{n=1}^{\infty} u_n^2$ 发散. 综上, 选 C.

(2) 因为 $\lim\limits_{n \to \infty} \dfrac{\left|(-1)^n \left(n \tan \dfrac{\lambda}{n}\right) a_n\right|}{a_n} = \lambda$, 而级数 $\sum\limits_{n=1}^{\infty} a_n$ 收敛, 所以选 A.

【B 组题】

1. 选择题.

(1) 设 α 为常数, 则级数 $\sum\limits_{n=1}^{\infty} \left[\dfrac{\sin(n\alpha)}{n^2} - \dfrac{1}{\sqrt{n}}\right]$ 的敛散性为 ( ).

A. 发散   B. 条件收敛

C. 绝对收敛   D. 收敛性与 α 有关

(2) 设 $\lambda > 0$ 且级数 $\sum\limits_{n=1}^{\infty} a_n^2$ 收敛, 则级数 $\sum\limits_{n=1}^{\infty} (-1)^n \dfrac{a_n}{\sqrt{n^2 + \lambda}}$ ( ).

A. 发散   B. 条件收敛

C. 绝对收敛   D. 收敛性与 λ 有关

(3) 设 $0 \leqslant a_n \leqslant \dfrac{1}{n}$, 则下列级数一定收敛的是 ( ).

A. $\sum\limits_{n=1}^{\infty} a_n$ B. $\sum\limits_{n=1}^{\infty} (-1)^{n-1} a_n$

C. $\sum\limits_{n=1}^{\infty} \sqrt{a_n}$ D. $\sum\limits_{n=1}^{\infty} (-1)^{n-1} a_n^2$

(4) 下列级数中收敛的是 ( ).

A. $\sum\limits_{n=1}^{\infty} \dfrac{-2}{n}$ B. $\sum\limits_{n=1}^{\infty} \dfrac{1}{n+100}$

C. $\sum\limits_{n=1}^{\infty} (-1)^{n+1}\left(\dfrac{1}{n}+\dfrac{1}{n+1}\right)$ D. $\sum\limits_{n=1}^{\infty} \left(\dfrac{1}{n^2}+\dfrac{1}{n}\right)$

解 (1) 首先, 因为 $\left|\dfrac{\sin(n\alpha)}{n^2}\right| \leqslant \dfrac{1}{n^2}$, 而 $\sum\limits_{n=1}^{\infty}\dfrac{1}{n^2}$ 收敛, 所以 $\sum\limits_{n=1}^{\infty}\dfrac{\sin(n\alpha)}{n^2}$ 收敛. 其次, $\sum\limits_{n=1}^{\infty}\dfrac{1}{\sqrt{n}}$ 发散. 综上, 原级数发散, 选 A.

(2) 因为
$$\left|(-1)^n \dfrac{a_n}{\sqrt{n^2+\lambda}}\right| \leqslant \left(a_n^2+\dfrac{1}{n^2+\lambda}\right),$$

而 $\sum\limits_{n=1}^{\infty}a_n^2$ 与 $\sum\limits_{n=1}^{\infty}\dfrac{1}{n^2+\lambda}$ 均收敛, 所以原级数绝对收敛, 选 C.

(3) 因为 $0 \leqslant a_n \leqslant \dfrac{1}{n}$, 所以 $0 \leqslant a_n^2 \leqslant \dfrac{1}{n^2}$, 所以 $\sum\limits_{n=1}^{\infty}a_n^2$ 收敛, 因此 $\sum\limits_{n=1}^{\infty}(-1)^{n-1}a_n^2$ 收敛. 选 D.

对于其他的选项, 取 $a_n = \dfrac{[(-1)^{n-1}+1]}{2n}$ 满足条件 $0\leqslant a_n \leqslant \dfrac{1}{n}$, 但是 $\sum\limits_{n=1}^{\infty}a_n$, $\sum\limits_{n=1}^{\infty}(-1)^{n-1}a_n$ 和 $\sum\limits_{n=1}^{\infty}\sqrt{a_n}$ 均发散.

(4) 选 C.

2. 判定下列级数的敛散性.

(1) $\sum\limits_{n=1}^{\infty} \dfrac{n\cos\dfrac{n\pi}{3}}{2^n}$;   (2) $\sum\limits_{n=2}^{\infty}\dfrac{1}{\ln^2 n}$;

(3) $\sum\limits_{n=1}^{\infty}\dfrac{a^n}{n^s}, a>0, s>0$;   (4) $\sum\limits_{n=1}^{\infty}\sin\left(\pi\sqrt{n^2+a^2}\right)$.

解 (1) 因为 $\left|\dfrac{n\cos\dfrac{n\pi}{3}}{2^n}\right| \leqslant \dfrac{n}{2^n}$, 而 $\sum\limits_{n=1}^{\infty}\dfrac{n}{2^n}$ 收敛, 所以原级数绝对收敛.

(2) 因为 $\lim\limits_{n\to\infty}\dfrac{\dfrac{1}{\ln^2 n}}{\dfrac{1}{n}}=\infty$, 而 $\sum\limits_{n=1}^{\infty}\dfrac{1}{n}$ 发散, 所以原级数发散.

(3) 首先由根值判别法 $\lim\limits_{n\to\infty}\sqrt[n]{\dfrac{a^n}{n^s}}=a$, 得: 当 $0<a<1$ 时收敛, 当 $a>1$ 时发散. 其次, 当 $a=1$ 时为 p-级数, 得: 当 $s>1$ 时收敛, 当 $0<s\leqslant 1$ 时发散.

(4) 因为
$$\sin\left(\pi\sqrt{n^2+a^2}\right) = (-1)^n \sin\left(\pi\sqrt{n^2+a^2}-n\pi\right)$$
$$= (-1)^n \sin\dfrac{a^2\pi}{\sqrt{n^2+a^2}+n},$$

再由 $\left\{\sin\dfrac{a^2\pi}{\sqrt{n^2+a^2}+n}\right\}$ 单调递减趋于 0 知原级数收敛.

3. 判定级数 $\sum\limits_{n=2}^{\infty}\dfrac{(-1)^n}{\sqrt{n+(-1)^n}}$ 是条件收敛还是绝对收敛.

解 首先,有
$$\frac{(-1)^n}{\sqrt{n}} - \frac{(-1)^n}{\sqrt{n+(-1)^n}} = \frac{(-1)^n(\sqrt{n+(-1)^n} - \sqrt{n})}{\sqrt{n+(-1)^n} \cdot \sqrt{n}}$$
$$= \frac{1}{\sqrt{n+(-1)^n} \cdot \sqrt{n}(\sqrt{n+(-1)^n} + \sqrt{n})},$$

因此有 $\dfrac{(-1)^n}{\sqrt{n}} - \dfrac{(-1)^n}{\sqrt{n+(-1)^n}} \sim \dfrac{1}{2n^{3/2}}$ $(n \to \infty)$,再由 $\sum\limits_{n=1}^{\infty} \dfrac{(-1)^n}{\sqrt{n}}$ 和 $\sum\limits_{n=1}^{\infty} \dfrac{1}{n^{3/2}}$ 的收敛性知,原级数收敛.

其次,有 $\sum\limits_{n=1}^{\infty} \dfrac{1}{\sqrt{n+(-1)^n}}$ 发散.

综上,原级数条件收敛.

4. 证明题.

(1) 设级数 $\sum\limits_{n=1}^{\infty} u_n^2$ 收敛,证明: 级数 $\sum\limits_{n=1}^{\infty} \dfrac{u_n}{n}$ 收敛.

(2) 设数列 $\{nu_n\}$ 有界,证明: 级数 $\sum\limits_{n=1}^{\infty} \dfrac{u_n}{n}$ 收敛.

证 (1) 因为 $\left|\dfrac{u_n}{n}\right| \leqslant \dfrac{1}{2}\left(u_n^2 + \dfrac{1}{n^2}\right)$,因此,由 $\sum\limits_{n=1}^{\infty} u_n^2$ 和 $\sum\limits_{n=1}^{\infty} \dfrac{1}{n^2}$ 收敛得,级数 $\sum\limits_{n=1}^{\infty} \dfrac{u_n}{n}$ 收敛.

(2) 因为数列 $\{nu_n\}$ 有界,所以存在常数 $M > 0$,使得 $|nu_n| \leqslant M$ $(n = 1, 2, \cdots)$,即 $|u_n| \leqslant \dfrac{M}{n}$ $(n = 1, 2, \cdots)$. 因此由 $\left|\dfrac{u_n}{n}\right| \leqslant \dfrac{M}{n^2}$ $(n = 1, 2, \cdots)$ 可得级数 $\sum\limits_{n=1}^{\infty} \dfrac{u_n}{n}$ 收敛.

§ 11.4 幂 级 数

一、内容提要

1. 函数项级数:

(1) 设 $u_n(x)$, $n = 1, 2, \cdots$ 为定义在区间 I 上的函数列,则 $\sum\limits_{n=1}^{\infty} u_n(x)$ 称为定义在区间 I 上的**函数项级数**.

(2) 对于任意的 $x_0 \in I$,级数 $\sum\limits_{n=1}^{\infty} u_n(x_0)$ 是一个常数项级数. 如果这个常数项级数收敛,就称 x_0 为该函数项级数的**收敛点**,否则称为**发散点**. 所有收敛点构成的集合称为其**收敛域**,所有发散点构成的集合称为**发散域**.

(3) 函数项级数 $\sum\limits_{n=1}^{\infty} u_n(x)$ 在其收敛域上定义了一个关于 x 的函数,称为和函数 $S(x)$,记为 $S(x) = \sum\limits_{n=1}^{\infty} u_n(x)$. 若用 $S_n(x)$ 表示函数项级数的部分和,即
$$S_n(x) = u_1(x) + u_2(x) + \cdots + u_n(x),$$

令余项 $R_n(x) = S(x) - S_n(x)$, 则在该幂级数的收敛域上有 $\lim\limits_{n\to\infty} S_n(x) = S(x)$, $\lim\limits_{n\to\infty} R_n(x) = 0$.

2. 幂级数及其收敛性:

(1) 形如 $\sum\limits_{n=0}^{\infty} a_n(x-x_0)^n$ 的函数项级数称为**幂级数**, x_0 称为幂级数的**中心**, 其中 $a_n \in \mathbf{R}$, $n \in \mathbf{N}$.

(2) Abel **定理**: 设 $\sum\limits_{n=0}^{\infty} a_n x^n$ 是以原点为中心的幂级数.

(i) 若 x_0 是非零收敛点, 则当 $|x| < |x_0|$ 时, 幂级数 $\sum\limits_{n=0}^{\infty} a_n x^n$ 收敛且绝对收敛;

(ii) 若 x_0 是发散点, 则当 $|x| > |x_0|$ 时, 幂级数 $\sum\limits_{n=0}^{\infty} a_n x^n$ 发散.

(3) 设 $\sum\limits_{n=0}^{\infty} a_n x^n$ 是以原点为中心的幂级数. 如果它既有非零的收敛点, 又有发散点, 那么一定存在 $R > 0$ 使得

(i) 当 $|x| < R$ 时, 幂级数收敛 (绝对收敛);

(ii) 当 $|x| > R$ 时, 幂级数发散;

(iii) 当 $x = \pm R$ 时, 幂级数可能收敛, 也可能发散.

我们把 R 称为幂级数 $\sum\limits_{n=0}^{\infty} a_n x^n$ 的**收敛半径**, 开区间 $(-R, R)$ 称为它的**收敛区间**.

(4) 设 $\sum\limits_{n=0}^{\infty} a_n x^n$ 是以原点为中心的幂级数. 如果极限

$$\lim_{n\to\infty} \left| \frac{a_{n+1}}{a_n} \right| = \rho \text{ 或 } \lim_{n\to\infty} \sqrt[n]{|a_n|} = \rho,$$

那么

(i) 当 $0 < \rho < +\infty$ 时, 幂级数收敛半径 $R = \dfrac{1}{\rho}$.

(ii) 当 $\rho = 0$ 时, 幂级数收敛半径 $R = +\infty$, 这时幂级数在任意点处都收敛.

(iii) 当 $\rho = +\infty$ 时, 幂级数收敛半径 $R = 0$, 这时幂级数的中心为幂级数的唯一收敛点.

3. 幂级数的运算:

(1) 设幂级数 $\sum\limits_{n=0}^{\infty} a_n x^n$ 和 $\sum\limits_{n=0}^{\infty} b_n x^n$ 的收敛半径分别为 R_1 和 R_2. 设 $R = \min\{R_1, R_2\}$, 则

$$\sum_{n=0}^{\infty} a_n x^n + \sum_{n=0}^{\infty} b_n x^n = \sum_{n=0}^{\infty} (a_n + b_n) x^n, \ x \in (-R, R).$$

(2) 关于幂级数 $\sum\limits_{n=0}^{\infty} a_n x^n$ 的和函数 $S(x)$ 有下列重要性质:

(i) $S(x)$ 在其收敛域 I 上连续;

(ii) $S(x)$ 在其收敛域 I 上可积并可以逐项积分, 即

$$\int_0^x S(x) \mathrm{d}x = \int_0^x \sum_{n=0}^{\infty} a_n x^n \mathrm{d}x = \sum_{n=0}^{\infty} \int_0^x a_n x^n \mathrm{d}x = \sum_{n=0}^{\infty} \frac{a_n}{n+1} x^{n+1},$$

逐项积分后的幂级数和原来级数有相同的收敛半径, 但收敛域可能扩大;

(iii) $S(x)$ 在收敛区间内可导并可以逐项求导, 即

$$S'(x) = \left(\sum_{n=0}^{\infty} a_n x^n \right)' = \sum_{n=0}^{\infty} (a_n x^n)' = \sum_{n=1}^{\infty} n a_n x^{n-1},$$

逐项求导后的幂级数和原来级数有相同的收敛半径, 但收敛域可能缩小.

二、教学要求

1. 掌握函数项级数的收敛域以及和函数的概念.
2. 掌握幂级数的收敛半径和收敛区间的求法.
3. 掌握幂级数的运算以及幂级数的和函数的性质, 并会求幂级数的和函数.

三、习题详解

【A 组题】

1. 填空题.

(1) 设幂级数 $\sum\limits_{n=0}^{\infty} a_n(x-1)^n$ 在 $x=3$ 处条件收敛, 则它的收敛区间为_____.

(2) 设幂级数 $\sum\limits_{n=0}^{\infty} a_n(x-1)^n$ 在 $x=-1$ 处收敛, 则它在 $x=2$ 处_____.

(3) 设幂级数 $\sum\limits_{n=0}^{\infty} a_n x^n$ 的收敛半径为 3, 则幂级数 $\sum\limits_{n=0}^{\infty} na_n(x-1)^n$ 的收敛区间为_____.

解 (1) 因为幂级数在 $x=3$ 处条件收敛, 即得幂级数 $\sum\limits_{n=0}^{\infty} a_n u^n$ 的收敛半径 $R=2$, 因此 $\sum\limits_{n=0}^{\infty} a_n u^n$ 的收敛区间为 $(-2,2)$, $\sum\limits_{n=0}^{\infty} a_n(x-1)^n$ 的收敛区间为 $(-1,3)$.

(2) 由题设知: 幂级数 $\sum\limits_{n=0}^{\infty} a_n u^n$ 的收敛半径 $R \geqslant 2$, 当 $x=2$ 时, $x-1=1 \in (-2,2)$, 所以原级数在 $x=2$ 处绝对收敛.

(3) 首先, 幂级数 $\sum\limits_{n=0}^{\infty} a_n x^n$ 与幂级数 $\sum\limits_{n=0}^{\infty} na_n x^n$ 具有相同的收敛半径, 因此由题设知幂级数 $\sum\limits_{n=0}^{\infty} na_n(x-1)^n$ 的收敛区间为 $(-2,4)$.

2. 求下列级数的收敛域.

(1) $\sum\limits_{n=1}^{\infty} \dfrac{x^n}{2 \cdot 4 \cdots (2n)}$; (2) $\sum\limits_{n=1}^{\infty} (-1)^n \dfrac{x^{2n+1}}{2n+1}$;

(3) $\sum\limits_{n=1}^{\infty} \dfrac{(x-5)^n}{\sqrt{n}}$; (4) $\sum\limits_{n=1}^{\infty} \dfrac{2n-1}{2^n} x^{2n-2}$.

解 (1) $a_n = \dfrac{1}{2 \cdot 4 \cdots (2n)}$, 因为

$$\rho = \lim_{n \to \infty} \dfrac{a_{n+1}}{a_n} = \lim_{n \to \infty} \dfrac{1}{2n+2} = 0,$$

所以得收敛半径 $R = \dfrac{1}{\rho} = +\infty$. 收敛域为 $(-\infty, +\infty)$.

(2) 因为原级数缺项, 所以不能用判别法求收敛半径. 令

$$u_n(x) = (-1)^n \dfrac{x^{2n+1}}{2n+1},$$

则有 $\lim\limits_{n\to\infty}\left|\dfrac{u_{n+1}(x)}{u_n(x)}\right|=x^2$，由比值判别法知：当 $x^2<1$ 时收敛，当 $x^2>1$ 时发散. 又有：当 $x=-1,1$ 时收敛. 综上，原级数的收敛域为 $[-1,1]$.

(3) 因为 $\lim\limits_{n\to\infty}\left|\dfrac{a_{n+1}}{a_n}\right|=\lim\limits_{n\to\infty}\dfrac{\sqrt{n}}{\sqrt{n+1}}=1$，所以原级数的收敛区间为 $(4,6)$. 又因为当 $x=4$ 时，所得交错级数满足莱布尼兹定理，因此收敛；当 $x=6$ 时为 p-级数，$p=\dfrac{1}{2}$，因此发散. 综上，原级数的收敛域为 $[4,6)$.

(4) 类似于第 (2) 题. 令 $u_n(x)=\dfrac{2n-1}{2^n}x^{2n-2}$，则有 $\lim\limits_{n\to\infty}\left|\dfrac{u_{n+1}(x)}{u_n(x)}\right|=\dfrac{x^2}{2}$，由比值判别法知：当 $x^2<2$ 时收敛，当 $x^2>2$ 时发散. 又有：当 $x^2=2$ 时发散. 综上，原级数的收敛域为 $(-\sqrt{2},\sqrt{2})$.

3. 求下列级数的和函数.

(1) $\sum\limits_{n=1}^{\infty}\dfrac{x^{4n+1}}{4n+1}$；   (2) $\sum\limits_{n=1}^{\infty}nx^{n-1}$；   (3) $\sum\limits_{n=1}^{\infty}(n+2)x^{n+3}$.

解 (1) 首先得到其收敛域为 $(-1,1)$. 记 $S(x)=\sum\limits_{n=1}^{\infty}\dfrac{x^{4n+1}}{4n+1}$. 首先，有 $S(0)=0$. 其次，利用逐项求导公式，对于任意 $x\in(-1,1)$，

$$S'(x)=\left(\sum_{n=1}^{\infty}\dfrac{x^{4n+1}}{4n+1}\right)'=\sum_{n=1}^{\infty}x^{4n}=\dfrac{x^4}{1-x^4}.$$

最后，综合前两步得对于任意 $x\in(-1,1)$，

$$\begin{aligned}S(x)&=S(0)+\int_0^x S'(t)\mathrm{d}t=\int_0^x\dfrac{t^4}{1-t^4}\mathrm{d}t\\&=\int_0^x\left[\dfrac{1}{4}\left(\dfrac{1}{1-t}+\dfrac{1}{1+t}\right)+\dfrac{1}{2}\cdot\dfrac{1}{1+t^2}-1\right]\mathrm{d}t\\&=\dfrac{1}{4}\ln\dfrac{1+x}{1-x}+\dfrac{1}{2}\arctan x-x.\end{aligned}$$

即 $\sum\limits_{n=1}^{\infty}\dfrac{x^{4n+1}}{4n+1}=\dfrac{1}{4}\ln\dfrac{1+x}{1-x}+\dfrac{1}{2}\arctan x-x,\ x\in(-1,1)$.

(2) 首先，得到其收敛域为 $(-1,1)$. 其次，对于任意 $x\in(-1,1)$，有

$$\sum_{n=1}^{\infty}nx^{n-1}=\sum_{n=1}^{\infty}(x^n)'=\left(\sum_{n=1}^{\infty}x^n\right)'=\left(\dfrac{x}{1-x}\right)'=\dfrac{1}{(1-x)^2}.$$

即 $\sum\limits_{n=1}^{\infty}nx^{n-1}=\dfrac{1}{(1-x)^2},\ x\in(-1,1)$.

【注】类似于第 (1) 题，本题同样也可以用逐项积分的办法求解.

(3) 首先，得到其收敛域为 $(-1,1)$. 其次，对于任意 $x\in(-1,1)$，有

$$\begin{aligned}\sum_{n=1}^{\infty}(n+2)x^{n+3}&=x^2\sum_{n=1}^{\infty}(n+2)x^{n+1}=x^2\sum_{n=1}^{\infty}(x^{n+2})'\\&=x^2\left(\sum_{n=1}^{\infty}x^{n+2}\right)'=x^2\left(\dfrac{x^3}{1-x}\right)'=\dfrac{3x^4-2x^5}{(1-x)^2}.\end{aligned}$$

即 $\sum_{n=1}^{\infty}(n+2)x^{n+3} = \dfrac{3x^4-2x^5}{(1-x)^2}, x \in (-1,1).$

【B 组题】

1. 求下列级数的收敛区间.

(1) $\sum_{n=1}^{\infty} \dfrac{3^n+5^n}{n} x^n$; (2) $\sum_{n=1}^{\infty} \left(1+\dfrac{1}{n}\right)^{n^2} x^n$; (3) $\sum_{n=1}^{\infty} \dfrac{e^n-(-1)^n}{n^2} x^n.$

解 (1) 由 $\lim\limits_{n\to\infty} \sqrt[n]{\dfrac{3^n+5^n}{n}} = 5$ 得级数的收敛半径 $R = \dfrac{1}{5}$，所以收敛区间是 $\left(-\dfrac{1}{5}, \dfrac{1}{5}\right).$

(2) 由 $\lim\limits_{n\to\infty} \sqrt[n]{\left(1+\dfrac{1}{n}\right)^{n^2}} = e$ 得级数的收敛半径 $R = \dfrac{1}{e}$，所以收敛区间是 $\left(-\dfrac{1}{e}, \dfrac{1}{e}\right).$

(3) 由 $\lim\limits_{n\to\infty} \sqrt[n]{\dfrac{e^n-(-1)^n}{n^2}} = e$ 得级数的收敛半径 $R = \dfrac{1}{e}$，所以收敛区间是 $\left(-\dfrac{1}{e}, \dfrac{1}{e}\right).$

2. 求下列级数的和函数.

(1) $\sum_{n=1}^{\infty} \dfrac{2n-1}{2^n} x^{2(n-1)}$; (2) $\sum_{n=1}^{\infty} \dfrac{x^n}{n(n+1)}$; (3) $\sum_{n=1}^{\infty} n(x-1)^n.$

解 (1) 记 $S(x) = \sum_{n=1}^{\infty} \dfrac{2n-1}{2^n} x^{2(n-1)}.$ 首先，得到其收敛域为 $(-\sqrt{2}, \sqrt{2}).$ 其次，对于任意 $x \in (-\sqrt{2}, \sqrt{2})$ 有

$$S(x) = \sum_{n=1}^{\infty} \dfrac{2n-1}{2^n} x^{2(n-1)} = \sum_{n=1}^{\infty} \left(\dfrac{x^{2n-1}}{2^n}\right)' = \left(\sum_{n=1}^{\infty} \dfrac{x^{2n-1}}{2^n}\right)'$$

$$= \left(\dfrac{x}{2-x^2}\right)' = \dfrac{2+x^2}{(2-x^2)^2}.$$

即 $\sum_{n=1}^{\infty} \dfrac{2n-1}{2^n} x^{2(n-1)} = \dfrac{2+x^2}{(2-x^2)^2}, x \in (-\sqrt{2}, \sqrt{2}).$

(2) 记 $S(x) = \sum_{n=1}^{\infty} \dfrac{x^n}{n(n+1)}.$ 首先，得到其收敛域为 $[-1,1].$ 下面我们用三种方法求和函数.

【法一】对于任意的 $x \in (-1,1)$, 定义 $U(x) = \sum_{n=1}^{\infty} \dfrac{x^n}{n}, V(x) = \sum_{n=1}^{\infty} \dfrac{x^n}{n+1}$, 则有

$$S(x) = U(x) - V(x), x \in (-1,1).$$

另外,

$$U(x) = \sum_{n=1}^{\infty} \dfrac{x^n}{n} = \sum_{n=1}^{\infty} \int_0^x t^{n-1} dt = \int_0^x \sum_{n=1}^{\infty} t^{n-1} dt$$

$$= \int_0^x \dfrac{1}{1-t} dt = -\ln(1-x).$$

并且

$$U(x) = x \sum_{n=1}^{\infty} \dfrac{x^{n-1}}{n} = x\left(1 + \sum_{n=2}^{\infty} \dfrac{x^{n-1}}{n}\right) = x(1+V(x)), x \in (-1,1),$$

即

$$V(x) = \dfrac{U(x)}{x} - 1, x \in (-1,1) - \{0\}.$$

所以有
$$S(x) = U(x) - V(x) = \frac{x-1}{x}U(x) + 1 = \frac{1-x}{x}\ln(1-x) + 1, \ x \in (-1,1) - \{0\}.$$
再由幂级数在其收敛域内的连续性可知 $S(-1) = \lim\limits_{x \to -1^+} S(x) = 1 - 2\ln 2$, $S(0) = \lim\limits_{x \to 0} S(x) = 0$, $S(1) = \lim\limits_{x \to 1^-} S(x) = 1$. 综上得

$$\sum_{n=1}^{\infty} \frac{x^n}{n(n+1)} = \begin{cases} 1 + \left(\frac{1}{x} - 1\right)\ln(1-x), & x \in [-1,0) \cup (0,1); \\ 0, & x = 0; \\ 1, & x = 1. \end{cases}$$

【法二】对于任意 $x \in (-1,1) - \{0\}$, 有
$$\begin{aligned}
S(x) &= \frac{1}{x}\sum_{n=1}^{\infty} \frac{x^{n+1}}{n(n+1)} = \frac{1}{x}\sum_{n=1}^{\infty} \int_0^x \frac{t^n}{n}dt = \frac{1}{x}\int_0^x \sum_{n=1}^{\infty} \frac{t^n}{n}dt \\
&= \frac{1}{x}\int_0^x \sum_{n=1}^{\infty}\left(\int_0^t s^{n-1}ds\right)dt = \frac{1}{x}\int_0^x \left(\int_0^t \sum_{n=1}^{\infty} s^{n-1}ds\right)dt \\
&= \frac{1}{x}\int_0^x \left(\int_0^t \frac{1}{1-s}ds\right)dt = \frac{1}{x}\int_0^x [-\ln(1-t)]dt \\
&= \frac{1-x}{x}\ln(1-x) + 1.
\end{aligned}$$
再由幂级数在其收敛域内的连续性得到其在 $-1, 0, 1$ 处的值.

【法三】记 $W(x) = \sum\limits_{n=1}^{\infty} \frac{x^{n+1}}{n(n+1)}$, $x \in (-1,1)$, 则有 $W(0) = 0$,
$$W'(x) = \left(\sum_{n=1}^{\infty} \frac{x^{n+1}}{n(n+1)}\right)' = \sum_{n=1}^{\infty} \left(\frac{x^{n+1}}{n(n+1)}\right)' = \sum_{n=1}^{\infty} \frac{x^n}{n},$$
因此又有 $W'(0) = 0$, 以及
$$W''(x) = \left(\sum_{n=1}^{\infty} \frac{x^n}{n}\right)' = \sum_{n=1}^{\infty} \left(\frac{x^n}{n}\right)' = \sum_{n=1}^{\infty} x^{n-1} = \frac{1}{1-x}.$$
所以
$$W'(x) = W'(0) + \int_0^x W''(t)dt = \int_0^x \frac{1}{1-t}dt = -\ln(1-x), \ x \in (-1,1),$$
以及
$$\begin{aligned}
W(x) &= W(0) + \int_0^x W'(t)dt = \int_0^x -\ln(1-t)dt \\
&= (1-x)\ln(1-x) + x, \ x \in (-1,1).
\end{aligned}$$
因此, 当 $x \in (-1,1) - \{0\}$ 时,
$$S(x) = \frac{W(x)}{x} = \frac{1-x}{x}\ln(1-x) + 1.$$
再由幂级数在其收敛域内的连续性得到其在 $-1, 0, 1$ 处的值.

(3) 记 $S(x) = \sum\limits_{n=1}^{\infty} n(x-1)^n$. 首先, 得其收敛域为 $(0,2)$. 其次, 对于任意 $x \in (0,2)$ 有
$$S(x) = (x-1)\sum_{n=1}^{\infty} n(x-1)^{n-1} = (x-1)\sum_{n=1}^{\infty} [(x-1)^n]'$$

$$= (x-1)\left[\sum_{n=1}^{\infty}(x-1)^n\right]' = (x-1)\left(\frac{x-1}{2-x}\right)'$$
$$= \frac{x-1}{(2-x)^2}.$$

即 $\sum_{n=1}^{\infty} n(x-1)^n = \frac{x-1}{(2-x)^2}$, $x \in (0,2)$.

3. 求数项级数 $\sum_{n=1}^{\infty} \frac{(-1)^{n-1}}{2n-1}$ 的和.

解 记 $S(x) = \sum_{n=1}^{\infty}(-1)^{n-1}\frac{x^{2n-1}}{2n-1}$. 首先得其收敛域为 $[-1,1]$. 对于任意 $x \in (-1,1)$, 有

$$S'(x) = \left[\sum_{n=1}^{\infty}(-1)^{n-1}\frac{x^{2n-1}}{2n-1}\right]' = \sum_{n=1}^{\infty}\left[(-1)^{n-1}\frac{x^{2n-1}}{2n-1}\right]'$$
$$= \sum_{n=1}^{\infty}(-1)^{n-1}x^{2n-2} = \frac{1}{1+x^2},$$

再由 $S(0) = 0$, 对于任意 $x \in (-1,1)$, 有

$$S(x) = S(0) + \int_0^x S'(t)dt = \int_0^x \frac{1}{1+t^2}dt = \arctan x.$$

最后由幂级数在其收敛域内的连续性得

$$\sum_{n=1}^{\infty}\frac{(-1)^{n-1}}{2n-1} = S(1) = \arctan 1 = \frac{\pi}{4}.$$

§ 11.5 函数展成幂级数

一、内容提要

1. 泰勒级数:

(1) 若函数 $f(x)$ 在点 x_0 的某邻域内具有任意阶导数, 则称

$$f(x_0) + f'(x_0)(x-x_0) + \frac{f''(x_0)}{2!}(x-x_0)^2 + \cdots + \frac{f^{(n)}(x_0)}{n!}(x-x_0)^n + \cdots$$

为 $f(x)$ 的**泰勒级数**.

(2) 设函数 $f(x)$ 在点 x_0 的某一邻域内具有各阶导数, 则 $f(x)$ 在该邻域内能展开成泰勒级数的充要条件是 $f(x)$ 的泰勒公式的余项在该邻域内满足 $\lim_{n\to\infty} R_n(x) = 0$.

(3) 在原点展开的泰勒级数

$$f(x) = \sum_{n=0}^{\infty} \frac{f^{(n)}(0)}{n!}x^n, \ x \in U(0)$$

称为**麦克劳林级数**.

2. 函数展开成幂级数:

函数 $f(x)$ 展开成麦克劳林级数的步骤如下:

(1) 求函数及其各阶导数在 $x = 0$ 处的值;

(2) 写出麦克劳林级数, 并求出其收敛半径 R;

(3) 判别在收敛区间 $(-R,R)$ 内 $\lim\limits_{n \to \infty} R_n(x)$ 是否为 0.

3. 常用函数的幂级数展开:

(1) $e^x = 1 + x + \dfrac{1}{2!}x^2 + \dfrac{1}{3!}x^3 + \cdots + \dfrac{1}{n!}x^n + \cdots = \sum\limits_{n=0}^{\infty} \dfrac{x^n}{n!}, \quad x \in (-\infty, +\infty).$

(2) $\sin x = x - \dfrac{x^3}{3!} + \dfrac{x^5}{5!} - \cdots + (-1)^{n-1}\dfrac{x^{2n-1}}{(2n-1)!} + \cdots = \sum\limits_{n=0}^{\infty} \dfrac{(-1)^n x^{2n+1}}{(2n+1)!}, \quad x \in (-\infty, +\infty).$

(3) $\cos x = 1 - \dfrac{x^2}{2!} + \dfrac{x^4}{4!} - \cdots + (-1)^n\dfrac{x^{2n}}{(2n)!} + \cdots = \sum\limits_{n=0}^{\infty} \dfrac{(-1)^n x^{2n}}{(2n)!}, \quad x \in (-\infty, +\infty).$

(4) $\ln(1+x) = x - \dfrac{x^2}{2} + \cdots + (-1)^{n-1}\dfrac{x^n}{n} + \cdots = \sum\limits_{n=1}^{\infty} (-1)^{n-1}\dfrac{x^n}{n}, \quad -1 < x \leqslant 1.$

(5) $(1+x)^\alpha = 1 + \sum\limits_{n=1}^{\infty} \binom{\alpha}{n} x^n$, 其中 $\binom{\alpha}{n} = \dfrac{\alpha(\alpha-1)(\alpha-2)\cdots(\alpha-n+1)}{n!}$. 该幂级数的收敛半径是 1, 但是收敛域与 α 有关. 当 $\alpha \leqslant -1$ 时, 收敛域为 $(-1,1)$; 当 $-1 < \alpha < 0$ 时, 收敛域为 $(-1,1]$; 当 $\alpha \geqslant 0$ 时, 收敛域为 $[-1,1]$.

二、教学要求

1. 了解函数展开成幂级数的充要条件.
2. 掌握常用函数的麦克劳林级数以及相应的收敛域.
3. 利用常用函数的幂级数展开求某些简单函数的幂级数展开.

三、习题详解

【A 组题】

1. 求下列函数的麦克劳林级数.

(1) $\ln(x+2)$;   (2) 3^x;   (3) $\sin^2 x$;

(4) $(x+1)e^x$;   (5) $\dfrac{x}{\sqrt{1+2x}}$;   (6) $\dfrac{1}{x^2+3x+2}$.

解 (1) 根据 $\ln(1+x)$ 的麦克劳林级数
$$\ln(1+x) = \sum_{n=1}^{\infty} (-1)^{n-1} \dfrac{x^n}{n}, \, x \in (-1,1],$$

得
$$\ln(x+2) = \ln 2 + \ln\left(1 + \dfrac{x}{2}\right) = \ln 2 + \sum_{n=1}^{\infty} (-1)^{n-1} \dfrac{x^n}{n \cdot 2^n}, \, x \in (-2,2].$$

(2) 根据 e^x 的麦克劳林级数
$$e^x = \sum_{n=0}^{\infty} \dfrac{x^n}{n!}, \, x \in (-\infty, +\infty),$$

得
$$3^x = e^{x \cdot \ln 3} = \sum_{n=0}^{\infty} \frac{(\ln 3)^n \cdot x^n}{n!}, x \in (-\infty, +\infty).$$

(3) 根据 $\cos x$ 的麦克劳林级数
$$\cos x = \sum_{n=0}^{\infty} (-1)^n \frac{x^{2n}}{(2n)!}, x \in (-\infty, +\infty),$$

得
$$\sin^2 x = \frac{1}{2} - \frac{\cos 2x}{2} = \frac{1}{2} - \sum_{n=0}^{\infty} (-1)^n \frac{(2x)^{2n}}{2 \cdot (2n)!}$$
$$= \sum_{n=1}^{\infty} (-1)^{n-1} \frac{(2x)^{2n}}{2(2n)!}, x \in (-\infty, +\infty).$$

(4) 根据 e^x 的麦克劳林级数
$$e^x = \sum_{n=0}^{\infty} \frac{x^n}{n!}, x \in (-\infty, +\infty),$$

得
$$(x+1)e^x = (x+1) \sum_{n=0}^{\infty} \frac{x^n}{n!} = \sum_{n=0}^{\infty} \frac{x^{n+1}}{n!} + \sum_{n=0}^{\infty} \frac{x^n}{n!}$$
$$= \sum_{n=1}^{\infty} \frac{x^n}{(n-1)!} + 1 + \sum_{n=1}^{\infty} \frac{x^n}{n!}$$
$$= 1 + \sum_{n=1}^{\infty} \left[\frac{1}{n!} + \frac{1}{(n-1)!} \right] x^n, x \in (-\infty, +\infty).$$

(5) 在 $(1+x)^\alpha$ 的麦克劳林级数 $(1+x)^\alpha = 1 + \sum_{n=1}^{\infty} \binom{\alpha}{n} x^n$ 中取 $\alpha = -\frac{1}{2}$, 得
$$\frac{1}{\sqrt{1+x}} = 1 + \sum_{n=1}^{\infty} \binom{-\frac{1}{2}}{n} x^n = 1 + \sum_{n=1}^{\infty} (-1)^n \frac{1 \cdot 3 \cdots (2n-1)}{2^n \cdot n!} x^n, x \in (-1,1],$$

因此
$$\frac{x}{\sqrt{1+2x}} = x \left[1 + \sum_{n=1}^{\infty} (-1)^n \frac{1 \cdot 3 \cdots (2n-1)}{2^n \cdot n!} (2x)^n \right]$$
$$= x + \sum_{n=1}^{\infty} (-1)^n \frac{1 \cdot 3 \cdots (2n-1)}{n!} x^{n+1}, x \in \left(-\frac{1}{2}, \frac{1}{2} \right].$$

(6) 因为 $\frac{1}{x^2+3x+2} = \frac{1}{1+x} - \frac{1}{2+x}$, 根据 $\frac{1}{1+x}$ 的麦克劳林公式
$$\frac{1}{1+x} = \sum_{n=0}^{\infty} (-1)^n x^n, x \in (-1,1),$$

得
$$\frac{1}{2+x} = \frac{1}{2} \frac{1}{1+\frac{x}{2}} = \frac{1}{2} \sum_{n=0}^{\infty} (-1)^n \frac{x^n}{2^n} = \sum_{n=0}^{\infty} (-1)^n \frac{x^n}{2^{n+1}}, x \in (-2,2),$$

以及
$$\frac{1}{x^2+3x+2} = \sum_{n=0}^{\infty} (-1)^n \left(1 - \frac{1}{2^{n+1}} \right) x^n, x \in (-1,1).$$

2. 将下列函数展成幂级数.

(1) 将函数 $f(x) = \dfrac{1}{x^2+3x+2}$ 展成 $(x+4)$ 的幂级数.

(2) 将函数 $f(x) = \dfrac{x}{2-x-x^2}$ 展成 x 的幂级数.

(3) 将函数 $f(x) = \dfrac{1}{x^2-3x-4}$ 展成 $(x-1)$ 的幂级数.

(4) 将函数 $f(x) = \cos x$ 展开成 $\left(x+\dfrac{\pi}{3}\right)$ 的幂级数.

解 (1) 首先
$$\frac{1}{x^2+3x+2} = \frac{1}{1+x} - \frac{1}{2+x} = \frac{1}{(x+4)-3} - \frac{1}{(x+4)-2}$$
$$= \frac{1}{2} \cdot \frac{1}{1-\dfrac{x+4}{2}} - \frac{1}{3} \cdot \frac{1}{1-\dfrac{x+4}{3}},$$

再根据 $\dfrac{1}{1-x}$ 的麦克劳林公式
$$\frac{1}{1-x} = \sum_{n=0}^{\infty} x^n, x \in (-1, 1),$$

得
$$f(x) = \frac{1}{x^2+3x+2} = \frac{1}{2} \cdot \sum_{n=0}^{\infty} \frac{(x+4)^n}{2^n} - \frac{1}{3} \cdot \sum_{n=0}^{\infty} \frac{(x+4)^n}{3^n}$$
$$= \sum_{n=0}^{\infty} \left(\frac{1}{2^{n+1}} - \frac{1}{3^{n+1}}\right)(x+4)^n, x \in (-6, -2).$$

(2) 首先
$$\frac{x}{2-x-x^2} = \frac{1}{3} \cdot \frac{1}{1-x} - \frac{1}{3} \cdot \frac{1}{1+\dfrac{x}{2}},$$

再根据 $\dfrac{1}{1-x}$ 的麦克劳林公式
$$\frac{1}{1-x} = \sum_{n=0}^{\infty} x^n, x \in (-1, 1),$$

得
$$f(x) = \frac{x}{2-x-x^2} = \frac{1}{3}\sum_{n=0}^{\infty} x^n - \frac{1}{3}\sum_{n=0}^{\infty}(-1)^n \frac{x^n}{2^n}$$
$$= \frac{1}{3}\sum_{n=0}^{\infty} \left[1-(-1)^n \frac{1}{2^n}\right]x^n, x \in (-1, 1).$$

(3) 首先
$$\frac{1}{x^2-3x-4} = \frac{1}{5}\left(\frac{1}{x-4} - \frac{1}{x+1}\right) = -\frac{1}{5}\left[\frac{1}{3}\frac{1}{1-\dfrac{x-1}{3}} + \frac{1}{2}\frac{1}{1+\dfrac{x-1}{2}}\right],$$

再根据 $\dfrac{1}{1-x}$ 的麦克劳林公式,得
$$\frac{1}{x^2-3x-4} = -\frac{1}{5}\left[\frac{1}{3}\sum_{n=0}^{\infty}\frac{1}{3^n}(x-1)^n + \frac{1}{2}\sum_{n=0}^{\infty}\frac{(-1)^n}{2^n}(x-1)^n\right]$$

$$= -\frac{1}{5}\sum_{n=0}^{\infty}\left[\frac{1}{3^{n+1}} + \frac{(-1)^n}{2^{n+1}}\right](x-1)^n, x \in (-1,3).$$

(4) 首先
$$\cos x = \cos\left[\left(x+\frac{\pi}{3}\right) - \frac{\pi}{3}\right] = \frac{1}{2}\cos\left(x+\frac{\pi}{3}\right) + \frac{\sqrt{3}}{2}\sin\left(x+\frac{\pi}{3}\right),$$

再根据 $\cos x$ 和 $\sin x$ 的麦克劳林公式
$$\cos x = \sum_{n=0}^{\infty}(-1)^n\frac{x^{2n}}{(2n)!}, \sin x = \sum_{n=0}^{\infty}(-1)^n\frac{x^{2n+1}}{(2n+1)!},$$

得
$$\cos x = \frac{1}{2}\sum_{n=0}^{\infty}(-1)^n\frac{\left(x+\frac{\pi}{3}\right)^{2n}}{(2n)!} + \frac{\sqrt{3}}{2}\sum_{n=0}^{\infty}(-1)^n\frac{\left(x+\frac{\pi}{3}\right)^{2n+1}}{(2n+1)!}$$
$$= \frac{1}{2}\sum_{n=0}^{\infty}(-1)^n\left[\frac{1}{(2n)!}\left(x+\frac{\pi}{3}\right)^{2n} + \frac{\sqrt{3}}{(2n+1)!}\left(x+\frac{\pi}{3}\right)^{2n+1}\right],$$

其中 $x \in (-\infty, +\infty)$.

【B 组题】

1. 将下列函数展成 x 的幂级数.

(1) 将函数 $y = \ln(1-x-2x^2)$ 展成 x 的幂级数.

(2) 将函数 $\dfrac{1}{(2-x)^2}$ 展成 x 的幂级数.

解 (1) 首先
$$\ln(1-x-2x^2) = \ln(1+x) + \ln(1-2x), x \in \left(-1, \frac{1}{2}\right),$$

再根据 $\ln(1+x)$ 的麦克劳林级数
$$\ln(1+x) = \sum_{n=1}^{\infty}(-1)^{n+1}\frac{x^n}{n},$$

得
$$\ln(1-x-2x^2) = \sum_{n=1}^{\infty}(-1)^{n+1}\frac{x^n}{n} - \sum_{n=1}^{\infty}\frac{2^n}{n}x^n$$
$$= \sum_{n=1}^{\infty}\frac{(-1)^{n+1} - 2^n}{n}x^n, x \in \left[-\frac{1}{2}, \frac{1}{2}\right).$$

(2) 首先
$$\frac{1}{2-x} = \frac{1}{2}\frac{1}{1-\frac{x}{2}} = \sum_{n=0}^{\infty}\frac{x^n}{2^{n+1}}, x \in (-2,2),$$

再对上式两边求导得
$$\frac{1}{(2-x)^2} = \left[\frac{1}{2-x}\right]' = \left[\sum_{n=0}^{\infty}\frac{x^n}{2^{n+1}}\right]' = \sum_{n=0}^{\infty}\left[\frac{x^n}{2^{n+1}}\right]'$$
$$= \sum_{n=1}^{\infty}\frac{n}{2^{n+1}}x^{n-1}, x \in (-2,2).$$

2. 求数项级数 $\sum_{n=0}^{\infty}(-1)^n \dfrac{n+1}{(2n+1)!}$ 的和.

解 根据 $\cos x$ 和 $\sin x$ 的麦克劳林公式
$$\cos x = \sum_{n=0}^{\infty}(-1)^n \frac{x^{2n}}{(2n)!}, \sin x = \sum_{n=0}^{\infty}(-1)^n \frac{x^{2n+1}}{(2n+1)!},$$
得
$$\cos 1 = \sum_{n=0}^{\infty}(-1)^n \frac{1}{(2n)!}, \sin 1 = \sum_{n=0}^{\infty}(-1)^n \frac{1}{(2n+1)!},$$
因此有 $\sum_{n=0}^{\infty}(-1)^n \dfrac{n+1}{(2n+1)!} = \dfrac{1}{2}(\sin 1 + \cos 1)$.

§ 11.6 函数项级数

一、内容提要

1. 函数项级数的一致收敛性:

(1) 设函数项级数 $\sum_{n=1}^{\infty} u_n(x)$ 在区间 I 上收敛于和函数 $S(x)$. 如果对于任意给定的 $\varepsilon > 0$, 都存在仅依赖于 ε 的自然数 N, 使得当 $n > N$ 时, 对区间 I 上的一切 x, 都有不等式
$$|r_n(x)| = |S(x) - S_n(x)| < \varepsilon$$
成立, 那么称函数项级数 $\sum_{n=1}^{\infty} u_n(x)$ 在区间 I 上**一致收敛**于和函数 $S(x)$, 也称函数列 $\{S_n(x)\}$ 在区间 I 上一致收敛于 $S(x)$.

(2) 如果对于任意给定的闭区间 $[a,b] \in I$, 函数项级数 $\sum_{n=1}^{\infty} u_n(x)$ 在 $[a,b]$ 上都一致收敛, 那么称函数项级数 $\sum_{n=1}^{\infty} u_n(x)$ 在区间 I 上**内闭一致收敛**.

(3) 函数项级数一致收敛的魏尔斯特拉斯判别法: 如果函数项级数 $\sum_{n=1}^{\infty} u_n(x)$ 在区间 I 上满足

(i) $|u_n(x)| \leqslant a_n, n = 1, 2, 3, \cdots$;

(ii) 正项级数 $\sum_{n=1}^{\infty} a_n$ 收敛,

那么函数项级数 $\sum_{n=1}^{\infty} u_n(x)$ 在区间 I 上一致收敛.

2. 一致收敛的函数项级数的性质:

(1) 若函数项级数 $\sum_{n=1}^{\infty} u_n(x)$ 在区间 I 上一致收敛于和函数 $S(x)$, 且级数的每一项 $u_n(x)(n = 1, 2, \cdots)$ 在区间 I 上连续, 则和函数 $S(x)$ 在区间 I 上也连续.

(2) 若函数项级数 $\sum_{n=1}^{\infty} u_n(x)$ 在区间 $[a,b]$ 上一致收敛于和函数 $S(x)$, 且级数的每一项 $u_n(x)(n=1,2,\cdots)$ 在区间 $[a,b]$ 上连续, 则和函数 $S(x)$ 在区间 $[a,b]$ 上可积且逐项可积, 即
$$\int_a^b S(x)\mathrm{d}x = \sum_{n=1}^{\infty} \int_a^b u_n(x)\mathrm{d}x.$$

(3) 若函数项级数 $\sum_{n=1}^{\infty} u_n(x)$ 在区间 I 上收敛于和函数 $S(x)$, $u_n(x)(n=1,2,\cdots)$ 具有连续导数, 导函数的函数项级数 $\sum_{n=1}^{\infty} u_n'(x)$ 在区间 I 上一致收敛, 则和函数 $S(x)$ 在区间 I 上有连续导函数, 且逐项可导, 即
$$S'(x) = \sum_{n=1}^{\infty} u_n'(x).$$

(4) 如果幂级数 $\sum_{n=0}^{\infty} a_n x^n$ 的收敛半径 $R>0$, 那么此级数在 $(-R,R)$ 内是内闭一致收敛的.

(5) 如果幂级数 $\sum_{n=0}^{\infty} a_n x^n$ 的收敛半径 $R>0$, 那么其和函数 $S(x)$ 在 $(-R,R)$ 内可导, 且有逐项求导公式
$$S'(x) = \left(\sum_{n=0}^{\infty} a_n x^n\right)' = \sum_{n=1}^{\infty} n a_n x^{n-1},$$
逐项求导后所得到的幂级数与原级数有相同的收敛半径.

二、教学要求

1. 掌握函数项级数的一致收敛与内闭一致收敛的定义, 以及它们与收敛的区别.
2. 掌握用魏尔斯特拉斯判别法判断函数项级数的一致收敛性.
3. 了解一致收敛的函数项级数的连续性、可导性、可积性定理.
4. 了解幂级数在收敛域内的内闭一致收敛性以及逐项求导性.

三、习题详解

【A 组题】

1. 按定义讨论下列级数在所给区间上的一致收敛性.

(1) $\sum_{n=1}^{\infty} (-1)^{n-1} \dfrac{x^2}{(1+x^2)^n}$, $-\infty < x < +\infty$.

(2) $\sum_{n=0}^{\infty} x^n$, $0 < x < 1$; $0 \leqslant x \leqslant \delta$, 其中 $0 < \delta < 1$.

解 (1) 该函数项级数的余项为
$$r_n(x) = \sum_{k=n+1}^{\infty} (-1)^{k-1} \frac{x^2}{(1+x^2)^k} = (-1)^n \frac{x^2}{(1+x^2)^n(2+x^2)}.$$

当 $|x| \geqslant 1$ 时, 有
$$|r_n(x)| = \left|(-1)^n \cdot \frac{x^2}{2+x^2} \cdot \frac{1}{(1+x^2)^n}\right| \leqslant \frac{1}{2^{n+1}},$$

当 $|x| \leqslant 1$ 时,有
$$|r_n(x)| = \left|(-1)^n \cdot \frac{x^2}{1+(n+1)x^2+\cdots} \cdot \frac{1}{2+x^2}\right| \leqslant \frac{1}{n+1}.$$

任取 $\varepsilon > 0$. 由于 $\lim\limits_{n\to\infty} \frac{1}{2^{n+1}} = \lim\limits_{n\to\infty} \frac{1}{n+1} = 0$, 存在正整数 N, 使得当 $n > N$ 时, $\frac{1}{2^{n+1}} < \varepsilon$ 且 $\frac{1}{n+1} < \varepsilon$. 因此, 对所有的 $x \in (-\infty, +\infty)$, 当 $n > N$ 时, 都有 $|r_n(x)| < \varepsilon$, 故该函数项级数在 $(-\infty, +\infty)$ 上一致收敛.

(2) 按照定义, $\sum\limits_{n=0}^{\infty} u_n(x)$ 在区间 I 上不一致收敛的充要条件是: 存在 $\varepsilon_0 > 0$, 对任意的正整数 N, 存在 $n_0 > N$ 以及 $x_0 \in I$, 使得 $|r_{n_0}(x_0)| \geqslant \varepsilon_0$. 取 $\varepsilon_0 = \frac{1}{8}$, 对任意的正整数 N, 取 $n_0 = 2N > N$, $x_0 = 1 - \frac{1}{2N} \in (0,1)$, 则
$$|r_{n_0}(x_0)| = \frac{x_0^{2N+1}}{1-x_0} = 2N \cdot \left(1 - \frac{1}{2N}\right)^{2N+1} \geqslant \varepsilon_0,$$
因此, 该函数项级数在 $(0,1)$ 上不一致收敛.

在 $[0,\delta]$ 上,
$$|r_n(x)| = \frac{x^{n+1}}{1-x} \leqslant \frac{\delta^{n+1}}{1-\delta}.$$

对任意的 $\varepsilon > 0$, 由于 $\lim\limits_{n\to\infty} \frac{\delta^{n+1}}{1-\delta} = 0$, 存在正整数 N, 当 $n > N$ 时, $\frac{\delta^{n+1}}{1-\delta} < \varepsilon$. 于是, 不等式 $|r_n(x)| < \varepsilon$ 对所有的 $n > N$ 和 $x \in [0,\delta]$ 成立. 因此, 该函数项级数在 $[0,\delta]$ 上一致收敛.

2. 利用魏尔斯特拉斯判别法证明下列级数在所给区间上是一致收敛的.

(1) $\sum\limits_{n=1}^{\infty} \frac{1}{x^2+n^2}$, $-\infty < x < +\infty$;

(2) $\sum\limits_{n=1}^{\infty} \frac{(-1)^n}{x+2^n}$, $-2 < x < +\infty$;

(3) $\sum\limits_{n=1}^{\infty} \frac{nx}{1+n^5x^2}$, $-\infty < x < +\infty$;

(4) $\sum\limits_{n=1}^{\infty} \frac{\sin nx}{\sqrt[3]{n^4+x^4}}$, $-\infty < x < +\infty$.

证 (1) 因为 $\left|\frac{1}{x^2+n^2}\right| \leqslant \frac{1}{n^2}$, $\sum\limits_{n=1}^{\infty} \frac{1}{n^2} < +\infty$, 因此, $\sum\limits_{n=1}^{\infty} \frac{1}{x^2+n^2}$ 在 $(-\infty, +\infty)$ 上一致收敛.

(2) 因为 $\left|\frac{(-1)^n}{x+2^n}\right| \leqslant \frac{1}{2^n}$, $\sum\limits_{n=1}^{\infty} \frac{1}{2^n} < +\infty$, 因此, $\sum\limits_{n=1}^{\infty} \frac{(-1)^n}{x+2^n}$ 在 $(-2, +\infty)$ 上一致收敛.

(3) 由基本不等式, $1 + n^5 x^2 \geqslant 2\sqrt{1 \cdot n^5 x^2} = n^{\frac{5}{2}}|x|$, 进而有
$$\left|\frac{nx}{1+n^5x^2}\right| \leqslant \frac{|nx|}{n^{\frac{5}{2}}|x|} = \frac{1}{n^{\frac{3}{2}}}.$$

又因为 $\sum\limits_{n=1}^{\infty} \frac{1}{n^{\frac{3}{2}}}$ 收敛, 所以 $\sum\limits_{n=1}^{\infty} \frac{nx}{1+n^5x^2}$ 在 $(-\infty, +\infty)$ 上一致收敛.

(4) 因为 $\left|\frac{\sin nx}{\sqrt[3]{n^4+x^4}}\right| \leqslant \frac{1}{\sqrt[3]{n^4}}$, $\sum\limits_{n=1}^{\infty} \frac{1}{\sqrt[3]{n^4}}$ 收敛, 所以 $\sum\limits_{n=1}^{\infty} \frac{\sin nx}{\sqrt[3]{n^4+x^4}}$ 在 $(-\infty, +\infty)$ 上一致收敛.

3. 证明函数 $S(x) = \sum\limits_{n=1}^{\infty} \frac{1}{n^2} e^{-\frac{x^2}{n^2}}$ 在区间 $[0, +\infty)$ 上连续.

证 由于 $\left|\dfrac{1}{n^2}\mathrm{e}^{-\frac{x^2}{n^2}}\right|\leqslant \dfrac{1}{n^2}$, $\sum\limits_{n=1}^{\infty}\dfrac{1}{n^2}<+\infty$, 因此, $\sum\limits_{n=1}^{\infty}\dfrac{1}{n^2}\mathrm{e}^{-\frac{x^2}{n^2}}$ 在 $(-\infty,+\infty)$ 上一致收敛于 $S(x)$.

又该函数项级数的每一项 $\dfrac{1}{n^2}\mathrm{e}^{-\frac{x^2}{n^2}}$ 都在 $[0,+\infty)$ 上连续, 因此, 其和函数 $S(x)$ 也在 $[0,+\infty)$ 上连续.

4. 证明函数 $S(x)=\sum\limits_{n=1}^{\infty}n\mathrm{e}^{-nx}$ 在区间 $(0,+\infty)$ 上连续.

证 任取 $[a,b]\subset(0,+\infty)$. 当 $x\in[a,b]$ 时, $|n\mathrm{e}^{-nx}|\leqslant \dfrac{n}{\mathrm{e}^{na}}$, 由比值判别法可知级数 $\sum\limits_{n=1}^{\infty}\dfrac{n}{\mathrm{e}^{na}}$ 收敛, 因此, $\sum\limits_{n=1}^{\infty}n\mathrm{e}^{-nx}$ 在 $[a,b]$ 上收敛. 这表明 $\sum\limits_{n=1}^{\infty}n\mathrm{e}^{-nx}$ 在 $(0,+\infty)$ 上内闭一致收敛.

又该函数项级数的每一项 $n\mathrm{e}^{-nx}$ 都在 $(0,+\infty)$ 上连续, 因此, 其和函数 $S(x)$ 也在 $(0,+\infty)$ 上连续.

5. 证明函数 $S(x)=\sum\limits_{n=1}^{\infty}\dfrac{\cos nx}{n^2}$ 在区间 $[0,\pi]$ 上可积, 并求 $\int_0^{\pi}S(x)\mathrm{d}x$.

证 由于 $\left|\dfrac{\cos nx}{n^2}\right|\leqslant\dfrac{1}{n^2}$, $\sum\limits_{n=1}^{\infty}\dfrac{1}{n^2}<+\infty$, 因此, $\sum\limits_{n=1}^{\infty}\dfrac{\cos nx}{n^2}$ 在 $[0,\pi]$ 上一致收敛于 $S(x)$.

又该函数项级数的每一项 $\dfrac{\cos nx}{n^2}$ 都在 $[0,\pi]$ 上连续, 故其和函数 $S(x)$ 也在 $[0,\pi]$ 上连续, 进而可积. 再逐项积分可得

$$\int_0^{\pi}S(x)\mathrm{d}x=\sum_{n=1}^{\infty}\int_0^{\pi}\dfrac{\cos nx}{n^2}\mathrm{d}x=\sum_{n=1}^{\infty}\left[\dfrac{\sin nx}{n^3}\right]_0^{\pi}=0.$$

6. 证明函数 $S(x)=\sum\limits_{n=0}^{\infty}r^n\cos nx\,(|r|<1)$ 在区间 $[0,2\pi]$ 上可积, 并求 $\int_0^{2\pi}S(x)\mathrm{d}x$.

证 由于 $|r^n\cos nx|\leqslant r^n$, $\sum\limits_{n=1}^{\infty}r^n<+\infty$, 因此, $\sum\limits_{n=1}^{\infty}r^n\cos nx$ 在 $[0,2\pi]$ 上一致收敛于 $S(x)$.

又该函数项级数的每一项 $r^n\cos nx$ 都在 $[0,2\pi]$ 上连续, 故其和函数 $S(x)$ 也在 $[0,2\pi]$ 上连续, 进而可积. 再逐项积分可得

$$\int_0^{2\pi}S(x)\mathrm{d}x=\sum_{n=1}^{\infty}\int_0^{2\pi}r^n\cos nx\,\mathrm{d}x=\sum_{n=1}^{\infty}\left[\dfrac{r^n\sin nx}{n}\right]_0^{2\pi}=0.$$

7. 证明函数 $S(x)=\sum\limits_{n=1}^{\infty}\dfrac{1}{n^3+n^4x^2}$ 在区间 $(-\infty,+\infty)$ 上可导, 并求 $S'(x)$.

证 考虑函数项级数

$$\sum_{n=1}^{\infty}\left(\dfrac{1}{n^3+n^4x^2}\right)'=-\sum_{n=1}^{\infty}\dfrac{1}{n^3}\cdot\dfrac{2nx}{(1+nx^2)^2},$$

由于

$$\left|-\dfrac{1}{n^3}\cdot\dfrac{2nx}{(1+nx^2)^2}\right|=\dfrac{1}{n^{\frac{5}{2}}}\cdot\dfrac{2\cdot 1\cdot\sqrt{n}|x|}{(1+nx^2)^2}\leqslant\dfrac{1}{n^{\frac{5}{2}}}\cdot\dfrac{1}{1+nx^2}\leqslant\dfrac{1}{n^{\frac{5}{2}}},$$

并且级数 $\sum\limits_{n=1}^{\infty}\dfrac{1}{n^{\frac{5}{2}}}$ 收敛, 所以函数项级数 $\sum\limits_{n=1}^{\infty}\left(\dfrac{1}{n^3+n^4x^2}\right)'$ 在 $(-\infty,+\infty)$ 上一致收敛, 进而有

$$S'(x)=\sum_{n=1}^{\infty}\left(\dfrac{1}{n^3+n^4x^2}\right)'=\sum_{n=1}^{\infty}-\dfrac{1}{n^3}\cdot\dfrac{2nx}{(1+nx^2)^2}.$$

8. 证明函数 $S(x) = \sum_{n=1}^{\infty} \frac{\sin nx}{n^4}$ 在区间 $(-\infty, +\infty)$ 上有连续二阶导函数,并求 $S''(x)$.

证 考虑函数项级数

$$\sum_{n=1}^{\infty} \left(\frac{\sin nx}{n^4}\right)' = \sum_{n=1}^{\infty} \frac{\cos nx}{n^3} \text{ 和 } \sum_{n=1}^{\infty} \left(\frac{\sin nx}{n^4}\right)'' = \sum_{n=1}^{\infty} -\frac{\sin nx}{n^2},$$

由于

$$\left|\frac{\cos nx}{n^3}\right| \leqslant \frac{1}{n^3}, \quad \left|-\frac{\sin nx}{n^2}\right| \leqslant \frac{1}{n^2},$$

并且级数 $\sum_{n=1}^{\infty} \frac{1}{n^3}$ 和 $\sum_{n=1}^{\infty} \frac{1}{n^2}$ 都收敛,因此,函数项级数 $\sum_{n=1}^{\infty} \left(\frac{\sin nx}{n^4}\right)'$ 和 $\sum_{n=1}^{\infty} \left(\frac{\sin nx}{n^4}\right)''$ 在 $(-\infty, +\infty)$ 上一致收敛.

又函数 $\left(\frac{\sin nx}{n^4}\right)'' = -\frac{\sin nx}{n^2}$ 在 $(-\infty, +\infty)$ 上连续,因此,$S(x)$ 在区间 $(-\infty, +\infty)$ 上有连续二阶导函数,

$$S''(x) = \sum_{n=1}^{\infty} \left(\frac{\sin nx}{n^4}\right)'' = -\sum_{n=1}^{\infty} \frac{\sin nx}{n^2}.$$

§11.7 傅立叶级数

一、内容提要

1. 若 $f(x)$ 是以 2π 为周期的周期函数,且在一个周期 $[-\pi, \pi]$ 上可积,则

$$\frac{a_0}{2} + \sum_{n=1}^{\infty} (a_n \cos nx + b_n \sin nx)$$

称作函数 $f(x)$ 的**傅立叶级数**,其中 $a_n (n = 0, 1, 2, \cdots)$,$b_n (n = 1, 2, \cdots)$ 称为函数 $f(x)$ 的**傅立叶系数**,满足

$$a_n = \frac{1}{\pi} \int_{-\pi}^{\pi} f(x) \cos nx \, dx, \quad n = 0, 1, 2, \cdots,$$

$$b_n = \frac{1}{\pi} \int_{-\pi}^{\pi} f(x) \sin nx \, dx, \quad n = 1, 2, \cdots.$$

2. 收敛定理(**狄利克雷充分条件**):假设 $f(x)$ 是以 2π 为周期的函数,如果满足

(1) 在一个周期内连续或者只有有限个第一类间断点;

(2) 在一个周期内至多有有限个极值点,

那么 $f(x)$ 的傅立叶级数收敛,并且

(1) 当 x 是 $f(x)$ 的连续点时,级数收敛于 $f(x)$;

(2) 当 x 是 $f(x)$ 的间断点时,级数收敛于 $\frac{1}{2}[f(x^-) + f(x^+)]$.

3. 若 $f(x)$ 为奇函数, 则 $f(x)$ 的傅立叶级数中余弦的系数均为 0, 即
$$f(x) = \sum_{n=1}^{\infty} b_n \sin nx,$$
其中 $b_n = \dfrac{1}{\pi}\int_{-\pi}^{\pi} f(x)\sin nx \mathrm{d}x = \dfrac{2}{\pi}\int_{0}^{\pi} f(x)\sin nx \mathrm{d}x.$ 此时, 也称此级数为**正弦级数**.

4. 若 $f(x)$ 为偶函数, 则 $f(x)$ 的傅立叶级数中正弦的系数均为 0, 即
$$f(x) = \dfrac{a_0}{2} + \sum_{n=1}^{\infty} a_n \cos nx,$$
其中 $a_n = \dfrac{1}{\pi}\int_{-\pi}^{\pi} f(x)\cos nx \mathrm{d}x = \dfrac{2}{\pi}\int_{0}^{\pi} f(x)\cos nx \mathrm{d}x.$ 此时, 也称此级数为**余弦级数**.

5. 设周期为 $2l$ 的函数 $f(x)$ 满足收敛定理的条件, 则它的傅立叶级数展开为
$$f(x) = \dfrac{a_0}{2} + \sum_{n=1}^{\infty}\left(a_n\cos\dfrac{n\pi x}{l} + b_n\sin\dfrac{n\pi x}{l}\right),$$
其中
$$a_n = \dfrac{1}{l}\int_{-l}^{l} f(x)\cos\dfrac{n\pi x}{l}\mathrm{d}x,\; n = 0,1,2,\cdots,$$
$$b_n = \dfrac{1}{l}\int_{-l}^{l} f(x)\sin\dfrac{n\pi x}{l}\mathrm{d}x,\; n = 1,2,\cdots.$$

二、教学要求

1. 了解傅立叶级数的概念.
2. 了解函数的傅立叶级数的收敛定理.
3. 会将 2π 周期函数展开成傅立叶级数.
4. 会将一般周期函数展开成傅立叶级数.
5. 理解函数的奇延拓和偶延拓, 并会将函数展开成相应的正弦级数或余弦级数.

三、习题详解

【A 组题】

1. 填空题.

(1) 以 2π 为周期的函数 $f(x)$ 的傅立叶级数为_____.

(2) 设 $f(x)$ 是以 2π 为周期的函数, 在 $(-\pi,\pi]$ 上的表达式为
$$f(x) = \begin{cases} -1, & -\pi < x \leqslant 0; \\ 1+x^2, & 0 < x \leqslant \pi, \end{cases}$$
则 $f(x)$ 的傅立叶级数在点 $x = (2k+1)\pi$ 处收敛于_____.

(3) 设 $f(x)$ 是以 2 为周期的函数, 在 $(-1,1]$ 上的表达式为
$$f(x) = \begin{cases} 2, & -1 < x \leqslant 0; \\ x^3, & 0 < x \leqslant 1, \end{cases}$$

则 $f(x)$ 的傅立叶级数在点 $x = 1$ 处收敛于_____.

(4) 设 $x^2 = \sum_{n=0}^{\infty} a_n \cos nx, -\pi \leqslant x \leqslant \pi$, 则 $a_2 =$ _____.

解 (1) $\dfrac{a_0}{2} + \sum_{n=1}^{\infty}(a_n \cos nx + b_n \sin nx)$, 其中 $a_n = \dfrac{1}{\pi}\int_{-\pi}^{\pi} f(x)\cos nx \mathrm{d}x, n = 0, 1, 2, \cdots$,
$b_n = \dfrac{1}{\pi}\int_{-\pi}^{\pi} f(x)\sin nx \mathrm{d}x, n = 0, 1, 2, \cdots$.

(2) 根据教材定理 11.20, $f(x)$ 的傅立叶级数在点 $x = \pi$ 处收敛于 $\dfrac{1}{2}[f(\pi^-) + f(\pi^+)]$, 而
$$f(\pi^-) = \lim_{x \to \pi^-} f(x) = \lim_{x \to \pi^-}(1 + x^2) = 1 + \pi^2,$$
根据周期性,
$$f(\pi^+) = f(-\pi^+) = \lim_{x \to -\pi^+} f(x) = \lim_{x \to -\pi^+}(-1) = -1,$$
因此 $f(x)$ 的傅立叶级数在点 $x = \pi$ 处收敛于 $\dfrac{\pi^2}{2}$. 再根据周期性, $f(x)$ 的傅立叶级数在点 $x = (2k+1)\pi$ 处收敛于 $\dfrac{\pi^2}{2}$.

(3) 类似于上题, $f(x)$ 的傅立叶级数在点 $x = 1$ 处收敛于 $\dfrac{1}{2}[f(1^-) + f(1^+)]$, 计算得 $\dfrac{3}{2}$.

(4)
$$\begin{aligned}
a_2 &= \dfrac{1}{\pi}\int_{-\pi}^{\pi} x^2 \cos 2x \mathrm{d}x = \dfrac{1}{\pi}\int_{-\pi}^{\pi} x^2 \mathrm{d}\left(\dfrac{\sin 2x}{2}\right) \\
&= \dfrac{1}{\pi}\left\{\left[x^2 \cdot \dfrac{\sin 2x}{2}\right]_{-\pi}^{\pi} - \int_{-\pi}^{\pi} x \sin 2x \mathrm{d}x\right\} \\
&= \dfrac{1}{\pi}\int_{-\pi}^{\pi} x \mathrm{d}\left(\dfrac{\cos 2x}{2}\right) = \dfrac{1}{\pi}\left\{\left[x \cdot \dfrac{\cos 2x}{2}\right]_{-\pi}^{\pi} - \int_{-\pi}^{\pi} \dfrac{\cos 2x}{2}\mathrm{d}x\right\} \\
&= 1.
\end{aligned}$$

2. 将下列周期为 2π 的函数展成傅立叶级数.

(1) 函数 $f(x)$ 的周期为 2π, $f(x)$ 在 $[-\pi, \pi)$ 上的表达式为 $f(x) = 3x^2 + 1$. 试将 $f(x)$ 展开为傅立叶级数.

(2) 设 $f(x)$ 是周期为 2π 的函数, 它在 $[-\pi, \pi)$ 上的表达式为
$$f(x) = \begin{cases} 0, & x \in [-\pi, 0); \\ \mathrm{e}^x, & x \in [0, \pi). \end{cases}$$
将 $f(x)$ 展成傅立叶级数.

解 (1) 先计算傅立叶系数:
$$a_0 = \dfrac{1}{\pi}\int_{-\pi}^{\pi} f(x)\mathrm{d}x = \dfrac{1}{\pi}\int_{-\pi}^{\pi}(3x^2 + 1)\mathrm{d}x = 2(\pi^2 + 1),$$
$$\begin{aligned}
a_n &= \dfrac{1}{\pi}\int_{-\pi}^{\pi} f(x)\cos nx \mathrm{d}x \\
&= \dfrac{1}{\pi}\int_{-\pi}^{\pi}(3x^2 + 1)\cos nx \mathrm{d}x = \dfrac{1}{n\pi}\int_{-\pi}^{\pi}(3x^2 + 1)\mathrm{d}(\sin nx)
\end{aligned}$$

$$= \frac{1}{n\pi} \left\{ [(3x^2+1)\sin nx]_{-\pi}^{\pi} - \int_{-\pi}^{\pi} 6x\sin nx dx \right\} = \frac{1}{n^2\pi} \int_{-\pi}^{\pi} 6x d(\cos nx)$$

$$= \frac{1}{n^2\pi} \left\{ [6x\cos nx]_{-\pi}^{\pi} - \int_{-\pi}^{\pi} 6\cos nx dx \right\}$$

$$= 12\frac{(-1)^n}{n^2}, \ n=1,2,\cdots.$$

由于 $f(x)$ 是偶函数，故 $b_n \equiv 0$. 又 $f(x)$ 在 $(-\infty,+\infty)$ 上是连续函数，因此

$$f(x) = \pi^2 + 1 + 12\sum_{n=1}^{\infty} \frac{(-1)^n}{n^2} \cos nx, \ x \in (-\infty,+\infty).$$

(2) 先计算傅立叶系数：

$$a_0 = \frac{1}{\pi}\int_{-\pi}^{\pi} f(x)dx = \frac{1}{\pi}\int_{0}^{\pi} e^x dx = \frac{e^\pi - 1}{\pi},$$

$$a_n = \frac{1}{\pi}\int_{-\pi}^{\pi} f(x)\cos nx dx = \frac{1}{\pi}\int_{0}^{\pi} e^x \cos nx dx = \frac{1}{\pi}\int_{0}^{\pi} \cos nx d(e^x)$$

$$= \frac{1}{\pi}\left\{ [e^x \cos nx]_0^\pi + n\int_0^\pi e^x \sin nx dx \right\} = \frac{(-1)^n e^\pi - 1}{\pi} + \frac{n}{\pi}\int_0^\pi \sin nx d(e^x)$$

$$= \frac{(-1)^n e^\pi - 1}{\pi} + \frac{n}{\pi}\left\{ [e^x \sin nx]_0^\pi - n\int_0^\pi e^x \cos nx dx \right\}$$

$$= \frac{(-1)^n e^\pi - 1}{\pi} - n^2 a_n,$$

解得 $a_n = \dfrac{(-1)^n e^\pi - 1}{\pi(n^2+1)}$，又有

$$b_n = \frac{1}{\pi}\int_{-\pi}^{\pi} f(x)\sin nx dx = \frac{1}{\pi}\int_0^\pi e^x \sin nx dx = \frac{1}{\pi}\int_0^\pi \sin nx d(e^x)$$

$$= \frac{1}{\pi}\left\{ [e^x \sin nx]_0^\pi - n\int_0^\pi e^x \cos nx dx \right\} = -na_n$$

$$= \frac{(-1)^{n+1} e^\pi + 1}{\pi(n^2+1)} n.$$

因为 $f(x)$ 在 $x \neq k\pi$ 处连续，因此

$$f(x) = \frac{e^\pi - 1}{2\pi} + \frac{1}{\pi}\sum_{n=1}^{\infty}\left[\frac{(-1)^n e^\pi - 1}{n^2+1}\cos nx + \frac{(-1)^{n+1} e^\pi + 1}{n^2+1} n\sin nx \right], \ x \neq k\pi.$$

3. 将下列函数展成傅立叶级数.

(1) 将函数 $f(x) = x^2, 0 \leqslant x \leqslant 2$ 展成正弦级数和余弦级数.

(2) 将函数

$$f(x) = \begin{cases} \cos\dfrac{\pi x}{l}, & |x| \leqslant \dfrac{l}{2}; \\ 0, & \dfrac{l}{2} < |x| \leqslant l \end{cases}$$

展成傅立叶级数.

(3) 将函数

$$f(x) = \begin{cases} 2x+1, & -3 \leqslant x < 0; \\ 1, & 0 \leqslant x < 3 \end{cases}$$

展成傅立叶级数.

解 (1)【展成正弦级数】同本节例 4 的做法, 先将 $f(x)$ 做奇延拓, 再做以 4 为周期的周期延拓, 记为 $F_1(x)$. 显然, 傅立叶系数 $a_n = 0$, 又

$$b_n = \int_0^2 f(x) \sin \frac{n\pi x}{2} dx = \int_0^2 x^2 \sin \frac{n\pi x}{2} dx = \frac{2}{n\pi} \int_0^2 x^2 d\left(-\cos \frac{n\pi x}{2}\right)$$

$$= \frac{2}{n\pi} \left[x^2\left(-\cos \frac{n\pi x}{2}\right)\right]_0^2 + \frac{2}{n\pi} \int_0^2 2x \cos \frac{n\pi x}{2} dx$$

$$= \frac{8}{n\pi}(-1)^{n+1} + \frac{8}{n^2\pi^2} \int_0^2 x d\left(\sin \frac{n\pi x}{2}\right)$$

$$= \frac{8}{n\pi}(-1)^{n+1} + \frac{8}{n^2\pi^2} \left[x \sin \frac{n\pi x}{2}\right]_0^2 - \frac{8}{n^2\pi^2} \int_0^2 \sin \frac{n\pi x}{2} dx$$

$$= \frac{8}{n\pi}(-1)^{n+1} + \frac{16}{n^3\pi^3}[(-1)^n - 1],$$

因为 $F_1(x)$ 在 $x = 2$ 处间断, 因此 $f(x)$ 展成正弦级数为

$$f(x) = \frac{8}{\pi} \sum_{n=1}^{\infty} \left\{ \frac{(-1)^{n+1}}{n} + \frac{2}{n^3\pi^2}[(-1)^n - 1] \right\} \sin \frac{n\pi x}{2}, x \in [0, 2).$$

【展成余弦级数】类似地, 先将 $f(x)$ 做偶延拓, 再做以 4 为周期的周期延拓, 记为 $F_2(x)$. 显然, 傅立叶系数 $b_n = 0$, 又

$$a_0 = \int_0^2 f(x) dx = \frac{8}{3},$$

$$a_n = \int_0^2 f(x) \cos \frac{n\pi x}{2} dx = \int_0^2 x^2 \cos \frac{n\pi x}{2} dx = \frac{2}{n\pi} \int_0^2 x^2 d\left(\sin \frac{n\pi x}{2}\right)$$

$$= \frac{2}{n\pi} \left[x^2 \sin \frac{n\pi x}{2}\right]_0^2 - \frac{4}{n\pi} \int_0^2 x \sin \frac{n\pi x}{2} dx$$

$$= \frac{8}{n^2\pi^2} \int_0^2 x d\left(\cos \frac{n\pi x}{2}\right)$$

$$= \frac{8}{n^2\pi^2} \left[x \cos \frac{n\pi x}{2}\right]_0^2 - \frac{8}{n^2\pi^2} \int_0^2 \cos \frac{n\pi x}{2} dx$$

$$= \frac{16}{n^2\pi^2}(-1)^n,$$

因为 $F_2(x)$ 在 $(-\infty, +\infty)$ 上连续, 因此 $f(x)$ 展成的余弦级数为

$$f(x) = \frac{4}{3} + \frac{16}{\pi^2} \sum_{n=1}^{\infty} \frac{(-1)^n}{n^2} \cos \frac{n\pi x}{2}, x \in [0, 2].$$

(2) 将 $f(x)$ 做以 $2l$ 为周期的周期延拓, 其傅立叶系数为

$$a_0 = \frac{1}{l} \int_{-l}^{l} f(x) dx = \frac{1}{l} \int_{-\frac{l}{2}}^{\frac{l}{2}} \cos \frac{\pi x}{l} dx = \frac{2}{\pi},$$

$$a_1 = \frac{1}{l} \int_{-l}^{l} f(x) \cos \frac{\pi x}{l} dx = \frac{1}{l} \int_{-\frac{l}{2}}^{\frac{l}{2}} \cos^2 \frac{\pi x}{l} dx = \frac{1}{2},$$

$$a_n = \frac{1}{l} \int_{-l}^{l} f(x) \cos \frac{n\pi x}{l} dx = \frac{1}{l} \int_{-\frac{l}{2}}^{\frac{l}{2}} \cos \frac{\pi x}{l} \cos \frac{n\pi x}{l} dx, \ n > 1$$

$$= \frac{1}{2l} \int_{-\frac{l}{2}}^{\frac{l}{2}} \left[\cos \frac{(n-1)\pi x}{l} + \cos \frac{(n+1)\pi x}{l} \right] dx$$

$$= \begin{cases} \dfrac{2(-1)^{k+1}}{\pi(4k^2-1)}, & n=2k; \\ 0, & n=2k+1, \end{cases} \quad k=1,2,\cdots.$$

因为 $f(x)$ 是偶函数,所以 $b_n = 0, n = 1, 2, \cdots$,又因为 $f(x)$ 延拓后的周期函数在整个实轴上连续,因此

$$f(x) = \frac{1}{\pi} + \frac{1}{2} \cos \frac{\pi x}{l} - \frac{2}{\pi} \sum_{n=2}^{\infty} \frac{(-1)^n}{4n^2-1} \cos \frac{2n\pi x}{l}, \quad x \in (-\infty, +\infty).$$

(3) 将 $f(x)$ 做以 6 为周期的周期延拓,其傅立叶系数为

$$a_0 = \frac{1}{3} \int_{-3}^{3} f(x) dx = \frac{1}{3} \left[\int_{-3}^{0} (2x+1) dx + \int_{0}^{3} 1 dx \right] = -1,$$

$$a_n = \frac{1}{3} \int_{-3}^{3} f(x) \cos \frac{n\pi x}{3} dx = \frac{1}{3} \left[\int_{-3}^{0} (2x+1) \cos \frac{n\pi x}{3} dx + \int_{0}^{3} \cos \frac{n\pi x}{3} dx \right]$$

$$= \frac{1}{3} \int_{-3}^{0} 2x \cos \frac{n\pi x}{3} dx = \frac{6}{n^2 \pi^2} [1 - (-1)^n],$$

$$b_n = \frac{1}{3} \int_{-3}^{3} f(x) \sin \frac{n\pi x}{3} dx = \frac{1}{3} \left[\int_{-3}^{0} (2x+1) \sin \frac{n\pi x}{3} dx + \int_{0}^{3} \sin \frac{n\pi x}{3} dx \right]$$

$$= \frac{1}{3} \int_{-3}^{0} 2x \sin \frac{n\pi x}{3} dx + \frac{1}{3} \int_{-3}^{3} \sin \frac{n\pi x}{3} dx = \frac{1}{3} \int_{-3}^{0} 2x \sin \frac{n\pi x}{3} dx$$

$$= \frac{6}{n\pi} (-1)^{n+1}.$$

因为将 $f(x)$ 延拓成周期函数后,其间断点为 $x = 3(2k+1), k \in \mathbf{Z}$,所以

$$f(x) = -\frac{1}{2} + \frac{6}{\pi} \sum_{n=1}^{\infty} \left\{ \frac{[1-(-1)^n]}{n^2 \pi} \cos \frac{n\pi x}{3} - \frac{(-1)^n}{n} \sin \frac{n\pi x}{3} \right\},$$

$$x \neq 3(2k+1), k \in \mathbf{Z}.$$

4. 设 $f(x)$ 的周期为 2π,证明:

(1) 若 $f(x-\pi) = -f(x)$,则 $f(x)$ 的傅立叶系数 $a_0 = 0, a_{2k} = 0, b_{2k} = 0, k = 1, 2, 3, \cdots$;

(2) 若 $f(x-\pi) = f(x)$,则 $f(x)$ 的傅立叶系数 $a_{2k+1} = 0, b_{2k+1} = 0, k = 0, 1, 2, \cdots$.

证 (1) 根据条件以及傅立叶系数的计算公式,

$$a_0 = \frac{1}{\pi} \int_{-\pi}^{\pi} f(x) dx = \frac{1}{\pi} \left[\int_{-\pi}^{0} f(x) dx + \int_{0}^{\pi} f(x) dx \right]$$

$$= \frac{1}{\pi} \left[\int_{0}^{\pi} f(x-\pi) dx + \int_{0}^{\pi} f(x) dx \right] = \frac{1}{\pi} \int_{0}^{\pi} [f(x-\pi) + f(x)] dx = 0,$$

$$a_{2k} = \frac{1}{\pi} \int_{-\pi}^{\pi} f(x) \cos 2kx dx = \frac{1}{\pi} \left[\int_{-\pi}^{0} f(x) \cos 2kx dx + \int_{0}^{\pi} f(x) \cos 2kx dx \right]$$

$$= \frac{1}{\pi} \left[\int_{0}^{\pi} f(x-\pi) \cos 2k(x-\pi) dx + \int_{0}^{\pi} f(x) \cos 2kx dx \right]$$

$$= \frac{1}{\pi} \int_{0}^{\pi} [f(x-\pi) + f(x)] \cos 2kx dx = 0.$$

同理可证 $b_{2k}=0, k=1,2,\cdots$.

(2) 根据条件以及傅立叶系数的计算公式,
$$\begin{aligned}a_{2k+1}&=\frac{1}{\pi}\int_{-\pi}^{\pi}f(x)\cos(2k+1)x\mathrm{d}x\\&=\frac{1}{\pi}\left[\int_{-\pi}^{0}f(x)\cos(2k+1)x\mathrm{d}x+\int_{0}^{\pi}f(x)\cos(2k+1)x\mathrm{d}x\right]\\&=\frac{1}{\pi}\left[\int_{0}^{\pi}f(x-\pi)\cos(2k+1)(x-\pi)\mathrm{d}x+\int_{0}^{\pi}f(x)\cos(2k+1)x\mathrm{d}x\right]\\&=\frac{1}{\pi}\int_{0}^{\pi}[f(x)-f(x-\pi)]\cos(2k+1)x\mathrm{d}x=0.\end{aligned}$$

同理可证 $b_{2k+1}=0, k=0,1,2,\cdots$.

第 12 章 微分方程

§12.1 微分方程模型和基本概念

一、内容提要

1. 凡是表示未知函数、未知函数的导数与自变量之间的关系的方程叫作**微分方程**. 之所以称为微分方程是因为对未知函数施加了求导或者微分运算. 未知函数是一元函数的, 叫作**常微分方程**; 未知函数是多元函数的, 叫作**偏微分方程**.

2. 微分方程中未知函数的导数的最高阶数称为该微分方程的**阶**.

3. 若微分方程的解中含有任意常数, 且任意常数的个数与微分方程的阶数相同, 则这样的解叫作微分方程的**通解**.

4. 确定了通解中的任意常数以后得到的解称为微分方程的**特解**. 求满足初始条件的微分方程的特解这样的问题, 叫作**初值问题**, 或者**柯西问题**.

5. 微分方程的解的图形是一条曲线, 叫作微分方程的**积分曲线**.

二、教学要求

了解微分方程, 微分方程的阶、解、通解、初值条件、特解以及积分曲线等概念.

三、习题详解

【A 组题】

1. 验证下列各函数是相应微分方程的解.

(1) $y = \dfrac{\sin x}{x}, xy' + y = \cos x$;

(2) $y = Ce^x, y'' - 2y' + y = 0, C$ 是任意常数.

解 (1) 对函数 $y = \dfrac{\sin x}{x}$ 求导,得
$$y' = \frac{x\cos x - \sin x}{x^2}.$$
因此,
$$xy' + y = x \cdot \frac{x\cos x - \sin x}{x^2} + \frac{\sin x}{x} = \cos x.$$

(2) 对函数 $y = Ce^x$ 求导,得
$$y'' = y' = Ce^x.$$
因此,
$$y'' - 2y' + y = Ce^x - 2Ce^x + Ce^x = 0.$$

2. 试着建立具有下述性质的曲线所满足的微分方程.
(1) 曲线的切线介于坐标轴间的部分被切点分成相等的两段;
(2) 曲线上任一点的切线的斜率与切点的横坐标成正比.

解 (1) 设 (x_0, y_0) 是曲线上一点,则该点的切线方程为
$$y = y'(x_0)(x - x_0) + y_0.$$
从中得到该切线与坐标轴的交点坐标为 $(0, -x_0 y'(x_0) + y_0)$, $\left(x_0 - \dfrac{y_0}{y'(x_0)}, 0\right)$. 由于 (x_0, y_0) 是两交点连线的中点,因此
$$x_0 - \frac{y_0}{y'(x_0)} = 2x_0, \quad -x_0 y'(x_0) + y_0 = 2y_0,$$
即 $x_0 y'(x_0) + y_0 = 0$. 因此,该曲线所满足的微分方程为 $xy' + y = 0$.

(2) 设 (x_0, y_0) 是曲线上一点,依题意,$y'(x_0) = kx_0$,其中 k 为正比例系数. 因此,该曲线所满足的微分方程为 $y' = kx$.

§ 12.2　可分离变量的方程

一、内容提要

1. 如果一个一阶方程能写成如下的显式形式
$$\frac{\mathrm{d}y}{\mathrm{d}x} = f(x)g(y), \tag{12-1}$$
就称为**可分离变量的方程**.

2. 如果 $g(y) \neq 0$, 方程(12-1)可化为
$$\frac{dy}{g(y)} = f(x)dx, \tag{12-2}$$
这样变量就分离开了, 两边积分, 得到
$$\int \frac{dy}{g(y)} = \int f(x)dx + C. \tag{12-3}$$
由(12-3)所确定的隐函数 $y = \varphi(x,C)$ 满足方程(12-1). 因而(12-3)是(12-1)的通解.

二、教学要求

能够判断一个微分方程是否是可分离变量的, 并掌握可分离变量微分方程的解法.

三、习题详解

【A 组题】

1. 求下列方程的通解.

(1) $xdy + 2ydx = 0$;   (2) $xy' - y\ln y = 0$;

(3) $\sqrt{1-x^2}y' = \sqrt{1-y^2}$;   (4) $(e^{x+y} - e^x)dx + (e^{x+y} + e^y)dy = 0$;

(5) $y' = e^y \sin x$;   (6) $\cos x \sin y dx + \sin x \cos y dy = 0$;

(7) $y' = e^{2x-y}$;   (8) $\sec^2 x \tan y dx + \sec^2 y \tan x dy = 0$.

解 (1) 分离变量得
$$\frac{dy}{2y} = -\frac{dx}{x},$$
两边积分得
$$\frac{1}{2}\ln|y| = -\ln|x| + C,$$
即 $|y| = \frac{C}{x^2}$, $y = \pm \frac{C}{x^2}$, 因此原方程的通解为 $x^2 y = C$.

(2) 分离变量得
$$\frac{dy}{y\ln y} = \frac{dx}{x},$$
两边积分得
$$\ln|\ln y| = \ln|x| + C,$$
即 $|\ln y| = C|x|$, $\ln y = \pm Cx$, 因此原方程的通解为 $y = e^{Cx}$.

(3) 分离变量得
$$\frac{dy}{\sqrt{1-y^2}} = \frac{dx}{\sqrt{1-x^2}},$$

两边积分得
$$\arcsin y = \arcsin x + C,$$

因此原方程的通解为 $\arcsin x - \arcsin y = C$.

(4) 分离变量得
$$\frac{e^y dy}{e^y - 1} = -\frac{e^x dx}{e^x + 1},$$

两边积分得
$$\ln|e^y - 1| = -\ln(e^x + 1) + C',$$

即 $|e^y - 1| = \dfrac{C'}{e^x + 1}$, $e^y - 1 = \dfrac{\pm C'}{e^x + 1}$, 因此原方程的通解为 $(e^x + 1)(e^y - 1) = C$.

(5) 分离变量得
$$e^{-y} dy = \sin x dx,$$

两边积分得
$$-e^{-y} = C - \cos x,$$

因此原方程的通解为 $e^{-y} = \cos x + C$.

(6) 分离变量得
$$\frac{\cos y dy}{\sin y} = -\frac{\cos x dx}{\sin x},$$

两边积分得
$$\ln|\sin y| = -\ln|\sin x| + C,$$

即 $\sin y = \pm \dfrac{C}{\sin x}$, 因此原方程的通解为 $\sin x \sin y = C$.

(7) 分离变量得
$$e^y dy = e^{2x} dx,$$

两边积分得
$$e^y = \frac{1}{2} e^{2x} + C,$$

因此原方程的通解为 $2e^y = e^{2x} + C$.

(8) 分离变量得
$$\frac{\sec^2 y dy}{\tan y} = -\frac{\sec^2 x dx}{\tan x},$$

两边积分得
$$\ln|\tan y| = -\ln|\tan x| + C,$$

即 $\tan y = \pm \dfrac{C}{\tan x}$, 因此原方程的通解为 $\tan x \tan y = C$.

2. 求解下列初值问题的解.

(1) $y' = 2x(1+y), y(0) = 0$;

(2) $(x^2-1)y' + 2xy^2 = 0, y(0) = 1$;

(3) $(1+e^x)yy' = e^x, y(1) = 1$;

(4) $xy(y-xy') = x+yy', y(1) = 0$.

解 (1) 首先,利用分离变量法求其通解：分离变量得
$$\frac{dy}{1+y} = 2xdx,$$
两边积分得
$$\ln|1+y| = x^2 + C,$$
即 $|1+y| = e^C e^{x^2}, y = Ce^{x^2} - 1$；然后代入初值,解得 $y = e^{x^2} - 1$.

(2) 首先,利用分离变量法求其通解：分离变量得
$$\frac{dy}{y^2} = \frac{2xdx}{1-x^2},$$
两边积分得
$$-\frac{1}{y} = C - \ln|1-x^2|;$$
然后代入初值,解得 $y(\ln|x^2-1|+1) = 1$.

(3) 首先,利用分离变量法求其通解：分离变量得
$$ydy = \frac{e^x dx}{1+e^x},$$
两边积分得
$$\frac{1}{2}y^2 = \ln(1+e^x) + C;$$
然后代入初值,解得 $\frac{1}{2}(y^2-1) = \ln(1+e^x) - \ln(1+e)$.

(4) 首先,利用分离变量法求其通解：分离变量得
$$\frac{ydy}{y^2-1} = \frac{xdx}{x^2+1},$$
两边积分得
$$\ln|y^2-1| = \ln(x^2+1) + C;$$
然后代入初值,解得 $x^2 + 2y^2 = 1$.

§12.3 齐次方程

一、内容提要

1. 如果一阶微分方程的显式形式
$$\frac{dy}{dx} = f(x,y)$$
中的函数 $f(x,y)$ 可以写成 $\frac{y}{x}$ 的函数, 即 $f(x,y) = g\left(\frac{y}{x}\right)$, 也就是说方程可以写成
$$\frac{dy}{dx} = g\left(\frac{y}{x}\right), \tag{12-4}$$
那么称此方程为**齐次方程**.

2. 对齐次方程(12-4), 利用变量代换可将其化为可分离变量方程再求解. 令
$$u = \frac{y}{x},$$
即 $y = ux$, 于是
$$\frac{dy}{dx} = x\frac{du}{dx} + u,$$
将它们代入(12-4), 则原方程变为
$$x\frac{du}{dx} + u = g(u),$$
整理后, 得到
$$\frac{du}{dx} = \frac{g(u) - u}{x}. \tag{12-5}$$

方程(12-5)是一个可分离变量方程, 按照分离变量法求解, 然后将所求的解代回原变量, 所得的解便是原方程(12-4)的解.

3. 形如
$$\frac{dy}{dx} = \frac{a_1 x + b_1 y + c_1}{a_2 x + b_2 y + c_2} \tag{12-6}$$
的方程经变量代换可化为可分离变量方程, 这里的 $a_1, a_2, b_1, b_2, c_1, c_2$ 均为常数, 且右端分子和分母的系数不成比例.

从几何上看, $a_1 x + b_1 y + c_1 = 0$ 和 $a_2 x + b_2 y + c_2 = 0$ 分别表示两条直线. 平面上两条直线的位置关系有两种: 相交和平行.

(1) 平行的情形: $\begin{vmatrix} a_1 & b_1 \\ a_2 & b_2 \end{vmatrix} = 0$, 即 $\frac{a_1}{a_2} = \frac{b_1}{b_2}$.

设 $\dfrac{a_1}{a_2} = \dfrac{b_1}{b_2} = k$, 则方程可写成

$$\dfrac{dy}{dx} = \dfrac{k(a_2 x + b_2 y) + c_1}{(a_2 x + b_2 y) + c_2} = f(a_2 x + b_2 y).$$

令 $a_2 x + b_2 y = u$, 则方程化为

$$\dfrac{du}{dx} = a_2 + b_2 f(u),$$

这是可分离变量的方程.

(2) 相交的情形, 即 $\begin{vmatrix} a_1 & b_1 \\ a_2 & b_2 \end{vmatrix} \neq 0$.

(i) 当 $c_1 = c_2 = 0$ 时, 对应于两直线交于原点, 这时方程(12-6)属齐次方程, 有

$$\dfrac{dy}{dx} = \dfrac{a_1 x + b_1 y}{a_2 x + b_2 y} = g\left(\dfrac{y}{x}\right).$$

此时, 令 $u = \dfrac{y}{x}$, 即可化为可分离变量方程.

(ii) 当 c_1, c_2 不全为零时, 对应于两直线交于非原点, 这时方程(12-6)不属于齐次方程. 联系到几何的知识, 只要把交点平移到原点, 就转化为情形 (i) 的问题. 因此令

$$\begin{cases} a_1 x + b_1 y + c_1 = 0, \\ a_2 x + b_2 y + c_2 = 0 \end{cases} \tag{12-7}$$

代表 xOy 平面上两条相交的直线, 设交点为 (α, β).

显然, $\alpha \neq 0$ 或 $\beta \neq 0$, 否则必有 $c_1 = c_2 = 0$. 这时只需进行坐标平移, 将坐标原点 $(0,0)$ 移至 (α, β). 因此, 令

$$\begin{cases} X = x - \alpha, \\ Y = y - \beta, \end{cases} \tag{12-8}$$

则(12-7)化为

$$\begin{cases} a_1 X + b_1 Y = 0, \\ a_2 X + b_2 Y = 0, \end{cases}$$

从而(12-6)变为

$$\dfrac{dY}{dX} = \dfrac{a_1 X + b_1 Y}{a_2 X + b_2 Y} = g\left(\dfrac{Y}{X}\right), \tag{12-9}$$

成为可分离变量的方程.

二、教学要求

1. 掌握齐次方程的解法.
2. 掌握可化为齐次方程的方程类型及其解法.

三、习题详解

【A 组题】

1. 求下列齐次方程的通解.

(1) $\dfrac{dy}{dx} = \dfrac{y}{x} + \tan\dfrac{y}{x}$;   (2) $y^2 + x^2\dfrac{dy}{dx} = xy\dfrac{dy}{dx}$;

(3) $x(\ln x - \ln y)dy = ydx$;   (4) $\left(x + y\cos\dfrac{y}{x}\right)dx = x\cos\dfrac{y}{x}dy$.

解 (1) 令 $u = \dfrac{y}{x}$，则原方程可化为

$$x\dfrac{du}{dx} = \tan u,$$

分离变量得

$$\dfrac{du}{\tan u} = \dfrac{dx}{x},$$

两边积分得

$$\ln|\sin u| = \ln|x| + C,$$

即 $\sin u = Cx$，因此原方程的通解为 $\sin\dfrac{y}{x} = Cx$.

(2) 令 $u = \dfrac{y}{x}$，则原方程可化为

$$u + x\dfrac{du}{dx} = xu\dfrac{du}{dx},$$

分离变量得

$$\dfrac{(u-1)}{u}du = \dfrac{dx}{x},$$

两边积分得

$$u - \ln|u| = \ln|x| + C,$$

即 $u = \ln|xu| + C$，因此原方程的通解为 $\dfrac{y}{x} = \ln|y| + C$.

(3) 令 $u = \dfrac{x}{y}$，则原方程可化为

$$u(\ln u - 1) = y\dfrac{du}{dy},$$

分离变量得

$$\dfrac{dy}{y} = \dfrac{du}{u(\ln u - 1)},$$

两边积分得

$$\ln|y| + C = \ln|\ln u - 1|,$$

即 $\ln u - 1 = Cy$，因此原方程的通解为 $Cy = \ln\dfrac{x}{y} - 1$.

(4) 令 $u = \dfrac{y}{x}$，则原方程可化为
$$1 + u\cos u = \cos u\left(u + x\dfrac{\mathrm{d}u}{\mathrm{d}x}\right),$$

化简，分离变量得
$$\cos u\,\mathrm{d}u = \dfrac{1}{x}\mathrm{d}x,$$

两边积分得
$$\sin u = \ln|x| + C,$$

因此原方程的通解为 $\sin\dfrac{y}{x} = \ln|x| + C$.

2. 求方程 $(y^2 - 3x^2)\mathrm{d}y + 2xy\mathrm{d}x = 0$ 满足初始条件 $y(0) = 1$ 的特解.

解 令 $u = \dfrac{y}{x}$，则原方程可化为
$$\left(u - \dfrac{3}{u}\right)\left(u + x\dfrac{\mathrm{d}u}{\mathrm{d}x}\right) + 2 = 0,$$

化简，分离变量得
$$\dfrac{u^2 - 3}{u - u^3}\mathrm{d}u = \dfrac{1}{x}\mathrm{d}x,$$

两边积分得
$$-3\ln|u| + \ln|u+1| + \ln|u-1| = \ln|x| + C,$$

即 $\dfrac{u^2 - 1}{u^3} = Cx$，因此原方程的通解为 $y^2 - x^2 = Cy^3$.

3. 求下列方程的通解.

(1) $(2x - 5y + 3)\mathrm{d}x - (2x + 4y - 6)\mathrm{d}y = 0$；

(2) $\dfrac{\mathrm{d}y}{\mathrm{d}x} = \dfrac{x - y + 5}{x - y - 2}$；

(3) $(3y - 7x + 7)\mathrm{d}x + (7y - 3x + 3)\mathrm{d}y = 0$.

解 (1) 解方程组
$$\begin{cases} 2x - 5y + 3 = 0, \\ 2x + 4y - 6 = 0, \end{cases}$$

得 $x = 1, y = 1$，因此，作变量代换 $X = x - 1, Y = y - 1$，则原方程化为
$$(2X - 5Y)\mathrm{d}X - (2X + 4Y)\mathrm{d}Y = 0.$$

令 $u = \dfrac{Y}{X}$，则有
$$(2X - 5Xu)\mathrm{d}X - (2X + 4Xu)(u\mathrm{d}X + X\mathrm{d}u) = 0,$$

分离变量得
$$\dfrac{2 + 4u}{2 - 7u - 4u^2}\mathrm{d}u = \dfrac{\mathrm{d}X}{X},$$

两边积分得
$$-\frac{2}{3}\ln|2+u|-\frac{1}{3}\ln|1-4u|=\ln|X|+C,$$
即
$$X^3(2+u)^2(1-4u)=C.$$
将代换 $X=x-1, Y=y-1, u=\dfrac{Y}{X}$ 代入上式得原方程通解为
$$(2x+y-3)^2(4y-x-3)=C.$$

(2) 令 $x-y=u$, 则原方程化为
$$1-\frac{\mathrm{d}u}{\mathrm{d}x}=\frac{u+5}{u-2},$$
即
$$(u-2)\mathrm{d}u=-7\mathrm{d}x,$$
两边积分得
$$\frac{1}{2}u^2-2u=-7x+C,$$
因此, 原方程通解为
$$(x-y)^2+4y+10x=C.$$

(3) 解方程组
$$\begin{cases} 3y-7x+7=0, \\ 7y-3x+3=0, \end{cases}$$
得 $x=1, y=0$, 因此, 作变量代换 $X=x-1, Y=y$, 则原方程化为
$$(3Y-7X)\mathrm{d}X+(7Y-3X)\mathrm{d}Y=0.$$
令 $u=\dfrac{Y}{X}$, 则有
$$(3Xu-7X)\mathrm{d}X+(7Xu-3X)(u\mathrm{d}X+X\mathrm{d}u)=0,$$
分离变量得
$$\frac{3-7u}{u^2-1}\mathrm{d}u=7\frac{\mathrm{d}X}{X},$$
两边积分得
$$-2\ln|u-1|-5\ln|u+1|=7\ln|X|+C,$$
即
$$X^7(u-1)^2(u+1)^5=C.$$
将代换 $X=x-1, Y=y, u=\dfrac{Y}{X}$ 代入上式得原方程通解为
$$(y-x+1)^2(y+x-1)^5=C.$$

§12.4 一阶线性微分方程

一、内容提要

1. 如果一阶微分方程的显式形式有如下形式

$$\frac{dy}{dx} + P(x)y = Q(x), \tag{12-10}$$

这里假设 $P(x)$, $Q(x)$ 在考虑的区间上是 x 的连续函数.

(1) 若 $Q(x) \equiv 0$, 则方程(12-10)变为

$$\frac{dy}{dx} + P(x)y = 0, \tag{12-11}$$

称为**一阶齐次线性方程**.

(2) 若 $Q(x) \neq 0$, 则方程(12-10)称为**一阶非齐次线性方程**.

2. 方程(12-10)的通解为

$$y = e^{-\int P(x)dx} \left(\int Q(x) e^{\int P(x)dx} dx + C \right) = C e^{-\int P(x)dx} + e^{-\int P(x)dx} \int Q(x) e^{\int P(x)dx} dx. \tag{12-12}$$

3. 形如

$$\frac{dy}{dx} + P(x)y = Q(x)y^n, \quad n \neq 0, 1 \tag{12-13}$$

的方程, 称为**伯努利 (Bernoulli) 方程**, 这里 $P(x)$ 和 $Q(x)$ 为 x 的连续函数.

4. 对于 $y \neq 0$, 用 y^{-n} 乘(12-13)两边, 得到

$$y^{-n}\frac{dy}{dx} + y^{1-n} P(x) = Q(x). \tag{12-14}$$

引入变量

$$z = y^{1-n},$$

从而

$$\frac{dz}{dx} = (1-n) y^{-n} \frac{dy}{dx},$$

将上面两式代入(12-14), 得到

$$\frac{dz}{dx} + (1-n) P(x) z = (1-n) Q(x),$$

这是线性方程. 用上面介绍的方法求得它的通解, 然后再代回原来的变量, 便得到(12-13)的通解. 此外, 当 $n > 0$ 时, 方程还有特解 $y = 0$.

二、教学要求

1. 掌握一阶线性微分方程的常数变易法,并掌握一阶线性非齐次方程的通解公式.
2. 掌握一阶线性非齐次方程的通解与相应的齐次方程的通解之间的关系.
3. 了解伯努利方程的解法.

三、习题详解

【A 组题】

1. 填空题.

(1) 微分方程 $y' + ky = 0$ 的通解为_____,其中 k 为常数.

(2) 微分方程 $y' + P(x)y = Q(x)$ 的通解为_____.

解 (1) $y = Ce^{-kx}$;

(2) $y = Ce^{-\int P(x)dx} + e^{-\int P(x)dx}\int Q(x)e^{\int P(x)dx}dx$.

2. 求下列方程的通解.

(1) $\dfrac{dy}{dx} = y + \sin x$;   (2) $x\dfrac{dy}{dx} + y = x^3$;

(3) $\dfrac{dy}{dx} - \dfrac{2y}{x+1} = (x+1)^3$;   (4) $y' + y\tan x = \cos x$;

(5) $\dfrac{dy}{dx} = \dfrac{y}{x + y^3}$;   (6) $\dfrac{dy}{dx} = \dfrac{y}{2(\ln y - x)}$.

解 (1) 先考虑齐次方程 $\dfrac{dy}{dx} = y$,由分离变量法得

$$\dfrac{dy}{y} = dx,$$

积分得其通解为

$$y = Ce^x.$$

再由常数变易法,假设原方程的解为 $y = C(x)e^x$,代入原方程得

$$C'(x) = e^{-x}\sin x,$$

解得 $C(x) = C - \dfrac{1}{2}e^{-x}(\sin x + \cos x)$. 因此,原方程的通解为

$$y = Ce^x - \dfrac{1}{2}(\sin x + \cos x).$$

(2) 先考虑齐次方程 $x\dfrac{dy}{dx} + y = 0$,由分离变量法得

$$\dfrac{dy}{y} = -\dfrac{dx}{x},$$

积分得其通解为

$$y = \dfrac{C}{x}.$$

再由常数变易法，假设原方程的解为 $y=\dfrac{C(x)}{x}$，代入原方程得
$$C'(x)=x^3,$$
解得 $C(x)=\dfrac{x^4}{4}+C$. 因此，原方程的通解为
$$y=\dfrac{C}{x}+\dfrac{1}{4}x^3.$$

(3) 先考虑齐次方程 $\dfrac{\mathrm{d}y}{\mathrm{d}x}-\dfrac{2y}{x+1}=0$，由分离变量法得
$$\dfrac{\mathrm{d}y}{2y}=\dfrac{\mathrm{d}x}{x+1},$$
积分得其通解为
$$y=C(x+1)^2.$$

再由常数变易法，假设原方程的解为 $y=C(x)(x+1)^2$，代入原方程得
$$C'(x)=x+1,$$
解得 $C(x)=\dfrac{(x+1)^2}{2}+C$. 因此，原方程的通解为
$$y=C(x+1)^2+\dfrac{1}{2}(x+1)^4.$$

(4) 先考虑齐次方程 $y'+y\tan x=0$，由分离变量法得
$$\dfrac{\mathrm{d}y}{y}=-\tan\mathrm{d}x,$$
积分得其通解为
$$y=C\cos x.$$

再由常数变易法，假设原方程的解为 $y=C(x)\cos x$，代入原方程得
$$C'(x)=1,$$
解得 $C(x)=x+C$. 因此，原方程的通解为 $y=C\cos x+x\cos x$.

(5) 视 x 为因变量，y 为自变量，将原方程改写为
$$\dfrac{\mathrm{d}x}{\mathrm{d}y}=\dfrac{x}{y}+y^2.$$
先考虑齐次方程 $\dfrac{\mathrm{d}x}{\mathrm{d}y}=\dfrac{x}{y}$，由分离变量法得
$$\dfrac{\mathrm{d}y}{y}=\dfrac{\mathrm{d}x}{x},$$
积分得其通解为
$$x=Cy.$$

再由常数变易法，假设原方程的解为 $x=C(y)y$，代入方程得
$$C'(y)=y,$$

解得 $C(y)=\dfrac{y^2}{2}+C$. 因此,原方程的通解为
$$x=Cy+\dfrac{1}{2}y^3.$$

(6) 视 x 为因变量,y 为自变量,将原方程改写为
$$\dfrac{\mathrm{d}x}{\mathrm{d}y}=-\dfrac{2x}{y}+\dfrac{2\ln y}{y}.$$

先考虑齐次方程 $\dfrac{\mathrm{d}x}{\mathrm{d}y}=-\dfrac{2x}{y}$,由分离变量法得
$$\dfrac{2\mathrm{d}y}{y}=-\dfrac{\mathrm{d}x}{x},$$

积分得其通解为
$$x=\dfrac{C}{y^2}.$$

再由常数变易法,假设原方程的解为 $x=\dfrac{C(y)}{y^2}$,代入原方程得
$$C'(y)=2y\ln y,$$

解得 $C(y)=y^2\ln y-\dfrac{y^2}{2}+C$. 因此,原方程的通解为 $x=\dfrac{C}{y^2}+\ln y-\dfrac{1}{2}$.

3. 求下列初值问题的解.

(1) $xy'+y-\mathrm{e}^x=0$, $y(1)=\mathrm{e}$;

(2) $\dfrac{\mathrm{d}y}{\mathrm{d}x}+\dfrac{y}{x}=\dfrac{\sin x}{x}$, $y(\pi)=1$;

(3) $y'+3xy=x^3$, $y(0)=1$;

(4) $\dfrac{\mathrm{d}y}{\mathrm{d}x}+y\cos x=\cos x\sin x$, $y(0)=1$.

解 (1) 先考虑齐次方程 $x\dfrac{\mathrm{d}y}{\mathrm{d}x}+y=0$,由分离变量法得
$$\dfrac{\mathrm{d}y}{y}=-\dfrac{\mathrm{d}x}{x},$$

积分得其通解为
$$y=\dfrac{C}{x}.$$

再由常数变易法,假设原方程的解为 $y=\dfrac{C(x)}{x}$,代入原方程得
$$C'(x)=\mathrm{e}^x,$$

解得 $C(x)=\mathrm{e}^x+C$. 因此,原方程的通解为 $xy=\mathrm{e}^x+C$,代入初始条件得其特解为
$$xy=\mathrm{e}^x.$$

(2) 先考虑齐次方程 $\dfrac{\mathrm{d}y}{\mathrm{d}x}+\dfrac{y}{x}=0$,由分离变量法得
$$\dfrac{\mathrm{d}y}{y}=-\dfrac{\mathrm{d}x}{x},$$

积分得其通解为
$$y=\dfrac{C}{x}.$$

再由常数变易法，假设原方程的解为 $y = \dfrac{C(x)}{x}$，代入原方程得
$$C'(x) = \sin x,$$
解得 $C(x) = -\cos x + C$. 因此，原方程的通解为 $xy = -\cos x + C$，代入初始条件得其特解为
$$xy = -\cos x + \pi - 1.$$

(3) 先考虑齐次方程 $y' + 3xy = 0$，由分离变量法得
$$\dfrac{\mathrm{d}y}{y} = -3x\mathrm{d}x,$$
积分得其通解为
$$y = C\mathrm{e}^{-\frac{3}{2}x^2}.$$
再由常数变易法，假设原方程的解为 $y = C(x)\mathrm{e}^{-\frac{3}{2}x^2}$，代入原方程得
$$C'(x) = x^3 \mathrm{e}^{\frac{3}{2}x^2},$$
解得 $C(x) = \dfrac{1}{3}\mathrm{e}^{\frac{3}{2}x^2}\left(x^2 - \dfrac{2}{3}\right) + C$. 因此，原方程的通解为
$$y = \dfrac{1}{3}x^2 - \dfrac{2}{9} + C\mathrm{e}^{-\frac{3}{2}x^2},$$
代入初始条件得其特解为
$$y = \dfrac{1}{3}x^2 - \dfrac{2}{9} + \dfrac{11}{9}\mathrm{e}^{-\frac{3}{2}x^2}.$$

(4) 先考虑齐次方程 $\dfrac{\mathrm{d}y}{\mathrm{d}x} + y\cos x = 0$，由分离变量法得
$$\dfrac{\mathrm{d}y}{y} = -\cos x \mathrm{d}x,$$
积分得其通解为 $y = C\mathrm{e}^{-\sin x}$. 再由常数变易法，假设原方程的解为 $y = C(x)\mathrm{e}^{-\sin x}$，代入原方程得
$$C'(x) = \mathrm{e}^{\sin x}\cos x \sin x,$$
解得 $C(x) = \mathrm{e}^{\sin x}(\sin x - 1) + C$. 因此，原方程的通解为 $y = \sin x - 1 + C\mathrm{e}^{-\sin x}$，代入初始条件得其特解为
$$y = \sin x - 1 + 2\mathrm{e}^{-\sin x}.$$

4. 求满足 $y = \mathrm{e}^x + \displaystyle\int_0^x y(t)\mathrm{d}t$ 的函数 $y(x)$ 的表达式.

解 方程两边关于 x 求导，再取 $x = 0$ 得
$$\begin{cases} \dfrac{\mathrm{d}y}{\mathrm{d}x} = \mathrm{e}^x + y(x), \\ y(0) = 1, \end{cases}$$
这是带有初始条件的一阶线性微分方程. 先考虑齐次方程 $\dfrac{\mathrm{d}y}{\mathrm{d}x} = y$，由分离变量法得
$$\dfrac{\mathrm{d}y}{y} = \mathrm{d}x,$$

积分得其通解为 $y=Ce^x$. 再由常数变易法, 假设原方程的解为 $y=C(x)e^x$, 代入原方程得
$$C'(x)=1,$$
解得 $C(x)=x+C$. 因此, 微分方程的通解为 $y=(x+C)e^x$. 最后, 代入初始条件得 $C=1$, 得到原方程的解为 $y=(1+x)e^x$.

【B 组题】

1. 求下列方程的通解.

(1) $\dfrac{dy}{dx}+xy-x^3y^3=0$; (2) $(y^4-3x^2)dy+xydx=0$;

(3) $y'=(x+y)^2$; (4) $y'-3xy-xy^2=0$.

解 (1) 该方程为伯努利方程. 方程两边同乘以 y^{-3}, 并记 $z=y^{-2}$ 得
$$-\frac{1}{2}\frac{dz}{dx}+xz-x^3=0. \qquad (*)$$
先考虑齐次方程 $\dfrac{1}{2}\dfrac{dz}{dx}=xz$, 由分离变量法得
$$\frac{dz}{z}=2xdx,$$
积分得其通解为 $z=Ce^{x^2}$. 再由常数变易法, 假设方程 $(*)$ 的解为 $z=C(x)e^{x^2}$, 代入 $(*)$ 得
$$C'(x)=-2x^3e^{-x^2},$$
解得 $C(x)=(x^2+1)e^{-x^2}+C$. 因此, 微分方程 $(*)$ 的通解为 $z=Ce^{x^2}+x^2+1$, 原方程的通解为
$$\frac{1}{y^2}=Ce^{x^2}+x^2+1.$$

(2) 该方程为伯努利方程. 因为 $xdx=\dfrac{1}{2}d(x^2)$, 所以原方程可化为
$$(2y^4-6x^2)dy+yd(x^2)=0.$$
记 $z=x^2$ 得
$$\frac{dz}{dy}=6zy^{-1}-2y^3. \qquad (*)$$
先考虑齐次方程 $\dfrac{dz}{dy}=6zy^{-1}$, 由分离变量法得
$$\frac{dz}{z}=6\frac{dy}{y},$$
积分得其通解为 $z=Cy^6$. 再由常数变易法, 假设方程 $(*)$ 的解为 $z=C(y)y^6$, 代入 $(*)$ 得
$$C'(y)=-2y^{-3},$$
解得 $C(y)=y^{-2}+C$. 因此, 微分方程 $(*)$ 的通解为 $z=Cy^6+y^4$, 原方程的通解为
$$x^2=Cy^6+y^4.$$

(3) 记 $z=x+y$ 得
$$\frac{dz}{dx}=z^2+1.$$

由分离变量法得
$$\frac{dz}{z^2+1} = dx,$$
积分得其通解为 $\arctan z = x + C$，所以原方程的通解为
$$x + y = \tan(x+C).$$

(4) 该方程为伯努利方程. 方程两边同乘以 y^{-2}，并记 $z = y^{-1}$ 得
$$\frac{dz}{dx} = -3xz - x. \tag{$*$}$$
先考虑齐次方程 $\dfrac{dz}{dx} = -3xz$，由分离变量法得
$$\frac{dz}{z} = -3x dx,$$
积分得其通解为 $z = Ce^{-\frac{3}{2}x^2}$. 再由常数变易法，假设方程 $(*)$ 的解为 $z = C(x)e^{-\frac{3}{2}x^2}$，代入 $(*)$ 得
$$C'(x) = -xe^{\frac{3}{2}x^2},$$
解得 $C(x) = -\dfrac{1}{3}e^{\frac{3}{2}x^2} + C$. 因此，微分方程 $(*)$ 的通解为 $z = -\dfrac{1}{3} + Ce^{-\frac{3}{2}x^2}$，原方程的通解为
$$\frac{3}{y} + 1 = Ce^{-\frac{3}{2}x^2}.$$

§12.5 全微分方程

一、内容提要

1. 设一阶微分方程可表示为
$$M(x,y)dx + N(x,y)dy = 0, \tag{12-15}$$
其中 $M(x,y), N(x,y)$ 在某区域 G 内是 x, y 的连续函数. 若存在 G 上的可微函数 $u(x,y)$，使得
$$du = M(x,y)dx + N(x,y)dy,$$
即
$$\frac{\partial u}{\partial x} = M(x,y), \frac{\partial u}{\partial y} = N(x,y), \tag{12-16}$$
则称方程(12-15)为**全微分方程**，或称**恰当方程**，称 $u(x,y)$ 为 $M(x,y)dx + N(x,y)dy$ 的一个原函数. $u(x,y) = C$ 就是方程(12-15)的隐式通解.

2. 设 $M(x,y), N(x,y)$ 在某区域 G 内连续可微，则方程(12-15)是全微分方程的充分必要条件是
$$\frac{\partial M}{\partial y} = \frac{\partial N}{\partial x}, (x,y) \in G. \tag{12-17}$$

而且当(12-17)成立时, 相应的原函数可取为
$$u(x,y) = \int_{x_0}^{x} M(x,y_0)\mathrm{d}x + \int_{y_0}^{y} N(x,y)\mathrm{d}y, \tag{12-18}$$
或者也可取为
$$u(x,y) = \int_{y_0}^{y} N(x_0,y)\mathrm{d}y + \int_{x_0}^{x} M(x,y)\mathrm{d}x, \tag{12-19}$$
其中 $(x_0, y_0) \in G$ 是任意取定的一点.

3. 对于微分形式的微分方程(12-15), 如果它不是全微分方程, 但是存在连续可微的函数 $\mu = \mu(x,y) \neq 0$, 使得
$$\mu M(x,y)\mathrm{d}x + \mu N(x,y)\mathrm{d}y = 0 \tag{12-20}$$
为全微分方程, 即存在函数 $v(x,y)$, 使得
$$\mu M(x,y)\mathrm{d}x + \mu N(x,y)\mathrm{d}y = \mathrm{d}v,$$
那么称 $\mu(x,y)$ 是方程(12-15)的**积分因子**. 此时 $v(x,y) = C$ 是方程(12-20)的通解, 因而也就是方程(12-15)的通解.

二、教学要求

1. 掌握全微分方程的解法.
2. 会用积分因子法求一些常见的微分方程.

三、习题详解

【A 组题】

1. 求下列方程的通解.

(1) $2xy\mathrm{d}x + (x^2+1)\mathrm{d}y = 0$;

(2) $y\mathrm{d}x - (x+y^3)\mathrm{d}y = 0$;

(3) $(6xy^2 - y^3)\mathrm{d}x - (3xy^2 - 6x^2y)\mathrm{d}y = 0$;

(4) $(x + \mathrm{e}^{3y})\mathrm{d}x + 3x\mathrm{e}^{3y}\mathrm{d}y = 0$;

(5) $(x^3 + y^2)\mathrm{d}x + (2xy + y^3)\mathrm{d}y = 0$;

(6) $(x^2 y\cos x + 2xy\sin x - y^2\mathrm{e}^x)\mathrm{d}x - (2y\mathrm{e}^x - x^2\sin x)\mathrm{d}y = 0$.

解 (1) 因为 $\dfrac{\partial(2xy)}{\partial y} = 2x = \dfrac{\partial(x^2+1)}{\partial x}$, 所以该方程是全微分方程. 取
$$u(x,y) = \int_0^x 2x \cdot 0 \mathrm{d}x + \int_0^y (x^2+1)\mathrm{d}y = (x^2+1)y,$$
因此, 原方程的通解为
$$(x^2+1)y = C.$$

(2) 原方程可表示为 $y\mathrm{d}x - x\mathrm{d}y = y^3\mathrm{d}y$，两边同时除以 y^2 得 $\dfrac{y\mathrm{d}x - x\mathrm{d}y}{y^2} = y\mathrm{d}y$，即

$$\mathrm{d}\left(\frac{x}{y}\right) = \mathrm{d}\left(\frac{y^2}{2}\right).$$

因此，原方程的通解为

$$\frac{2x}{y} = y^2 + C,$$

即

$$2x = y(y^2 + C).$$

(3) 因为 $\dfrac{\partial(6xy^2 - y^3)}{\partial y} = 12xy - 3y^2 = \dfrac{-\partial(3xy^2 - 6x^2y)}{\partial x}$，所以该方程是全微分方程. 取

$$u(x,y) = \int_0^x (6x \cdot 0 - 0)\mathrm{d}x + \int_0^y [-(3xy^2 - 6x^2y)]\mathrm{d}y = 3x^2y^2 - xy^3,$$

因此，原方程的通解为

$$3x^2y^2 - xy^3 = C.$$

(4) 因为 $\dfrac{\partial(x + \mathrm{e}^{3y})}{\partial y} = 3\mathrm{e}^{3y} = \dfrac{\partial(3x\mathrm{e}^{3y})}{\partial x}$，所以该方程是全微分方程. 取

$$u(x,y) = \int_0^x (x+1)\mathrm{d}x + \int_0^y (3x\mathrm{e}^{3y})\mathrm{d}y = \frac{1}{2}x^2 + x\mathrm{e}^{3y},$$

因此，原方程的通解为

$$\frac{1}{2}x^2 + x\mathrm{e}^{3y} = C.$$

(5) 因为 $\dfrac{\partial(x^3 + y^2)}{\partial y} = 2y = \dfrac{\partial(2xy + y^3)}{\partial x}$，所以该方程是全微分方程. 取

$$u(x,y) = \int_0^x (x^3)\mathrm{d}x + \int_0^y (2xy + y^3)\mathrm{d}y = \frac{1}{4}(x^4 + y^4) + xy^2,$$

因此，原方程的通解为

$$\frac{1}{4}(x^4 + y^4) + xy^2 = C.$$

(6) 因为

$$\frac{\partial(x^2 y \cos x + 2xy \sin x - y^2 \mathrm{e}^x)}{\partial y} = x^2 \cos x + 2x \sin x - 2y\mathrm{e}^x$$

$$= \frac{\partial[-(2y\mathrm{e}^x - x^2 \sin x)]}{\partial x},$$

所以该方程是全微分方程. 取

$$u(x,y) = \int_0^x 0\mathrm{d}x + \int_0^y [-(2y\mathrm{e}^x - x^2 \sin x)]\mathrm{d}y = x^2 y \sin x - y^2 \mathrm{e}^x,$$

因此，原方程的通解为

$$x^2 y \sin x - y^2 \mathrm{e}^x = C.$$

2. 利用积分因子法，求下列方程的通解.

(1) $x\mathrm{d}y - y\mathrm{d}x = \mathrm{d}x$；

(2) $(3x+2y)(\mathrm{d}x+2\mathrm{d}y) = 3\mathrm{d}x+2\mathrm{d}y$;

(3) $2xy\mathrm{d}x+(y-x^2)\mathrm{d}y = 0$;

(4) $(x^2+y^2+2x)\mathrm{d}x+2y\mathrm{d}y = 0$.

解 (1) 观察得积分因子为 $\dfrac{1}{x^2}$, 方程两边同时乘以积分因子得

$$\frac{\mathrm{d}y}{x} - \frac{y\mathrm{d}x}{x^2} = \frac{\mathrm{d}x}{x^2},$$

即

$$\mathrm{d}\left(\frac{y}{x}\right) = -\mathrm{d}\left(\frac{1}{x}\right),$$

两边积分得 $\dfrac{y}{x} = -\dfrac{1}{x}+C$, 因此原方程的通解为

$$y = Cx-1.$$

(2) 观察得积分因子为 $\dfrac{1}{3x+2y}$, 方程两边同时乘以积分因子得

$$\mathrm{d}x+2\mathrm{d}y = \frac{3\mathrm{d}x+2\mathrm{d}y}{3x+2y},$$

即

$$\mathrm{d}(x+2y) = \mathrm{d}\left(\ln|3x+2y|\right),$$

即 $x+2y = \ln|3x+2y|+C$, 因此原方程通解为 $3x+2y = Ce^{x+2y}$.

(3) 观察得积分因子为 $\dfrac{1}{y^2}$, 方程两边同时乘以积分因子得

$$\frac{2x\mathrm{d}x}{y} + \frac{(y-x^2)\mathrm{d}y}{y^2} = 0,$$

即

$$\frac{2x\mathrm{d}x}{y} - \frac{x^2\mathrm{d}y}{y^2} = -\frac{\mathrm{d}y}{y},$$

$$\mathrm{d}\left(\frac{x^2}{y}\right) = -\mathrm{d}\left(\ln|y|\right),$$

因此原方程通解为

$$\frac{x^2}{y}+\ln|y| = C.$$

(4) 观察得积分因子为 e^x, 方程两边同时乘以积分因子得

$$\mathrm{e}^x(x^2+y^2+2x)\mathrm{d}x+2\mathrm{e}^x y\mathrm{d}y = 0,$$

即

$$\mathrm{d}\left[\mathrm{e}^x(x^2+y^2)\right] = 0,$$

因此原方程通解为

$$\mathrm{e}^x(x^2+y^2) = C.$$

§12.6 可降阶的高阶微分方程

一、内容提要

1. 微分方程

$$y^{(n)} = f(x)$$

的右端仅含有自变量 x. 容易看出,只要把 $y^{(n-1)}$ 作为新的未知函数,那么该方程就是新未知函数的一阶微分方程. 两边积分,就得到一个 $n-1$ 阶的微分方程

$$y^{(n-1)} = \int f(x) \mathrm{d}x + C_1.$$

同理可得

$$y^{(n-2)} = \int \left[\int f(x) \mathrm{d}x + C_1 \right] \mathrm{d}x + C_2.$$

依此法继续进行,接连积分 n 次,便得到该方程的含有 n 个任意常数的通解.

2. 方程

$$y'' = f(x, y')$$

的右端不显含未知函数 y. 如果我们设 $y' = p$,那么

$$y'' = \frac{\mathrm{d}p}{\mathrm{d}x} = p',$$

而该方程就成为

$$p' = f(x, p),$$

这是一个关于变量 x, p 的一阶微分方程. 设其通解为

$$p = \varphi(x, C_1),$$

而 $p = \dfrac{\mathrm{d}y}{\mathrm{d}x}$,因此又得到一个一阶微分方程

$$\frac{\mathrm{d}y}{\mathrm{d}x} = \varphi(x, C_1).$$

对它进行积分,便得该方程的通解为

$$y = \int \varphi(x, C_1) \mathrm{d}x + C_2.$$

3. 方程

$$y'' = f(y, y')$$

中不明显地含自变量 x. 为了求出它的解, 我们令 $y' = p$, 并利用复合函数的求导法则把 y'' 化为关于 y 的导数, 即
$$y'' = \frac{\mathrm{d}p}{\mathrm{d}x} = \frac{\mathrm{d}p}{\mathrm{d}y}\frac{\mathrm{d}y}{\mathrm{d}x} = p\frac{\mathrm{d}p}{\mathrm{d}y}.$$
这样, 方程就变成
$$p\frac{\mathrm{d}p}{\mathrm{d}y} = f(y, p).$$
这是一个关于变量 y, p 的一阶微分方程, 设它的通解为
$$y' = p = \varphi(y, C_1),$$
分离变量并积分, 求得原方程的通解为
$$\int \frac{\mathrm{d}y}{\varphi(y, C_1)} = x + C_2.$$

二、教学要求

会用降阶法求解如下三类高阶微分方程:
(1) $y^{(n)} = f(x)$; (2) $y'' = f(x, y')$; (3) $y'' = f(y, y')$.

三、习题详解

【A 组题】

1. 求下列微分方程的通解.

(1) $y'' = 2x + \cos x$; (2) $8y'' + y' = 0$;

(3) $y'' = x + y'$; (4) $xy'' + y' = 0$;

(5) $y'' = 1 + (y')^2$; (6) $y'' = \frac{1}{\sqrt{y}}$;

(7) $y'' = y' + (y')^3$; (8) $yy'' + 2(y')^2 = 0$.

解 (1) 方程两边关于 x 积分得
$$y' = x^2 + \sin x + C_1,$$
对于上述方程, 两边再关于 x 积分得原方程的通解为
$$y = \frac{1}{3}x^3 - \cos x + C_1 x + C_2.$$

(2) 方程两边关于 x 积分得
$$8y' + y = C_1,$$
分离变量得
$$8\frac{\mathrm{d}y}{y - C_1} = -\mathrm{d}x,$$

两边积分得原方程通解为
$$y = C_2 e^{-\frac{1}{8}x} + C_1.$$

(3) 记 $p = y'$,则原方程可表示为 $\dfrac{\mathrm{d}p}{\mathrm{d}x} = x + p$,这是一个一阶线性微分方程. 先考虑其齐次方程
$$\frac{\mathrm{d}p}{\mathrm{d}x} = p,$$
其通解为 $p = C\mathrm{e}^x$. 由常数变易法,令 $p = C(x)\mathrm{e}^x$,代入上述非齐次方程得
$$C'(x) = x\mathrm{e}^{-x},$$
解得 $C(x) = -(x+1)\mathrm{e}^{-x} + C_1$,即
$$y' = -(x+1) + C_1 \mathrm{e}^x,$$
积分得原方程通解为
$$y = C_1 \mathrm{e}^x - \frac{1}{2}x^2 - x + C_2.$$

(4) 记 $p = y'$,则原方程可表示为 $x\dfrac{\mathrm{d}p}{\mathrm{d}x} + p = 0$,分离变量得
$$\frac{\mathrm{d}p}{p} = -\frac{\mathrm{d}x}{x},$$
解得 $xp = C_1$,因此有
$$y' = \frac{C_1}{x},$$
解得
$$y = C_1 \ln|x| + C_2.$$

(5) 记 $p = y'$,则原方程可表示为 $\dfrac{\mathrm{d}p}{\mathrm{d}x} = 1 + p^2$,分离变量得
$$\frac{\mathrm{d}p}{1+p^2} = \mathrm{d}x,$$
解得 $\arctan p = x + C_1$,即 $y' = \tan(x + C_1)$,两边积分得
$$y = -\ln|\cos(x + C_1)| + C_2.$$

(6) 记 $p = y'$,则 $y'' = p\dfrac{\mathrm{d}p}{\mathrm{d}y}$,代入原方程得
$$p\frac{\mathrm{d}p}{\mathrm{d}y} = y^{-\frac{1}{2}},$$
解得 $\dfrac{1}{2}p^2 = 2y^{\frac{1}{2}} + 2C_1$,即
$$\frac{\mathrm{d}y}{\mathrm{d}x} = \pm 2(y^{\frac{1}{2}} + C_1)^{\frac{1}{2}},$$
分离变量解得
$$x = \pm\left[\frac{2}{3}(y^{\frac{1}{2}} + C_1)^{\frac{3}{2}} - 2C_1(y^{\frac{1}{2}} + C_1)^{\frac{1}{2}}\right] + C_2.$$

(7) 记 $p = y'$, 则 $y'' = p\dfrac{\mathrm{d}p}{\mathrm{d}y}$, 代入原方程得
$$p\dfrac{\mathrm{d}p}{\mathrm{d}y} = p + p^3,$$
解得 $p = 0$, 得 $y = C$; 或者 $\dfrac{\mathrm{d}p}{\mathrm{d}y} = 1 + p^2$, 解得 $\arctan p = y + C_1$, 即
$$y' = \tan(y + C_1),$$
解得 $\ln|\sin(y + C_1)| = x + C_2$. 综上, 得原方程的通解为
$$\sin(y + C_1) = C_2 \mathrm{e}^x.$$

(8) 记 $p = y'$, 则 $y'' = p\dfrac{\mathrm{d}p}{\mathrm{d}y}$, 代入原方程得
$$yp\dfrac{\mathrm{d}p}{\mathrm{d}y} + 2p^2 = 0,$$
解得 $p = 0$, 进而 $y = C$(非通解); 或者 $y\dfrac{\mathrm{d}p}{\mathrm{d}y} + 2p = 0$, 分离变量解得 $y^2 p = C_1$, 即
$$y^2 \dfrac{\mathrm{d}y}{\mathrm{d}x} = C_1,$$
再由分离变量法解得 $y^3 = C_1 x + C_2$. 综上, 得原方程的通解为
$$y^3 = C_1 x + C_2.$$

2. 求下列初值问题的解.

(1) $y''' = \mathrm{e}^{ax}$, $y(1) = y'(1) = y''(1) = 0$;

(2) $y'' = 3\sqrt{y}$, $y(0) = 1$, $y'(0) = 2$;

(3) $y'' + (y')^2 = 1$, $y(0) = y'(0) = 0$.

解 (1) 方程两边积分得 $y'' = \dfrac{\mathrm{e}^{ax}}{a} + C_1$, 代入 $y''(1) = 0$ 得 $C_1 = -\dfrac{\mathrm{e}^a}{a}$, 即
$$y'' = \dfrac{\mathrm{e}^{ax}}{a} - \dfrac{\mathrm{e}^a}{a},$$
重复上述过程, 得原方程解为
$$y = \dfrac{1}{a^3}\mathrm{e}^{ax} - \dfrac{\mathrm{e}^a}{2a}x^2 + \dfrac{\mathrm{e}^a}{a^2}(a-1)x + \dfrac{\mathrm{e}^a}{2a^3}(2a - a^2 - 2).$$

(2) 记 $p = y'$, 则 $y'' = p\dfrac{\mathrm{d}p}{\mathrm{d}y}$, 代入原方程得
$$p\dfrac{\mathrm{d}p}{\mathrm{d}y} = 3\sqrt{y}.$$
由分离变量法解得 $\dfrac{1}{2}p^2 = 2y^{\frac{3}{2}} + 2C_1$, 即
$$y' = \pm 2(y^{\frac{3}{2}} + C_1)^{\frac{1}{2}}.$$
代入条件 $y(0) = 1$, $y'(0) = 2$ 得 $C_1 = 0$, 即
$$y' = 2y^{\frac{3}{4}}.$$
分离变量解得
$$4y^{\frac{1}{4}} = 2x + C_2,$$

再由初始条件得原方程解为
$$y = \left(\frac{1}{2}x + 1\right)^4.$$

(3) 记 $p = y'$, 则 $y'' = p\dfrac{\mathrm{d}p}{\mathrm{d}y}$, 代入原方程得
$$p\frac{\mathrm{d}p}{\mathrm{d}y} + p^2 = 1,$$
由分离变量法解得
$$p^2 = C_1 \mathrm{e}^{-2y} + 1.$$
由 $y(0) = y'(0) = 0$ 得 $C_1 = -1$, 即
$$y' = \pm(1 - \mathrm{e}^{-2y})^{\frac{1}{2}},$$
再由分离变量法解得
$$\ln(\mathrm{e}^y + \sqrt{\mathrm{e}^{2y} - 1}) = \pm x + C_2,$$
由条件 $y(0) = 0$ 得 $C_2 = 0$. 因此, 原方程解为 $\ln(\mathrm{e}^y + \sqrt{\mathrm{e}^{2y} - 1}) = \pm x$, 整理得
$$y = \ln\left(\frac{\mathrm{e}^x + \mathrm{e}^{-x}}{2}\right).$$

§12.7 高阶线性微分方程

一、内容提要

1. 称
$$y^{(n)} + a_1(x)y^{(n-1)} + \cdots + a_{n-1}(x)y' + a_n(x)y = f(x) \tag{12-21}$$
为 n 阶非齐次线性微分方程.

2. 称
$$y^{(n)} + a_1(x)y^{(n-1)} + \cdots + a_{n-1}(x)y' + a_n(x)y = 0 \tag{12-22}$$
为 n 阶齐次线性微分方程.

3. 设 $y_1(x), y_2(x), \cdots, y_k(x)$ 是定义在区间 $a \leqslant x \leqslant b$ 上的函数, 如果存在不全为零的常数 $c_1, c_2, \cdots, c_k$, 使得等式
$$c_1 y_1(x) + c_2 y_2(x) + \cdots + c_k y_k(x) = 0$$

对于所有 $x \in [a,b]$ 都成立, 那么称这些函数是**线性相关**的. 否则, 称这些函数在所给区间上**线性无关**.

4. 对于二阶齐次线性方程
$$y'' + P(x)y' + Q(x)y = 0. \tag{12-23}$$

(1) 如果 $y_1(x)$ 和 $y_2(x)$ 是方程(12-23)的两个解, 那么它们的线性组合
$$y = C_1 y_1(x) + C_2 y_2(x) \tag{12-24}$$

也是(12-23)的解, 这里 C_1, C_2 是任意常数.

(2) 如果 $y_1(x)$ 和 $y_2(x)$ 是方程(12-23)的两个线性无关的解, 那么
$$y = C_1 y_1(x) + C_2 y_2(x)$$

就是方程(12-23)的通解.

5. 如果 $y_1(x), y_2(x), \cdots, y_n(x)$ 是方程(12-22)的 n 个线性无关的解, 那么方程(12-22)的通解可表示为
$$y = C_1 y_1(x) + C_2 y_2(x) + \cdots + C_n y_n(x),$$

其中 $C_1, C_2, \cdots, C_n$ 是任意常数, 且通解包括了方程(12-22)的所有解.

6. 对于二阶非齐次线性方程
$$y'' + P(x)y' + Q(x)y = f(x). \tag{12-25}$$

(1) 如果 $y^*(x)$ 是方程(12-25)的解, 而 $y(x)$ 是方程(12-23)的解, 那么 $y(x) + y^*(x)$ 也是方程(12-25)的解.

(2) 方程(12-25)的任意两个解之差必为方程(12-23)的解.

(3) 如果 $y_1(x)$ 和 $y_2(x)$ 是方程(12-23)的两个线性无关的解, $y^*(x)$ 是二阶非齐次方程(12-25)的一个特解, 那么
$$y = C_1 y_1(x) + C_2 y_2(x) + y^*(x) \tag{12-26}$$

就是方程(12-25)的通解.

(4) 对于非齐次线性方程
$$y'' + P(x)y' + Q(x)y = f_1(x) + f_2(x),$$

如果 $y_1^*(x)$ 和 $y_2^*(x)$ 分别是方程
$$y'' + P(x)y' + Q(x)y = f_1(x)$$

与
$$y'' + P(x)y' + Q(x)y = f_2(x)$$

的特解, 那么 $y_1^*(x) + y_2^*(x)$ 就是原方程的特解.

二、教学要求

1. 掌握高阶线性微分方程的形式.
2. 掌握函数组线性无关与线性相关的概念.
3. 掌握二阶线性齐次方程与二阶线性非齐次方程通解的结构.
4. 了解 n 阶线性齐次方程通解的结构.

三、习题详解

【A 组题】

1. 填空选择题.

(1) 已知 $y=1, y=x, y=x^2$ 是某个二阶非齐次线性微分方程的三个解,则该方程的通解为_____.

(2) 判定下列方程中哪个是高阶线性非齐次方程( ).

A. $xy''' + 2y' = y^2$
B. $y^{(5)} + yy'' = x^2$
C. $xy^{(4)} + 2y'' + xy' = 0$
D. $x^2 y^{(5)} + e^x y''' + x^3 = \cos x$

(3) 设非齐次线性微分方程 $y' + P(x)y = Q(x)$ 有两个线性无关解 $y_1(x)$ 与 $y_2(x)$,C 为任意常数,则该方程的通解为( ).

A. $C[y_1(x) - y_2(x)]$
B. $y_1(x) + C[y_1(x) - y_2(x)]$
C. $C[y_1(x) + y_2(x)]$
D. $y_1(x) + C[y_1(x) + y_2(x)]$

(4) 设 y_1, y_2, y_3 是非齐次常微分方程 $y'' + p(x)y' + q(x)y = f(x)$ 的三个线性无关解,则方程的通解为( ).

A. $C_1 y_1 + C_2 y_2 + y_3$
B. $C_1 y_1 + C_2 y_2 - (C_1 + C_2)y_3$
C. $C_1 y_1 + C_2 y_2 - (1 - C_1 - C_2)y_3$
D. $C_1 y_1 + C_2 y_2 + (1 - C_1 - C_2)y_3$

解 (1) $y = 1 + C_1(x-1) + C_2(x^2 - 1)$. 详解参见第(4)题.

(2) D.

(3) 首先,可知对于任意常数 C,$C[y_1(x) - y_2(x)]$ 是相应的齐次方程的通解,因此,原非齐次方程的通解可表示为

$$y_1(x) + C[y_1(x) - y_2(x)],$$

选 B.

(4) D. 首先,可知 $y_1 - y_3$ 和 $y_2 - y_3$ 是相应的齐次方程的两个线性无关的特解,因此,相应的齐次方程的通解为

$$C_1(y_1 - y_3) + C_2(y_2 - y_3).$$

原非齐次方程的通解为

$$y_3 + C_1(y_1 - y_3) + C_2(y_2 - y_3),$$

即

$$C_1 y_1 + C_2 y_2 + (1 - C_1 - C_2) y_3.$$

§12.8 常系数齐次线性微分方程

一、内容提要

1. 当 p, q 是常数时, 称

$$y'' + py' + qy = 0 \tag{12-27}$$

为二阶常系数齐次线性微分方程.

2. 称二次方程

$$r^2 + pr + q = 0$$

为微分方程(12-27)的**特征方程**.

(1) 若特征方程有两个不相等的实根, $r_1 \neq r_2$, 则微分方程(12-27)的通解为

$$y = C_1 e^{r_1 x} + C_2 e^{r_2 x}.$$

(2) 若特征方程有两个相等的实根 $r_1 = r_2$, 则微分方程(12-27)的通解为

$$y = C_1 e^{r_1 x} + C_2 x e^{r_1 x}.$$

(3) 若特征方程有一对共轭复根, $r_{1,2} = \alpha \pm i\beta \, (\beta \neq 0)$, 则微分方程(12-27)的通解为

$$y = e^{\alpha x}(C_1 \cos \beta x + C_2 \sin \beta x).$$

3. n 阶常系数齐次线性微分方程的一般形式是

$$y^{(n)} + p_1 y^{(n-1)} + p_2 y^{(n-2)} + \cdots + p_n y = 0.$$

其特征方程为 n 次多项式

$$r^n + p_1 r^{n-1} + p_2 r^{n-2} + \cdots + p_n = 0.$$

与二阶方程类似, 特征方程的根给出了方程的通解. 若 $x = r$ 是该特征方程的 k 重根, 则通解中包含以下 k 项

$$(C_1 + C_2 x + \cdots + C_k x^{k-1}) e^{rx},$$

共有 k 个未知常数. 若复数 $\lambda \pm i\omega$ 是特征方程的 k 重复根, 则这两个共轭的复根给出了通解中的 $2k$ 项

$$e^{\lambda x}[(C_1+C_2x+\cdots+C_kx^{k-1})\cos\omega x+(D_1+D_2x+\cdots+D_kx^{k-1})\sin\omega x],$$

共有 $2k$ 个未知常数.

4. 形式为

$$x^2\frac{d^2y}{dx^2}+a_1x\frac{dy}{dx}+a_2y=0 \tag{12-28}$$

的方程称为二阶**欧拉方程**, 这里 a_1, a_2 为常数. 此方程可以通过变量变换化为常系数齐次线性方程, 因而求解问题也就可以解决.

事实上, 引进自变量的变换

$$x=e^t, t=\ln x,$$

直接计算得到

$$\frac{dy}{dx}=\frac{dy}{dt}\cdot\frac{dt}{dx}=e^{-t}\frac{dy}{dt},$$

$$\frac{d^2y}{dx^2}=e^{-t}\frac{d}{dt}\left(e^{-t}\frac{dy}{dt}\right)=e^{-2t}\left(\frac{d^2y}{dt^2}-\frac{dy}{dt}\right).$$

将上述关系式代入方程(12-28), 就得到常系数齐次线性方程

$$\frac{d^2y}{dt^2}+(a_1-1)\frac{dy}{dt}+a_2y=0. \tag{12-29}$$

因而可用上述讨论的方法求出方程(12-29)的通解, 再代回原来的变量, 就可求得方程(12-28)的通解.

二、教学要求

1. 掌握二阶常系数齐次线性方程的解法.
2. 了解 n 阶常系数齐次线性方程的解法.
3. 了解二阶欧拉方程的解法.

三、习题详解

【A 组题】

1. 具有特解 $y=e^{-x}, y=2xe^{-x}$ 和 $y=3e^x$ 的三阶常系数齐次线性微分方程为 ( ).

A. $y'''-y''-y'+y=0$ B. $y'''+y''-y'-y=0$

C. $y'''-6y''+11y'-6y=0$ D. $y'''-2y''-y'+2y=0$

解 从特解的表达形式可知 1 是其特征方程的单根，-1 是其特征方程的二重根，因此，特征方程为
$$(r-1)(r+1)^2=0,$$
即
$$r^3+r^2-r-1=0,$$
选 B.

2. 求下列方程的通解.

(1) $y''+y'-2y=0$;　　(2) $y''-4y'=0$;

(3) $y''+y=0$;　　(4) $y''+6y'+13y=0$;

(5) $y^{(4)}-y=0$;　　(6) $y^{(4)}+2y''+y=0$;

(7) $y^{(4)}-2y'''+y''=0$;　　(8) $y^{(4)}+5y''-36y=0$.

解 (1) 其特征方程为
$$r^2+r-2=0,$$
解得 $r_1=1, r_2=-2$，因此原方程的通解为
$$y=C_1\mathrm{e}^x+C_2\mathrm{e}^{-2x}.$$

(2) 其特征方程为
$$r^2-4r=0,$$
解得 $r_1=0, r_2=4$，因此原方程的通解为
$$y=C_1+C_2\mathrm{e}^{4x}.$$

(3) 其特征方程为
$$r^2+1=0,$$
解得 $r_1=i, r_2=-i$，因此原方程的通解为
$$y=C_1\cos x+C_2\sin x.$$

(4) 其特征方程为
$$r^2+6r+13=0,$$
解得 $r_1, r_2=-3\pm 2i$，因此原方程的通解为
$$y=\mathrm{e}^{-3x}(C_1\cos 2x+C_2\sin 2x).$$

(5) 其特征方程为
$$r^4-1=0,$$

解得 $r_1, r_2 = \pm 1$, $r_3, r_4 = \pm i$, 因此原方程的通解为
$$y = C_1 e^x + C_2 e^{-x} + C_3 \cos x + C_4 \sin x.$$

(6) 其特征方程为
$$r^4 + 2r^2 + 1 = 0,$$
解得 $r_1 = r_2 = i$, $r_3 = r_4 = -i$, 因此原方程的通解为
$$y = (C_1 + C_2 x)\cos x + (C_3 + C_4 x)\sin x.$$

(7) 其特征方程为
$$r^4 - 2r^3 + r^2 = 0,$$
解得 $r_1 = r_2 = 0$, $r_3 = r_4 = 1$, 因此原方程的通解为
$$y = C_1 + C_2 x + (C_3 + C_4 x)e^x.$$

(8) 其特征方程为
$$r^4 + 5r^2 - 36 = 0,$$
解得 $r_1, r_2 = \pm 2$, $r_3, r_4 = \pm 3i$, 因此原方程的通解为
$$y = C_1 e^{2x} + C_2 e^{-2x} + C_3 \cos 3x + C_4 \sin 3x.$$

3. 求下列初值问题的解.

(1) $y'' - 4y' + 3y = 0$, $y(0) = 6$, $y'(0) = 10$;

(2) $y'' + 4y' + 29y = 0$, $y(0) = 0$, $y'(0) = 15$.

解 (1) 特征方程为
$$r^2 - 4r + 3 = 0,$$
解得 $r_1 = 1$, $r_2 = 3$, 因此原方程的通解为
$$y = C_1 e^x + C_2 e^{3x}.$$
代入初始条件得
$$\begin{cases} C_1 + C_2 = 6, \\ C_1 + 3C_2 = 10, \end{cases}$$
解得 $C_1 = 4, C_2 = 2$, 因此上述初值问题的解为
$$y = 4e^x + 2e^{3x}.$$

(2) 特征方程为
$$r^2 + 4r + 29 = 0,$$
解得 $r_1, r_2 = -2 \pm 5i$, 因此原方程的通解为
$$y = e^{-2x}(C_1 \sin 5x + C_2 \cos 5x).$$

代入初始条件得

$$\begin{cases} C_2 = 0, \\ 5C_1 - 2C_2 = 15, \end{cases}$$

解得 $C_1 = 3, C_2 = 0$, 因此上述初值问题的解为

$$y = 3\mathrm{e}^{-2x} \sin 5x.$$

§12.9 常系数非齐次线性微分方程

一、内容提要

1. 对于二阶常系数非齐次线性微分方程

$$y'' + py' + qy = f(x). \tag{12-30}$$

(1) $f(x) = \mathrm{e}^{\lambda x} P_m(x)$, 其中 $P_m(x)$ 是 m 次多项式, 则方程(12-30)的特解为

$$y^* = x^k \mathrm{e}^{\lambda x} R_m(x),$$

其中 $R_m(x)$ 是 m 次多项式, 并且

(i) 当 λ 不是特征方程 $r^2 + pr + q = 0$ 的根时, $k = 0$;

(ii) 当 λ 是特征方程 $r^2 + pr + q = 0$ 的单根时, $k = 1$;

(iii) 当 λ 是特征方程 $r^2 + pr + q = 0$ 的重根时, $k = 2$.

(2) $f(x) = \mathrm{e}^{\lambda x}[P_l(x)\cos\omega x + Q_n(x)\sin\omega x]$, 其中 $P_l(x)$ 与 $Q_n(x)$ 分别是 l 次与 n 次多项式, 则方程(12-30)的特解为

$$y^* = x^k \mathrm{e}^{\lambda x}[R_m^{(1)}(x)\cos\omega x + R_m^{(2)}(x)\sin\omega x],$$

其中 $R_m^{(1)}(x), R_m^{(2)}(x)$ 是 m 次多项式, $m = \max\{l, n\}$ 并且

(i) 当 $\lambda \pm \omega i$ 不是特征方程 $r^2 + pr + q = 0$ 的根时, $k = 0$;

(ii) 当 $\lambda \pm \omega i$ 是特征方程 $r^2 + pr + q = 0$ 的根时, $k = 1$.

二、教学要求

掌握上述两种非齐次方程特解的表达形式, 并会用待定系数法求解相应的特解.

三、习题详解

【A 组题】

1. 求下列方程的通解.

(1) $y'' + y' = x^2$; (2) $2y'' + y' - y = 2e^x$;

(3) $y'' - 3y' + 2y = 2xe^x$; (4) $y'' + y = e^x$;

(5) $y'' + 3y' + 2y = 3xe^{-x}$; (6) $y'' + 5y' + 4y = 3 - 2x$;

(7) $y'' - 6y' + 9y = (x+1)e^{3x}$; (8) $y'' - 2y' + 5y = e^x \sin 2x$;

(9) $y'' + 4y = x\cos x$; (10) $y'' + 4y = \cos 2x$.

解 (1) 先求相应的齐次方程的通解, 特征方程为
$$r^2 + r = 0,$$
解得 $r_1 = 0, r_2 = -1$, 因此齐次方程的通解为
$$y = C_1 + C_2 e^{-x}.$$
再根据非线性项的表达形式, $\lambda = 0$ 是特征方程的单根, 因此可以假设原方程的一个特解为 $y^* = x(ax^2 + bx + c)$, 代入原方程解得
$$a = \frac{1}{3}, b = -1, c = 2,$$
即 $y^* = \dfrac{x^3}{3} - x^2 + 2x$. 因此原方程的通解为
$$y = \frac{x^3}{3} - x^2 + 2x + C_1 e^{-x} + C_2.$$

(2) 先求相应的齐次方程的通解, 特征方程为
$$2r^2 + r - 1 = 0,$$
解得 $r_1 = -1, r_2 = \dfrac{1}{2}$, 因此齐次方程的通解为
$$y = C_1 e^{\frac{x}{2}} + C_2 e^{-x}.$$
再根据非线性项的表达形式, $\lambda = 1$ 不是特征方程的根, 因此, 可假设原方程的一个特解为 $y^* = ae^x$, 代入原方程解得 $a = 1$, 即 $y^* = e^x$. 因此原方程的通解为
$$y = C_1 e^{\frac{x}{2}} + C_2 e^{-x} + e^x.$$

(3) 先求相应的齐次方程的通解, 特征方程为
$$r^2 - 3r + 2 = 0,$$
解得 $r_1 = 1, r_2 = 2$, 因此齐次方程的通解为
$$y = C_1 e^x + C_2 e^{2x}.$$

再根据非线性项的表达形式,$\lambda=1$ 是特征方程的单根,因此,可假设原方程的一个特解为
$$y^* = x(ax+b)e^x,$$
代入原方程解得
$$a=-1, b=-2,$$
即特解 $y^* = -(x^2+2x)e^x$. 因此原方程的通解为
$$y = -(x^2+2x)e^x + C_1 e^x + C_2 e^{2x}.$$

(4) 先求相应的齐次方程的通解,特征方程为
$$r^2 + 1 = 0,$$
解得 $r_1, r_2 = \pm i$,因此齐次方程的通解为
$$y = C_1 \cos x + C_2 \sin x.$$
再根据非线性项的表达形式,$\lambda=1$ 不是特征方程的根,因此,可假设原方程的一个特解为
$$y^* = ae^x,$$
代入原方程解得 $a = \dfrac{1}{2}$. 因此原方程的通解为
$$y = C_1 \cos x + C_2 \sin x + \dfrac{e^x}{2}.$$

(5) 先求相应的齐次方程的通解,特征方程为
$$r^2 + 3r + 2 = 0,$$
解得 $r_1 = -1, r_2 = -2$,因此齐次方程的通解为
$$y = C_1 e^{-x} + C_2 e^{-2x}.$$
再根据非线性项的表达形式,$\lambda=-1$ 是特征方程的单根,因此,可假设原方程的一个特解为 $y^* = x(ax+b)e^{-x}$,代入原方程解得
$$a = \dfrac{3}{2}, b = -3.$$
因此原方程的通解为
$$y = C_1 e^{-x} + C_2 e^{-2x} + e^{-x}\left(\dfrac{3}{2}x^2 - 3x\right).$$

(6) 先求相应的齐次方程的通解,特征方程为
$$r^2 + 5r + 4 = 0,$$
解得 $r_1 = -1, r_2 = -4$,因此齐次方程的通解为
$$y = C_1 e^{-x} + C_2 e^{-4x}.$$
再根据非线性项的表达形式,$\lambda=0$ 不是特征方程的根,因此,可假设原方程的一个特解为 $y^* = ax + b$,代入方程解得
$$a = -\dfrac{1}{2}, b = \dfrac{11}{8}.$$

因此原方程的通解为
$$y = C_1 e^{-x} + C_2 e^{-4x} - \frac{1}{2}x + \frac{11}{8}.$$

(7) 先求相应的齐次方程的通解，特征方程为
$$r^2 - 6r + 9 = 0,$$
解得 $r_1 = r_2 = 3$，因此齐次方程的通解为
$$y = (C_1 + C_2 x)e^{3x}.$$
再根据非线性项的表达形式，$\lambda = 3$ 是特征方程的重根，因此，可假设原方程的一个特解为 $y^* = x^2(ax+b)e^{3x}$，代入方程解得 $a = \frac{1}{6}, b = \frac{1}{2}$。因此原方程的通解为
$$y = (C_1 + C_2 x)e^{3x} + x^2 \left(\frac{1}{6}x + \frac{1}{2}\right)e^{3x}.$$

(8) 先求相应的齐次方程的通解，特征方程为
$$r^2 - 2r + 5 = 0,$$
解得 $r_1, r_2 = 1 \pm 2i$，因此齐次方程的通解为
$$y = e^x(C_1 \cos 2x + C_2 \sin 2x).$$
再根据非线性项的表达形式，$\lambda = 1 + 2i$ 是特征方程的根，因此，可假设原方程的一个特解为 $y^* = xe^x(a\cos 2x + b\sin 2x)$，代入方程解得
$$a = -\frac{1}{4}, b = 0.$$
因此原方程的通解为
$$y = e^x(C_1 \cos 2x + C_2 \sin 2x) - \frac{1}{4}xe^x \cos 2x.$$

(9) 先求相应的齐次方程的通解，特征方程为
$$r^2 + 4 = 0,$$
解得 $r_1, r_2 = \pm 2i$，因此齐次方程的通解为
$$y = C_1 \cos 2x + C_2 \sin 2x.$$
再根据非线性项的表达形式，$\lambda = i$ 不是特征方程的根，因此，可假设原方程的一个特解为 $y^* = (ax+b)\cos x + (cx+d)\sin x$，代入方程解得 $a = \frac{1}{3}, b = c = 0, d = \frac{2}{9}$。因此原方程的通解为
$$y = C_1 \cos 2x + C_2 \sin 2x + \frac{1}{3}x\cos x + \frac{2}{9}\sin x.$$

(10) 先求相应的齐次方程的通解，特征方程为
$$r^2 + 4 = 0,$$
解得 $r_1, r_2 = \pm 2i$，因此齐次方程的通解为
$$y = C_1 \cos 2x + C_2 \sin 2x.$$

再根据非线性项的表达形式，$\lambda = 2i$ 是特征方程的根，因此，可假设原方程的一个特解为 $x(a\cos 2x + b\sin 2x)$，代入方程解得 $a = 0, b = \dfrac{1}{4}$. 因此原方程通解为

$$y = C_1\cos 2x + C_2\sin 2x + \dfrac{1}{4}x\sin 2x.$$

2. 求下列初值问题的解.

(1) $y'' + y + \sin 2x = 0, y(\pi) = y'(\pi) = 1$.

(2) $y'' - y = 4xe^x, y(0) = 0, y'(0) = 1$.

解 (1) 先求相应的齐次方程的通解，特征方程为

$$r^2 + 1 = 0,$$

解得 $r_1, r_2 = \pm i$，因此齐次方程的通解为

$$y = C_1\cos x + C_2\sin x.$$

再根据非线性项的表达形式，$\lambda = 2i$ 不是特征方程的根，因此，可假设原方程的一个特解为 $a\cos 2x + b\sin 2x$，代入方程解得 $a = 0, b = \dfrac{1}{3}$. 因此原方程通解为

$$y = C_1\cos x + C_2\sin x + \dfrac{1}{3}\sin 2x.$$

将初值 $y(\pi) = y'(\pi) = 1$ 代入，可得原方程的解为

$$y = -\cos x - \dfrac{1}{3}\sin x + \dfrac{1}{3}\sin 2x.$$

(2) 先求相应的齐次方程的通解，特征方程为

$$r^2 - 1 = 0,$$

解得 $r_1 = 1, r_2 = -1$，因此齐次方程的通解为

$$y = C_1 e^x + C_2 e^{-x}.$$

再根据非线性项的表达形式，$\lambda = 1$ 是特征方程的单根，因此可以假设原方程的一个特解为 $y^* = x(ax+b)e^x$，代入原方程解得

$$a = 1, b = -1,$$

即 $y^* = (x^2 - x)e^x$. 因此原方程的通解为

$$y = (x^2 - x)e^x + C_1 e^x + C_2 e^{-x}.$$

将初值 $y(0) = 0, y'(0) = 1$ 代入，可得原方程的解为

$$y = e^x(x^2 - x + 1) - e^{-x}.$$

【B 组题】

1. 填空题.

(1) 函数 $y = C_1 e^x + C_2 e^{-2x} + xe^x$ 是微分方程 _____ 的通解.

(2) 函数 $y = C_1 e^x + C_2 \cos 2x + C_3 \sin 2x$ 是微分方程_____的通解.

(3) 已知 $y_1 = xe^x + e^{2x}, y_2 = xe^x + e^{-x}, y_3 = xe^x + e^{2x} - e^{-x}$ 是某个二阶线性非齐次方程的三个线性无关解,此微分方程为_____.

(4) 微分方程 $y'' - y = e^x + 1$ 的一个特解形式为_____.

解 (1) 根据通解的表达形式可知原方程为二阶线性非齐次微分方程. 首先,可知特征方程的根为 $r_1 = 1, r_2 = -2$,得特征方程为 $r^2 + r - 2 = 0$,因此相应的齐次方程为
$$y'' + y' - 2y = 0;$$
其次,将特解 $y = xe^x$ 代入上式左端得方程为
$$y'' + y' - 2y = 3e^x.$$

(2) 根据通解的表达形式可知原方程为三阶线性齐次微分方程. 可知特征方程的根为 $r_1 = 1, r_{2,3} = \pm 2i$,得特征方程为 $(r-1)(r^2+4) = 0$,即 $r^3 - r^2 + 4r - 4 = 0$,因此相应的微分方程为
$$y''' - y'' + 4y' - 4y = 0.$$

(3) 首先,相应的齐次方程的通解为 $C_1(y_2 - y_1) + C_2(y_3 - y_1)$,即 $(C_1 - C_2)e^{-x} - C_1 e^{2x}$,可知特征方程的根为 $r_1 = -1, r_2 = 2$,得特征方程为 $r^2 - r - 2 = 0$,因此相应的齐次方程为
$$y'' - y' - 2y = 0;$$
其次,将特解 $xe^x + e^{2x}$ 代入上述方程左边得方程为
$$y'' - y' - 2y = (1 - 2x)e^x.$$

(4) 首先,将原方程右边的非线性项分成两部分 e^x 和 1,分解成两个微分方程
$$y'' - y = e^x,$$
和
$$y'' - y = 1;$$
其次,上述两个方程相应的齐次方程为 $y'' - y = 0$,其特征方程 $r^2 - 1 = 0$ 的根为 $r_1 = -1, r_2 = 1$. 因此,上述两个方程的特解分别为
$$y_1^* = axe^x \text{ 和 } y_2^* = b.$$
最后,得原方程的特解为
$$y_1^* + y_2^* = axe^x + b.$$

2. 求下列方程的通解.

(1) $y'' - y' - 2y = e^x + e^{2x}$;　　(2) $y'' + y = \cos 3x + 2\sin x$;

(3) $y'' + y = e^x + \cos x$;　　(4) $y'' - y = \sin^2 x$.

解 (1) 首先,相应齐次方程的特征方程为 $r^2-r-2=0$,特征根为 $r_1=-1, r_2=2$,因此,齐次方程的通解为
$$Y=C_1\mathrm{e}^{-x}+C_2\mathrm{e}^{2x}.$$

其次,将原方程分解为两个非线性方程
$$y''-y'-2y=\mathrm{e}^x \tag{$*$}$$

和
$$y''-y'-2y=\mathrm{e}^{2x}. \tag{$**$}$$

对于方程 ($*$),因为 1 不是其特征方程的根,所以特解 $y^*=a\mathrm{e}^x$,代入 ($*$) 解得
$$y^*=-\frac{1}{2}\mathrm{e}^x.$$

对于方程 ($**$),因为 2 是其特征方程的根,所以特解 $y^{**}=bx\mathrm{e}^{2x}$,代入 ($**$) 解得
$$y^{**}=\frac{1}{3}x\mathrm{e}^{2x}.$$

综上,原方程的通解为 $Y+y^*+y^{**}$,即
$$y=C_1\mathrm{e}^{-x}+C_2\mathrm{e}^{2x}+\frac{1}{3}x\mathrm{e}^{2x}-\frac{1}{2}\mathrm{e}^x.$$

(2) 首先,相应齐次方程的特征方程为 $r^2+1=0$,特征根为 $r_{1,2}=\pm i$,因此,齐次方程的通解为
$$Y=C_1\cos x+C_2\sin x.$$

其次,将原方程分解为两个非线性方程
$$y''+y=\cos 3x \tag{$*$}$$

和
$$y''+y=2\sin x. \tag{$**$}$$

对于方程 ($*$),因为 $3i$ 不是其特征方程的根,所以特解 $y^*=a\cos 3x+b\sin 3x$,代入 ($*$) 解得
$$y^*=-\frac{1}{8}\cos 3x.$$

对于方程 ($**$),因为 i 是其特征方程的根,所以特解 $y^{**}=x(c\cos x+d\sin x)$,代入 ($**$) 解得
$$y^{**}=-x\cos x.$$

综上,原方程的通解为 $Y+y^*+y^{**}$,即
$$y=C_1\cos x+C_2\sin x-\frac{1}{8}\cos 3x-x\cos x.$$

(3) 首先,相应齐次方程的特征方程为 $r^2+1=0$,特征根为 $r_{1,2}=\pm i$,因此,齐次方程的通解为
$$Y=C_1\cos x+C_2\sin x.$$

其次,将原方程分解为两个非线性方程
$$y'' + y = e^x \tag{$*$}$$
和
$$y'' + y = \cos x. \tag{$**$}$$

对于方程 $(*)$,因为 1 不是其特征方程的根,所以特解 $y^* = ae^x$,代入 $(*)$ 解得
$$y^* = \frac{1}{2} e^x.$$

对于方程 $(**)$,因为 i 是其特征方程的根,所以特解 $y^{**} = x(c\cos x + d\sin x)$,代入 $(**)$ 解得
$$y^{**} = \frac{1}{2} x \sin x.$$

综上,原方程的通解为 $Y + y^* + y^{**}$,即
$$y = C_1 \cos x + C_2 \sin x + \frac{1}{2} e^x + \frac{1}{2} x \sin x.$$

(4) 首先,相应齐次方程的特征方程为 $r^2 - 1 = 0$,特征根为 $r_{1,2} = \pm 1$,因此,齐次方程的通解为
$$Y = C_1 e^{-x} + C_2 e^x.$$

其次,原方程的非线性项 $\sin^2 x = \frac{1}{2} - \frac{\cos 2x}{2}$,所以将原方程分解为两个非线性方程
$$y'' - y = \frac{1}{2} \tag{$*$}$$
和
$$y'' - y = -\frac{\cos 2x}{2}. \tag{$**$}$$

对于方程 $(*)$,因为 0 不是其特征方程的根,所以特解 $y^* = a$,代入 $(*)$ 解得
$$y^* = -\frac{1}{2}.$$

对于方程 $(**)$,因为 $2i$ 不是其特征方程的根,所以特解 $y^{**} = b\cos 2x + c\sin 2x$,代入 $(**)$ 解得
$$y^{**} = \frac{1}{10} \cos 2x.$$

综上,原方程的通解为 $Y + y^* + y^{**}$,即
$$y = C_1 e^{-x} + C_2 e^x - \frac{1}{2} + \frac{1}{10} \cos 2x.$$

3. 求满足下列条件的函数.

(1) 设可导函数 $\varphi(x)$ 满足 $\varphi(x)\cos x + 2\int_0^x \varphi(t)\sin t\, dt = x + 1$,求 $\varphi(x)$.

(2) 设函数 $\varphi(x)$ 连续,且满足 $\varphi(x) = e^x + \int_0^x t\varphi(t)\, dt - x\int_0^x \varphi(t)\, dt$,求 $\varphi(x)$.

解 (1) 首先,取 $x = 0$ 得
$$\varphi(0) = 1. \tag{$*$}$$

其次，方程两边同时关于 x 求导得
$$\varphi'(x)\cos x + \varphi(x)\sin x = 1. \tag{**}$$
在上述等式中，取 $x=0$ 得
$$\varphi'(0) = 1. \tag{***}$$
再次，由 (*) 可知当 $\cos x \neq 0$ 时，φ' 依然可以求导，因此，对于 (**) 式两边同时关于 x 求导得
$$\varphi''(x) + \varphi(x) = 0, \quad \cos x \neq 0,$$
这是一个二阶齐次线性微分方程，解得通解为 $\Phi(x) = C_1\cos x + C_2 \sin x$，代入初始条件 (*)、(***) 得
$$\varphi(x) = \cos x + \sin x, \quad \cos x \neq 0.$$
最后，因为 φ 是连续函数，所以
$$\varphi(x) = \cos x + \sin x.$$

(2) 首先，取 $x=0$ 得
$$\varphi(0) = 1. \tag{*}$$
其次，方程两边同时关于 x 求导得
$$\varphi'(x) = e^x - \int_0^x \varphi(t)dt, \tag{**}$$
在上述等式中，取 $x=0$ 得
$$\varphi'(0) = 1. \tag{***}$$
再次，对于 (**) 式两边同时关于 x 求导得
$$\varphi''(x) + \varphi(x) = e^x,$$
这是一个二阶非齐次线性微分方程，解得通解为 $\Phi(x) = C_1\cos x + C_2\sin x + \frac{1}{2}e^x$，代入初始条件 (*),(***) 得
$$\varphi(x) = \frac{1}{2}(\cos x + \sin x + e^x).$$